# A Aventura Portuguesa

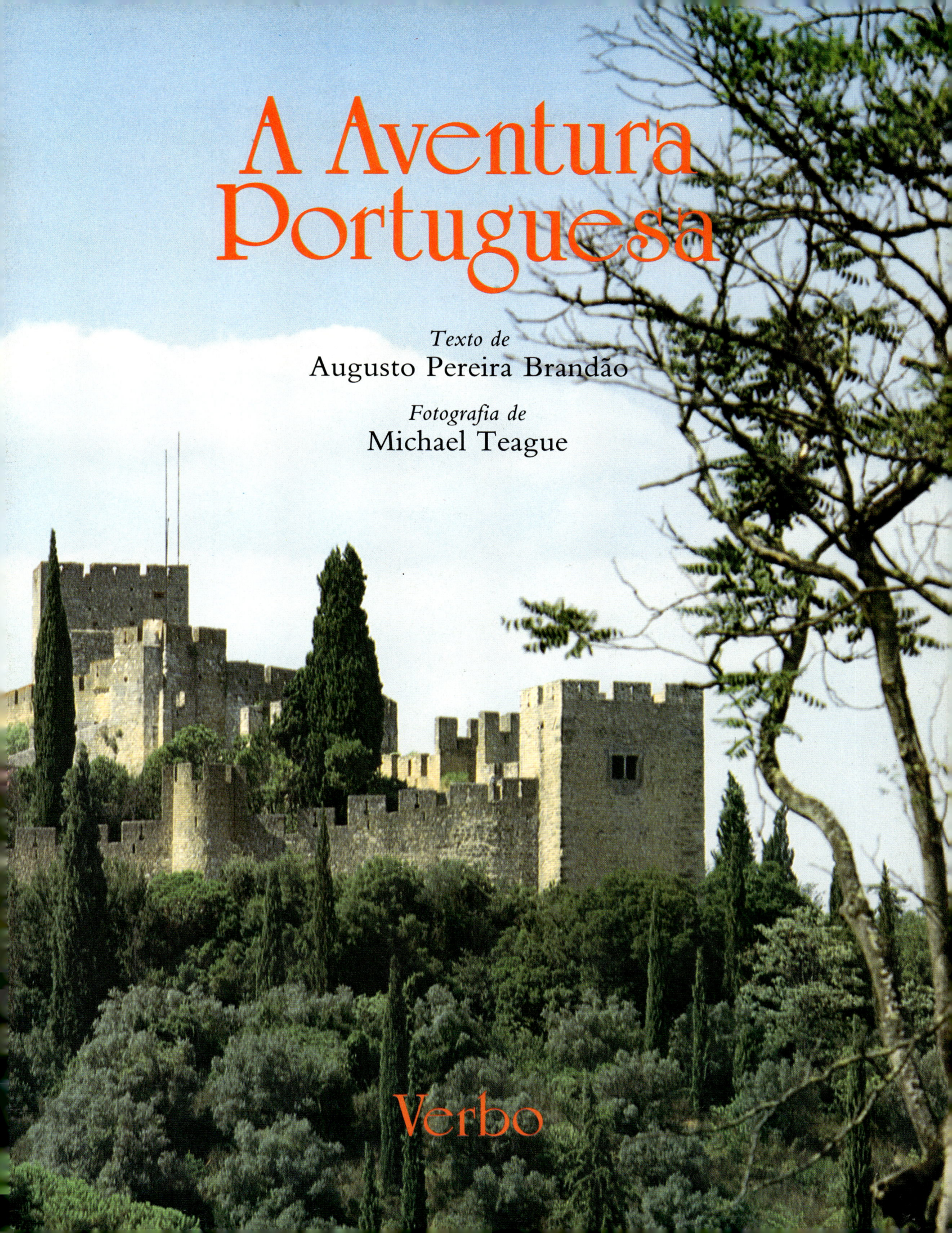

# A Aventura Portuguesa

*Texto de*
Augusto Pereira Brandão

*Fotografia de*
Michael Teague

Verbo

© Editorial VERBO, 1991
Fotografias de Michael Teague © Michael Teague
Edição concebida, organizada e dirigida
por Editorial Verbo – Lisboa/São Paulo

Fotolitos de Secor, Separação de Cores, Lda., Macau
Composição de Fotocompográfica, Lda.
Impressão e acabamento de Resopal, S. A.

ISBN 972-22-1356-3

*Toda a época histórica precursora de futuros históricos inéditos movimenta-se a partir de passados entendidos mito-historicamente e não historicamente. Quando isto se dá, ou seja, quando a mito-história substitui a história, é porque um futuro principia, ancorando-se no seu passado, como continuidade mito-histórica de si próprio. Nesses momentos, a história-mito-história surge nítida, refinada e dogmática, intuindo no seu processo as causas conducentes ao futuro pré-intuído, pelos factores inquestionados e inquestionáveis criados pelo processo mito-histórico. Um povo criador de futuros é, simultaneamente, um povo criador de mito-histórias, deixando de o ser quando a mito-história é posta em causa por razões estranhas a ele, ou porque ele próprio questiona o seu passado à luz dessas mito-histórias que não formam os fundamentos ideológicos da sua mítica. Podemos, pois, concluir que o evoluir histórico de um povo ou nação é por si, e por definição, a luta trágica e profunda entre a sua mito-história, fundada no seu passado e por si própria, e a mito-história de outros povos e outras nações.*
*Isto leva-nos ao fundamento deste livro, que procura entender a verdadeira mito-história defendida pelos Portugueses ao longo de toda a sua existência até aos séculos XIX e XX, em que processos históricos, baseados noutras bases míticas e noutros processos ideológicos, substituíram e anularam os dogmas em que se alicerçava a mito-história de Portugal. Daí se recriou uma história crítica, racional e materialista de Portugal, em que os fenómenos históricos eram entendidos por um duplo dogma — o económico e o subordinado à causalidade directa ou causalidade racional —, nenhum efeito podendo ter causas que não sejam dominadas e criadas por meio de pensamentos racionais para atingirem finalidades igualmente racionais. Essa maneira de ver e encarar a história tomou, já no século XIX, várias nuances, não tão reitoras desses princípios, mas todas elas se mantendo na mesma direcção desse conteúdo ideológico. Só os poetas, Jaime Cortesão e alguns historiadores do último decénio, é que puseram em causa essa atitude, procurando recriar de novo as verdades, hoje obscurecidas por século e meio de materialismo e causalismo histórico, da mito-história de Portugal. Basta lermos os historiadores portugueses até ao século XVIII para vermos quanto a sua ideologia histórica era oposta à nossa história oficial dos séculos XIX e XX. Para eles a história de Portugal era um processo mito-histórico, em que o valor do mito, transformado em causalidade, explicava o facto e, sem ele, o facto ou o fenómeno «causa-efeito» deixava de ter conteúdo real.*
*O fenómeno causa-efeito, reitor de qualquer fluir histórico, era entendido pelos historiadores da época de Avis como um processo «iniciático» do destino. Este regulava o efeito-causa, segundo um entendimento prefigurado na mito-história,*

*cujo entendimento iniciático explicava e fazia antever a formalização do futuro. Portugal de Avis herdara, depois de 700 anos, o conceito greco-romano de destino, depurado ou simplificado pela estrutura mental do cristianismo. Claro que nos séculos de Avis o destino toma a forma de vontade divina. Deus, que criara o Universo, era o grande condutor dos povos e das nações para as finalidades que Ele próprio determinava.*

*Para o historiador, ou mesmo para o homem comum dos séculos de Avis, todo o feito histórico humano, toda a descoberta ou, mais comummente, todo o sentido da vida histórica do homem, do povo, da nação, era governado por essa vontade. Vontade dogmática, intransigente ao entendimento da razão, mas unidireccional no sentido evolutivo que determinava para homens, povos e nações. Deste modo, a vida do homem dos séculos de Avis era a expressão de um jogo de tensões, criada entre a vontade intrínseca do ser independente da capacidade de demonstração do seu carácter pessoal e o destino que estava preconizado e previsto pela divindade. Esta luta é tão brutal durante os séculos XIV a XVII que, quer para o homem comum e bruto, como para o erudito, o que interessava era descobrir o sentido ideológico do seu destino e actuar de conformidade com o que ele pensava ser esse destino.*

*Todos os valores tendem a ser usados como mitos, ou melhor, como traduções dessa «vontade superior». O destino, a «vontade d'Ele» tende, pois, a ser a única ideologia que explicava todo o facto histórico. Basta ler páginas de Fernão Lopes ou de Diogo do Couto, por exemplo, para se entender que todo o acto histórico, quer ele seja positivo para Portugal, quer ele seja negativo, era considerado uma dádiva ou um castigo de Deus.*

*Portugal, que passou no final do século XIV por uma luta titânica de sobrevivência, criou uma ideologia consequente com o destino que essa luta lhe outorgou. Não viu na glória o valor da sua estratégia de luta, mas um sinal da vontade de Deus que lhe atribuía assim um destino mais glorioso do que aquele que até então tinha cumprido. A luta, o medo, a morte, a visão assustadora de incapacidade de vencer, levaram os Portugueses a considerar que tinham sentido o bafejo divino, bafejo esse que, identificando-se com o sopro e o vento do Espírito Santo, indicava a existência, neste lugar do Ocidente Europeu, de um povo eleito.*

*Esse entendimento, esse sentir a vontade divina transmitida pelo poder da glória, foi largamente divulgado por toda a Europa, por aqueles que, como cavaleiros--andantes, se consideraram, e consideravam os seus companheiros e amigos, como entes divinos, como filhos dilectos de Deus.*

*Criava-se, pois, uma ideologia consequente desse destino fatal. Destino começado*

*com a invenção de Portugal e continuado em permanente sobressalto, entrechocando o valor pessoal e a tenacidade em procurar incorporar, num corpo coerente, a mito--história que o envolvia e onde Deus apresentava em factos dispersos, mas contínuos, o destino que ele guardava para o Rei e para o Povo. São esses factos dispersos que lentamente se transformam, por repetição continuada, na ideologia de cultos quase pagãos. Templários, franciscanos, cistercienses, cavaleiros do Santo Graal, trovadores, povo rude e brutal, seguidores do Espírito Santo, todos fundidos num só, criam e acreditam nessa santa ideologia de um destino santo para o rei, para o seu mundo, para si próprios.*

*Escatologicamente, Portugal e os Portugueses atingiram, no século XIV, a sua razão de ser, a de iniciarem a formação do Império Mundial de Deus. Foram eles os escolhidos por Deus, ungidos pelo Espírito Santo, para expandirem pelo mundo os mandamentos e a doutrina, formando um único Império. Não um império de domínio físico, territorial, mas um mito-império, um Império de Destino. Daí, ser a morte o momento em que este império se cumpria. Daí, ser a morte o destino de Portugal. O devir histórico do homem português estaria assim em consonância com Deus e seguiria a sua vontade por meio daquele que por ele fora ungido — o seu Rei. O pensamento do povo português, dos séculos XIV a XVII, era, em resumo, o seguinte: não fora o rei de Portugal indicado e ungido por Ele? Não fora Deus quem lhe dera vigor após o nascimento? Não fora nos campos de Ourique que se erguera o sinal divino, o emblema santo que o criou? Não era, pois, esse rei o divus supremo, o medium que vira Deus em Alcobaça e em Coimbra e que lera no intuito místico da história as vontades d'Ele e o destino do seu povo? Não foram outros reis que iniciaram o seu povo nos ritos sagrados dos Templários segundo indicações de Deus e por meio de Arnaldo da Rocha (um dos fundadores da Ordem Templária)? Não foram ainda outros reis portugueses que, por argúcia divina, deram azo a que se nacionalizasse e se transferisse para as estruturas míticas da Ordem de Cristo as estruturas universalistas dos Templários? Não foram outros sagrados reis que, seguindo as pisadas de S. Francisco, elegeram esta ordem monástica como a ordem radicadora e ordenadora da mente do povo português?*

*Toda esta mito-história surgia aos olhos do povo culto ou bruto, dos séculos XIV a XVII, como factos tangíveis e visíveis, como a única história de Portugal, apontando toda ela para uma única consequência: o destino de Portugal ser o destino que Deus lhe indicara por intermédio do Rei, dos Templários, dos Franciscanos, dos Cistercienses, da mística do Espírito Santo. Esse destino era criar o Império Universal de Cristo ou o Estado Democrático Ecuménico de Deus.*

*Surge assim, na alma do povo lusitano, como seu destino sagrado, a ideia de Império, assinalado por Deus, por meio de «factos míticos» ou «signos míticos», e cuja leitura se acomodava igualmente à visão e ao entendimento de povo eleito, devendo este, contudo, obedecer ao divus, muito para além das estruturas históricas e hierárquicas que Deus deixara na Terra como elementos chave e tradicionais da sua Igreja.*

*A par dessa indicação sígnica, geralmente esplendorosa, pela densidade dramática que a envolve e pela densidade energética que transporta, surgem, não na mesma altura mas em momentos diferentes, densos e pequenos sinais, todos formando um sentido coerente, que vão explicando a totalidade do destino mítico do próprio povo e da personalidade chave a que esse povo terá de obedecer.*

*Portugal teve todos estes indicativos, formando, nos séculos XIV a XVII, um corpo histórico de tal modo coerente e poderoso que só muito dificilmente pode ser entendido se não se compreender esta formação ideológica que se vinha construindo desde os alvores da nacionalidade. Assim, para Portugal e para o rei, o destino mítico transforma-se em destino factual e a ideia de Império de Cristo transforma-se em estratégia factual da história lusa, comandada e articulada pelo divus que transformava as significações míticas em significações factuais e as significações da mito-história em significações da história.*

*Durante, pois, três séculos Portugal, mitificando a sua história, criou-a como história, dando ao seu divus o nome mundano de rei. É esta transposição de linguagens, de míticas em factuais e vice-versa, que iremos abordar ao longo deste trabalho, organizando-o por meio da titulação legítima que o rei de Portugal e o seu povo se davam a si próprios: «Por Graça de Deus, Rei de Portugal e dos Algarves d'Aquém e d'Além mar em África, Senhor da Guiné, da Conquista, Navegação e Comércio da Etiópia, Arábia, Pérsia e Índia».*

Augusto Pereira Brandão

Pela Graça de Deus
Rei de Portugal

Na história do Mundo há muitos enigmas que não se podem explicar somente pela vontade dos homens ou dos povos. De entre esses enigmas, um dos mais transcendentes é como, numa Ibéria tão homogénea, se tenha construído, num extremo, o primeiro e único Estado do Mundo que, desde quase o seu nascimento, se tenha estruturado física, geográfica, política e socialmente como um Estado livre. Parece existir uma pré-vontade suprema, um destino mágico que teria envolvido «o local Portugal», longe dos cadinhos das grandes acções culturais e políticas, criando nele algo que transcendesse esse local. Parece ter existido uma pré-vontade em fazer surgir um povo que transcendesse esse local, onde a pedra e a floresta comungavam crenças só idênticas às existentes nas planuras da Germânia, ou nas profundezas da Cornualha. Povo tão rude e áspero como essas pedras e florestas, mas transportador de passados míticos que o transcendiam, numa estratégia divina de cumprimento de uma missão igualmente divina. Cumprida ela talvez o local voltasse à pobreza e à rudeza da sua primordial existência...

Tudo se conjuga para interligar neste local, pobre e tosco, signos lendários e signos proféticos, numa radicalização mental da crença num futuro da mítica história. O seu próprio nome não significará o porto aonde aportou o Santo Graal — *Portus do Graal* — ou ainda *País da Luz* — Lusitania — *Luz + itaniae?* Isto leva-nos a olhar novamente para este pedaço de pedra e floresta e notar que todo ele se banha de algo transcendente — o mar.

Portugal é o país mais ocidental da Europa, logo local onde a luta entre a negrura da noite e a morte, na profundeza do excremento, se liga, por meio do oceano, à esperança do Sol, ao desígnio extremo e brilhante do Oriente. Oceano que não será nada mais do que a estrada por onde entrou o Santo Graal, por onde chegou São Vicente e por meio do qual se faz toda a mítica profetização de Portugal e do seu *divus* na longa concretização do *Império único e cristão* anunciado por Deus e concretizado na larga bandeira que, desde D. Afonso Henriques e Ourique, cobria essa estrada ou caminho para o Sol. É como se todo um povo, e o pedaço de terra em que ele ancorou, se liquefizesse e criasse, pela força dessa liquefacção, um tipo novo de homem, nascido e morto na terra mas vivendo criadoramente, heroicamente, cristãmente no mar.

O mar não era, para este povo, uma entidade física e tocável, mas sim um universo de indicações direccionais do seu futuro, adornadas por lendas sem fim, ligadas profundamente ao seu ideário mítico, histórico e profético: são as lendas da Atlântida, das ilhas de São Brandão, da ilha dos proscritos de Lisboa, das Antilhas, das Afortunadas, da nave de São Vicente, de Ulisses, das ilhas das Sete Cidades, tudo caldeado pelas cruzadas (que pelo mar nos chegaram), pelas lutas sem tréguas contra os Mouros, pela vontade pura e inata de atracção por esse mar, aglutinando todas as vontades encimadas pela Bandeira, pelo Rei e por Deus.

Mas se o mar é o meio de cumprir um destino latente, possuidor dos sonhos de um povo, ele necessita que algo superior a ele, um *medium* entre ele e o mito, radicalize toda a vontade do sonho em vontade de acção, e o transforme no meio histórico por excelência para atingir os fins últimos que, sendo criados por esses sonhos, se transformam em destino real. Destino luso, destino que nada nem ninguém é capaz de alterar. Destino que se sobrepõe a toda a razão, delineando no espaço e no tempo da história almas que, por o visualizarem e o entenderem, são imortais e, sendo imortais, são os profetizadores e os accionários do grande caminho mítico de Portugal pelo mar até ao Sol, até ao Oriente.

... E todo o destino de Portugal se forma, lenta e inexoravelmente.

O local de Portugal, conquistado e devassado, maltratado por milhões de homens, violado, castrado por aquele que, passo a passo, tudo destrói — o Mouro —, encontra, nessa amálgama de horrores e ódios, dois tipos de antevisões que o transformam em povo sagrado — o rei e o inimigo preferencial — o Árabe, o Mouro. Dois sinais antagónicos que se unem, pela própria noção de antagonismo, em *força-destino*, entrechocando o supremo bem contra o supremo mal.

Estes são os ingredientes de uma profecia divina, de um destino imparável criado pelo mito — o povo português, o rei, o mar e o inimigo — o Mouro. Sem se compreender isto, nada se compreenderá da História de Portugal.

Das telúricas terras agrestes do Norte de Portugal, onde o camponês comia, com a bolota, a pedra musgosa e o guerreiro com ela matava, o povo portucalense, formado por velhacos e aventureiros, arranca para o Sul, numa arrancada de ódio, comandado por um comandante heróico, mas ainda não assinalado como *divus* de um destino.

Numa noite cálida de 1139 o sinal divino rompe fulgurante. Deus surge e dirigindo-se ao comandante dessa horda de aventureiros, anuncia-o como o «eleito», como o *divus*, o seu *medium,* aquele a quem Ele indicava o destino profético da horda que comandava, o destino da terra que pisava, o destino do mar que o envolvia, o destino do inimigo que escolhera.

Era o sinal, era o fenómeno, a transcendência mítica que apontava o destino àquele bando de camponeses e ladrões traiçoeiros que, inconscientemente, lutavam pelo Graal, pelo Templo, por Ele; ainda sem futuro, mas a partir daquele momento com um Destino, um Homem, um Deus e um Império a construir, um Inimigo a vencer.

Assim:

— Ourique foi o local;
— a batalha a acção;
— Afonso Henriques — o rei eleito por Ele de entre todos os reis;
— os Portugueses — o povo dileto e herdeiro da Sua vontade de cumprimento universal;
— os seguidores de Maomet, o inimigo.

Se tudo se consumisse num sonho brilhante, ofuscante de luz, um símbolo ficava, com Ele transmutado em *signo* santo — a bandeira de Portugal. Signo totalmente mítico, talvez o signo-bandeira mais claramente ideológico que encontramos na história. Todo o sinal impresso no estandarte tem um significado divino, tem o sinal de Cristo, transfigurado em signo visível. E não é só Deus que se encontra estampado na Bandeira; nela se encontra, também, o destino atribuído por Deus a Portugal. Destino histórico, indicativo de quais são os inimigos a vencer — os inimigos do Deus cristão — e que só por meio da luta os Portugueses atingiriam o seu fim universal de Império. A partir daí é o Mouro — o *inimigo sagrado* — o demónio a vencer.

Constantino venceu com a cruz. Afonso Henriques venceu com ela e Portugal cumprirá o seu destino. Na noite de 25 de Julho de 1139, como diz Gilbert Durand, «Afonso I recebia da própria boca de Deus a investidura política que nunca mais seria desmentida». Com ela recebia também a monarquia

O mar sem fim. *Descobrindo-se o mar, descobria-se Portugal. Portugal nada seria sem o mar. Toda a missão criadora do* Império Ecuménico de Cristo *se baseou na descoberta e domínio do mar. Mar que o levaria ao Oriente. Mar que lhe daria a possibilidade de derrotar o Islão.*

Em cima — *A Custódia de Belém,* trabalhada no primeiro ouro trazido de África em 1506.

Ao lado — *Pormenor da janela da casa do capítulo do Convento de Cristo, em Tomar.* A leitura do Convento de Tomar é difícil para todo aquele que não tenha sido iniciado nas regras e símbolos dos Templários e da Ordem de Cristo que lhes sucedeu.

*O Alentejo foi o berço da expansão portuguesa para além-mar. As enormes planuras que os guerreiros de Ourique percorreram viram também nascer muitos dos que haviam de embarcar nas caravelas do Infante e, mais tarde, nas naus da Índia ou do Brasil.*

portuguesa o seu sentido sagrado, a sua elevação a *divus*, a sua capacidade para ler, nas indicações de Deus, o futuro, o destino, a capacidade, partindo de uma mito-história, em atingir outra mito-história futura. Daí ter essa monarquia criado, sem receios, mas com luta, uma estrutura religiosa própria, portuguesa, bem compreendida pelo Papa quando permite ao rei de Portugal manter os Templários através da Ordem de Cristo e lhe entrega o Padroado da Descoberta. O Papa compreendia que era essa a vontade que Deus queria que se cumprisse.

A partir dessa noite, e ano após ano, monarca após monarca, povo após povo, a densidade do cumprimento desse destino é rectilíneo, cumprindo-se segundo quatro coordenadas reitoras:

— Rei e povo unem-se, formando um corpo único, ideologicamente coerente e uníssono — basta ver a transformação da Ordem do Templo em Ordem de Cristo, a enorme capacidade de vivência cultural franciscana, a profunda transformação mental e criadora centrada nas Irmandades, no culto do Império do Espírito Santo e nas Misericórdias.

— Rei e povo empreendem a conquista de todo o território e de todo o mar ainda pertencente aos fiéis de Maomet, atingindo quase a entrada do Mediterrâneo com a reconquista do Algarve d'aquém e em luta marítima contínua. O local, o mar e o santo são libertos: S. Vicente é cada vez mais português.

— Rei e povo sugam a enorme carga criadora e santificadora da poesia provençal, da capacidade de redenção dos divinos «cavaleiros do Santo Graal», da gesta magnífica das lendas do mar.

— Rei e povo identificam-se nas cortes, onde o povo reconhece naquele a capacidade divina e a autoridade sagrada de ser rei. O ser-se rei surgia, pois, da terra, por entendimento do *povo eleito* dos desígnios de Cristo. E se o ungimento era inato, o reconhecimento desse ungimento unia-o ao povo. Todo o Portugal cumpria, pois, esse ungimento que transformava todo o habitante num ente eleito, porque só entre eleitos se compreende e se adivinha nos seres as qualidades divinas indicadas por Deus. Os sinais dos desígnios do Senhor lentamente se vão cumprindo, como se cumpria o divino nome de «Rei de Portugal».

O século XV chegava. Cumpriam-se as intenções de Deus e nelas cumpria-se o rei, cumpria-se Portugal e o Algarve d'aquém; faltava cumprir-se o reino cristão do Algarve d'além. Faltava perseguir o inimigo islâmico e atribuir ao rei de Portugal o título supremo de conquistador dos reinos cristãos em mãos dos inimigos de Cristo, subordinando-os à sua majestade e ao seu poder. A conquista para além da Europa constituía uma tentativa única da Europa cristã de se afirmar como alternativa ao Islão.

Pela Graça de Deus
Rei de Portugal
e dos Algarves
d'Aquém e d'Além mar
em África,

Séculos se tinham escoado desde que os islamitas tinham subordinado à sua fé e domínio os territórios cristãos do Magrebe marroquino e passado o estreito de Gibraltar.

Séculos se tinham escoado desde que um primeiro cristão português, Geraldo Sem-Pavor, do fundo do Suz, com 350 guerreiros cristãos, encontrou morte santa, em Dra — (1169-70), por ter desvendado a Afonso Henriques que facilmente, por mar, atingiria o coração de Marrocos, reconquistaria o «Algarve de Além Mar» e poderia construir as suas igrejas sobre as mesquitas dos infiéis. Diz ele: — «Se te parecer, manda navios armados para te apossares deste país porque podes contar comigo.» A ideia de reconquista não é, pois, uma ideia que tenha surgido de súbito no século XV, numa reunião de filhos do rei com políticos e mercadores. A ideia de fazer voltar a Cristo os territórios que já um dia tinham pertencido aos que seguiam a Sua vontade, data do mesmo século que viu a primeira conquista do Algarve e a santa Batalha de Ourique (1169). O que houve de novo, neste século XV, foi a capacidade de recriar a mito-história de Portugal e dar-lhe o rumo que surgia naturalmente da conexão dos sinais que essa mito-história deixava entender e a coerência da tendência universalista com que as quatro coordenadas por nós indicadas atrás eram vividas.

Por outro lado, essa vivência tinha algo de novo. É que Portugal saía vitorioso de um profundo confronto militar, confronto que deixara marcas profundas no orgulho e principalmente nas ideologias, o que permitia refazer a história portuguesa, reavivando e contando uma mito-história como se da história se tratasse. Ao mesmo tempo estranhos sentidos mito-históricos surgiam, onde Cristo e os seus sinais eram sempre revividos e recriados pela enorme plêiade de portugueses que combatia pela libertação do seu solo mítico. É que, como defensor de um pré-nacionalismo social, o século XV fez nascer em Portugal esta tripla noção: a do solo português como solo mítico, o qual deveria ser defendido contra todo o inimigo; a de que quem o fazia era herói divino, fosse qual fosse o grau social que tivesse; e a de que, terminada a luta santa pela defesa do solo eleito por Deus como solo mítico, se deveria reunir o braço do mar atlântico entre os Algarves, com a proposição de levar o solo português cristão e sagrado para o sul, para África. Começava, sem disfarces, a última mitologia que a história do Mundo produzia. Mitologia fundada nas noções filosóficas e político-religiosas que vimos atrás e que podemos resumir nestes parágrafos:

— O Portugal-mítico não se fundia já com o solo estático, entre a Galiza e o Atlântico, defendido em Aljubarrota e eleito por Deus, mas sim como pólo de arranque, a partir do acto «Aljubarrota», para se cumprir a política que Ele apresentara em 1139, e que, em sucessivos sinais, se ia entendendo e consolidando;

— Aljubarrota é, pois, o segundo acto como Ourique fora o primeiro; Ourique era a sagração, Aljubarrota era o sinal da reconquista total, da homogeneização num único rei e num único reino das antigas terras cristãs de além com as terras cristãs de aquém. O resultado é premoniciado pelo rei e pelo seu condestável, com a visão do mito. O resultado é antecipado pela noção da existência de guerreiros divinos nas hostes santificadas do Senhor de Ourique. É que não se pode esquecer que o século XV unia ideologicamente as lendas do Graal e do Rei Artur com as indicações de Ourique, fazendo surgir de entre o povo um mundo de guerreiros e heróis sagrados. Por toda a Europa, após o confronto de Aljubarrota, esses heróis mitificaram-se e mitificavam os companheiros, e uma sucessão de pequenas lendas transcendentes sobre o poder único desses heróis surgia por toda a parte. Digamos que a própria luta entre Inglaterra e França fora influenciada, como nos diz o seu historiador Froissart, pelo conhecimento da gesta sobre-humana de Aljubarrota. Mas se Aljubarrota recriara a figura actual do herói mitológico, se a consolidação do solo divino estava assegurada, se Deus apontara para outras aventuras e outras missões, todos os ingredientes estavam presentes para se cumprir a segunda meta de Portugal — Marrocos.

— O local fora Aljubarrota;

— a premonição do resultado surgira ao rei;

— os heróis formavam-se da enorme amálgama de combatentes que, acreditando num futuro messiânico, se mitificavam a si próprios;

— o futuro era Marrocos.

E foi-o.

Num dia de luto pela rainha morta, em centenas de barcos, os heróis cristãos partiram para a última cruzada da reconquista. Desfraldadas as velas, dando-se força aos braços, cantando os cantos de Deus, sinais da Cruz ao alto, eis que parte a armada. Um mês depois cumpria-se o primeiro acto da reconquista cristã em terras do Magrebe. Ceuta, a antiga terra do conde Julião, voltava a ter a sua igreja de Cristo, voltava a ser ocupada pelos seus cristãos. Daqui, Cristo e Mafoma criam o maior dos campos de batalha, real e ideológico. Batalha que durará mais de trezentos anos, feita de um permanente ambiente de confronto entre dois seres, duas ideologias, duas religiões, dois modos de ver o Mundo, duas posições na Terra — a do conquistador e a do conquistado. Marrocos é o maior campo de luta ideológica que existiu até hoje. A cruz e o crescente investiam diariamente em actos e palavras, em mortos e em vivos. Foram trezentos anos de uma luta que atomizou toda a vontade dos dois povos, ambos com os olhos postos nos seus heróis, nos seus deuses e nos seus reis. Pode-se mesmo dizer que, quando esta luta acabou, um dos campeões terminou também.

Não julguemos, porém, que, apesar de ser uma luta diária, fosse uma luta selvagem. Não o era. Pode-se mesmo acrescentar que a convivência entre os dois exércitos, sempre em armas, fez nascer dos dois lados a figura do herói profissional, que actua racionalmente, não ultrapassa os códigos morais que o envolvem e que muitas vezes convive cerimoniosamente com o inimigo. É, assim, uma luta de heróis, não uma luta de bárbaros.

A luta de Marrocos, como Aljubarrota e como Ourique, é o prelúdio do aparecimento da última mitologia heróica e dramática da história europeia. A Grécia e Roma tinham-se fundado em mito-histórias em que o esforço do herói humano era sublimado por uma poética nascida na lenda religiosa, fazendo nascer o herói mítico ou o semideus. A religião católica, pelo contrário, tinha, até Ourique, Aljubarrota e Ceuta, rejeitado a existência da heroicidade humana, vivenciada na luta mortal para a imposição do credo e do dever. A religião de Cristo

---

*O século XV, bem como o termo do século XIV foram para Portugal algo de transcendente e terrível. O século XIV termina com uma revolta burguesa transformada imediatamente em guerra de salvação nacional, onde todas as classes sociais se reconheciam como actores da luta armada pela independência e, logo depois, pela reconquista das perdidas terras, outrora cristãs, de África. Portugal armou-se de guerreiro e santo. Só no século XVII é que voltará a ter Igreja, Nobreza e Povo separados e com missões distintas.*

criara, até então, o «herói-martir», o herói que, para impor ao mundo a vontade da ideologia que possuía, tinha de morrer. E o acto de morrer torna-se, na história da igreja cristã, o mais alto dos desígnios do «herói de Cristo». O herói em Cristo surge, pois, quando desaparece do mundo dos mortais. O curioso é que Portugal irá alterar em máxima substância esta noção ideológica, procurando que o herói mitológico português, agregando este fundamento à sua atitude de vida, o faça de modo transcendente em todos os actos, transformando a candura do «dar a outra face» num grito de glória por matar o inimigo ideologicamente oposto.

A renúncia do «herói cristão» à vida é transformada, pois, em Portugal não só pela capacidade de lutar, matar e vencer, mas pela enorme capacidade em atingir os pontos extremos da violência física e moral que poderão atingi-lo até morrer. Morrer, pois, não deixava de ser o gesto mais glorioso do português, mas era um morrer na conquista, na luta, na vontade em impor o credo que acreditava ser o seu destino.

Cristo, ao surgir em Ourique, surge não em catacumbas ou em arenas públicas, mas sim no momento exacto da antecipação da bebedeira de sangue que os seus seguidores iriam fazer no inimigo lendário. Logo, um tipo novo de herói aquele que, sabendo que O encontra no acto da morte, matava até atingir o ponto extremo da glória.

Mas não se poderá esquecer que Cristo, ao surgir em Ourique, transmitirá não só o plano para o destino de glória sob o Seu sinal, mas também indicará aquele a quem outorgar a categoria de seu *divus* — o rei. Logo, fazia coincidir no herói português duas particularidades: a de ser capaz de vencer segundo a ideologia que ele simbolizava, e em que acreditava, isto é, ser capaz de glorificar a morte por Ele; como a de atingir a atitude criadora e glorificadora máxima quando matava por ordem do rei. O herói lusitano correspondia a uma nova figura mitológica e lendária: a Deus prometia morrer para O seguir; ao rei prometia obedecer, vencer, lutar, matar, para o glorificar; a si próprio prometia ser o «mito» que Cristo e o *divus* haviam elegido para cumprir a sua missão.

Temos, assim, criada toda uma mito-história em que as personagens se consideram a si próprias mitos, tendentes a uma glorificação que atingirá a máxima definição na de «Herói», na de «Semideus» ou na de «Santo». Três personagens entrechocantes dos séculos XV e XVI português... e o curioso é que todos existem na mito-história do Marrocos português.

Por outro lado, paralelamente ao nascimento da mitologia humana portuguesa, surgia, como na Grécia e em Roma, a mitologia do *lugar eleito*, do *lugar divino*, isto é, surgia uma geografia não científica, mas uma geografia de lenda e de mito.

É claro que, quando Cristo surge em Ou-

rique, cria também uma mitologia do lugar, pois não só mitificou, pela sua presença e pelo seu desígnio, uma terra, Portugal, como acrescentou um sentido evolutivo da história em mito-história, fazendo com que se criassem outros lugares, terras, gentes, santificadas pelo destino que se atribuía às prioridades mito-históricas no cumprimento do seu desígnio para Portugal.

Claro que os *lugares míticos* não foram indicados um a um na antecipação de um destino programado momento a momento, local a local. O que fora indicado era o grande destino de expansão e recuperação da ideologia divina de Cristo. Aos Portugueses foi-lhes dado o poder e a eleição de ter um *divus* e de possuir um escol de heróis que programaria essa expansão e essa recuperação levando em conta a estratégia de *lugares-chave* para a execução humana desse destino divino. Daí a maioria dos *lugares eleitos* pelos Portugueses não se encontrarem no Portugal actual, mas sim encontrarem-se espalhados pelo Mundo, segundo estratégias específicas de ocupação que iam da militar à económica.

Assim, se Ourique é um lugar eleito no Portugal Europeu, não o são menos Ceuta, Arzila, Alcácer Ceguer, Safim, Azamor,

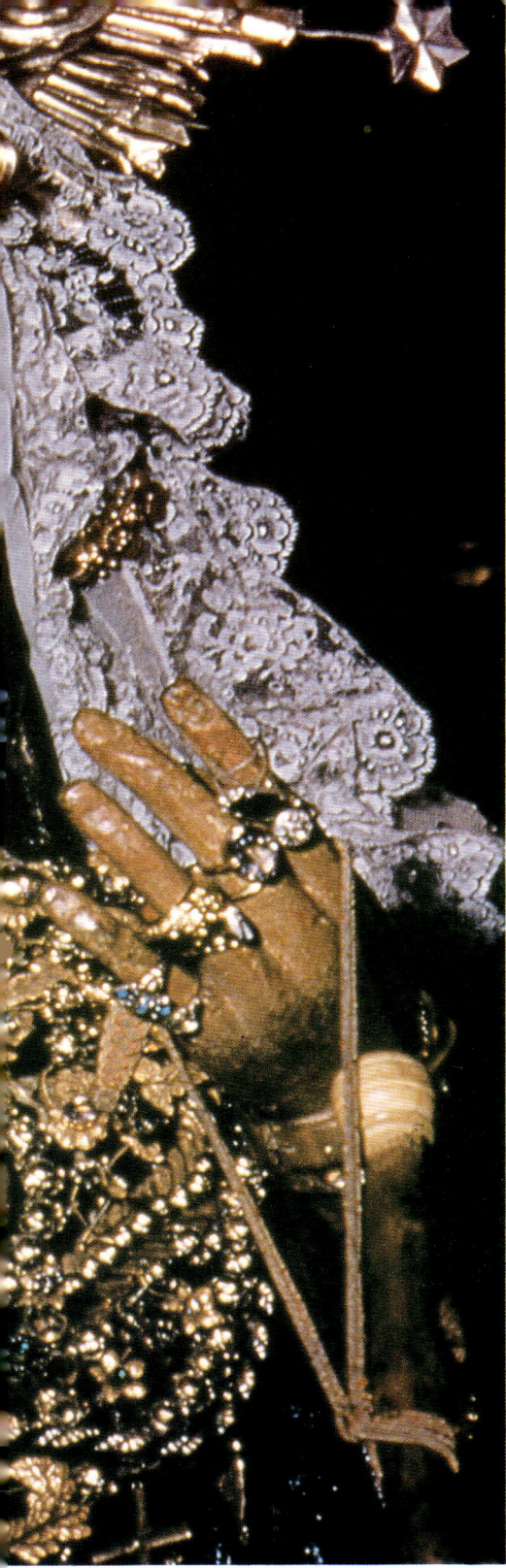

À direita e em baixo — *As magníficas fortificações da cidade de Ceuta, conquistada aos Mouros pelos Portugueses em 1415, e de Arzila (ao fundo) permanecem como símbolos da primeira expansão portuguesa para além-mar.*

À esquerda — *O bastão do primeiro governador português da cidade, Duarte de Meneses, pende da mão de Nossa Senhora de África, na Catedral de Ceuta.*

Tânger, Gué, ou Quibir, locais de significado vital para a reconquista cristã de Marrocos. Estes lugares confundem-se com os heróis míticos de que falamos e que iniciam a sua existência fundindo-se de tal modo com esses lugares que o seu nome e o do lugar se identificam na mito-história de Portugal e do Mundo. A sua presença mantém-se em brasões e escudos de armas, em actos de valor e magnanimidade, em posições de ternura e robustez, em amor e responsabilidade, nunca em ódio, porque o ódio não foi apanágio do herói mítico português. Em todos estes lugares as suas sombras fantásticas

emergem das muralhas que criaram, como em Tróia emergem os heróis que a defenderam e a atacaram. O mesmo se dava em Marrocos. Ao herói português corresponde um herói marroquino. A luta ideológica e santa que travavam não os impedia de viver acima do lugar comum, de compreender o mito com que se investiam e se respeitavam; amavam-se com o mesmo ardor com que se chocam e se combatem no pó e no sangue que os envolvia.

Mas não nos resta dúvida de que a estes heróis se pode atribuir o nome de «os melhores dos inimigos». Não eram as suas crenças, crenças de paz agora em guerra? Eram-no e eles sabiam-no. Daí o respeito com que se combatiam e se enalteciam numa troca constante de galhardias e homenagens.

Quantas vezes, durante a paragem da luta, trocavam presentes, duplicavam doces e conversavam à volta de pequenas mesas de prata, tomando o chá de menta, ou o vinho dos arredores de Santarém. Um dia, o rei de Fez ataca, com todas as suas forças e todos os seus comandantes, a praça de Arzila. Matava-se e morria-se; os canhões de Arzila troavam no meio do cruento combate. Dois heróis, D. João Coutinho, capitão de Arzila, e o célebre alcaide de Xexuão, Muley Abrahem, trocavam cumprimentos ao longo da praia. Oiçamos o mais saboroso cronista de Arzila, Bernardo Rodrigues: «E se foi encontrar com Muley Abrahem à ponta do valo de João Tavares, onde se receberão com muita cortesia, posto que os trajes forão diferentes, porque o conde ia armado de armas brancas e na cabeça ũa gorra, em que levava um fermoso penacho, mostrando ir de paz em tempo de guerra, e ia em cima de Valera, que o mais fermoso jinete de noso tempo foi e os nosos de couraças e adargas. Muito diferente disto vinha Muley Abrahem e os que vinhão em sua companhia, porque nenhum deles trazia armas. Muley Abrahem trazia um pelote de veludo pardo e um barrete vermelho de grã na cabeça e um cinto mourisco asaz largo e na cinta um rico treçado, bem guarnecido de prata branca e da parte direita um rico teli com grandes borlas de seda verde e parda; ante si um homem de pé, que lhe levava a lança dereita e a adarga, e ao derredor outros seis, todos com cabrestos e mandis... Os companheiros ião a modo de mouros com camisas e toucas.»

«A este tempo acodio ao ver toda a mais jente do arraial sobre a Pontinha e sobre a fonte de Alvaro Graviel, e a gente que na praia ficou com as bandeiras, passando o valo por junto dos Mastros, travesou por de fora do adro e se foi pôr em ala da fonte até a Pontinha.

«Tãobem, neste tempo sairão da vila seis pajes com toalhas aos hombros e caixas de conservas e coisas d'açuquere e ũa talha d'agoa fria e, chegando onde eles estavão, se pusérão diante de Muley Abrahem, dizendo que a Senhora Condesa, vendo que fazia calma, mandava [aquela fruita] pera que sobre ela bebese agoa. Muley Abrahem dise que beijava as mãos da Senhora Condesa e que não era lugar de perder tempo, nem dei-

*São três as praças de África (Marrocos) mais poéticas e que melhor assinalam a convivência da história com a mito-história de Portugal: Alcácer Ceguer (ao lado), Arzila (na página anterior e em baixo) e Safim. Uma, porém, supera as outras duas, pois desde o seu abandono por Portugal nunca mais foi habitada: Alcácer Ceguer. Ela é hoje o único exemplo de uma cidade portuguesa dos séculos XV e XVI.*

xar de tomar o que mandava e, fazendo chegar os pajes, vio e comeo de tudo, ele e seus companheiros, e, depois que comeo e deo, encheo a barjuleta e assim o que ficou lançou nas dos companheiros. E pera beber saltou a pé e pola talhinha bebeo um golpe d'agoa, e mandou aos pajes desem de beber aos outros por um púcaro de prata que levavão. Isto feito, tornou-se a poer a cavalo e, metendo a mão na aljabeira deo a cada um dos pajes cinco cruzados, e despedidos se tornou ao Conde e, sendo oras, se apartarão com grandes oferecimentos e se foi polo caminho da Pontinha, onde o receberão mais de dos mil de cavalo, mas logo à vista de nós outros se tornarão a meter em suas batalhas e se forão para o arraial.»

Esta cena, com dois mil anos de separação, iguala-se a tantas e tantas contadas por Homero e passadas entre as rosadas e azuis praias e águas da Grécia, em que heróis e semideuses paravam as suas lutas e confraternizavam por entre ninfas e mel.

No conto de Bernardo Rodrigues toda essa

epopeia mitológica cintila de novo. Dois heróis param o combate, confraternizam e louvam-se no orgulho e amizade com que se encaram e se definem. Somente que, na cena de Rodrigues, tudo é português. Sente-se, no meio da descrição da cavalaria e do luxo das personagens, a presença e a definição portuguesa da enorme dádiva de Cristo ao homem português, a sua grande predilecção.

Aqui, em Marrocos, homens e mulheres foram heróis: ambos com estilos e meios diferentes, mas ambos com papéis complementares fortíssimos. Pode-se dizer com razão que ao lado de um enorme herói estava sempre uma enorme heroína. Mas, para completarmos esta cena que caracteriza inimigos em confronto, deixemos que Bernardo Rodrigues conte como acabou este cerco, posto pelo rei de Fez a Arzila: ... «ao outro dia, que foi sábado e dia de Sam João, el-rei e os alcaides, levantando as tendas, se vierão ao longo do rio Doce, donde Muley Abrahem mandou pedir ao Conde que aqueles cavaleiros de Fêz querião vir ver aquela vila por de fora, lhes dese licença para chegarem ao pé do muro, o que o Conde lhe concedeo e mandou a Gonçalo da Fonseca os trouxesem à porta da Ribeira, e mandou que não tirasem, nem fizesem dano, nem nojo indo os mouros. Este recado, posto que poucos fôrão os que o pedirão, muitos forão os que o aceitarão e mais os que o tomarão, porque, vendo ir uns pola praia e que da vila lhes não tiravão, não ficou mouro nas bandeiras que não quisese vir ver a vila, e asim foi a praia cheia do rio até a porta da Ribeira; e vendo as jenelas da Condesa e o Miradouro cheio de muitas molheres, os aljemeados começarão a gracejar com elas, e não somente estiverão à porta da Ribeira, antes rodearão toda a vila, estendendo-se ao longo da cava até à Couraça, de maneira que toda ela era rodeada de mouros de cavalo, dos quais ao derredor da vila e na praia avia perto de quatro mil de cavalo».

Era assim que, de lado a lado, os heróis concebiam a luta e sonhavam com a grande paz em que o seu Deus venceria o outro. Grande mitologia, enormes heróis amarrados aos locais do mito!

Em nenhuma página escrita pelos nossos cronistas vemos ou sentimos desprezo pelo inimigo. Para os Portugueses, todo aquele que se opunha à sua vontade era tido e tratado como inimigo, e neste conceito existia todo o respeito e a galhardia com que o *povo escolhido* deveria tratar todos os outros povos. Um historiador inglês resume bem, neste parágrafo, o que os inimigos em Marrocos sentiam em presença um do outro: «Eis uma raça tão valente como a nossa, impelida, como ela, por uma fé dinâmica e igualmente convencida de que destruir o infiel era abrir o caminho direito para o céu.»

Ao longo de toda a costa de Marrocos as cidades cristãs velavam o mar e a terra; de Ceuta a Gué, para não dizer a Arguim, uma

À esquerda — *Rua de Mazagão. De todas as praças portuguesas em Marrocos foi esta a que se manteve mais tempo em poder de Portugal. A sua fortaleza é a maior que se construiu nas costas marroquinas, tendo nela trabalhado cerca de 400 artífices idos de Portugal.*

Em cima — *O porto de Mazagão, visto das ruínas da Igreja de São Sebastião.*

multidão cruzada de portugueses e marroquinos coabitava, pois, na luta e no amor. Safim e Azamor eram as fronteiras por onde se procurava penetrar até à santa cidade de Marráquexe. Ambas as cidades, lugares igualmente míticos para Portugal. Uma e outra eram cidades célebres, brancas, onde a espuma do Atlântico morria de encontro aos molhes de pedra que marginavam a costa. Ambas eram centro de um enorme *hinterland* fértil em trigo e que se estendia da Duquela a Abda e Xiátima. Ambas eram dominadas por famílias árabes, rivais umas das outras, que se odiavam e que odiavam o rei que habitava em Marráquexe. Ambas se entregaram a D. Manuel, num misto de luta, luto e alegria. Ambas foram o orgulho da capacidade criadora e dominadora do rei e dos seus capitães. Capitães e guerreiros que se identificavam a si próprios como personalidades específicas e heróicas.

Nuno Fernandes de Ataíde, João de Meneses e Bentatufe comandaram, nos Algarves d'além-mar, «anos de vida pródiga, de trepidentes cavalgadas e combates». São as páginas mais estonteantes da nossa história marroquina. O adversário era tão corajoso e atrevido como eles e as suas vitórias eram, pois, mais estrondosas. Eles e os seus companheiros golpearam sem tréguas nem dó a pele do mourinho; «foram eles sobretudo que fizeram do nome português sinónimo de bravura e lhe criaram essa auréola que ainda tem». Mas se foram eles que o fizeram, se foram eles que em investidas e retiradas heróicas chegaram a cercar Marráquexe, não restam dúvidas de que, como os lendários heróis gregos, cada um tinha uma gigantesca personalidade muito própria.

D. João de Meneses cedo se iniciou no mundo das figuras grandes da lenda da nossa mítica: companheiro do filho de D. João II, quando ele morreu fica para sempre amarrado ao tenaz drama dessa morte. Para ele, a terça-feira torna-se um dia macabro. Durante toda a sua vida, esse sonho mau amarrou-o a um destino de bravura e morbidez.

Com pouco mais de trinta anos comandava a armada enviada ao Papa contra os Turcos. E, ao velho almirante das armadas papais que, olhando-o, vendo a sua mocidade, o criticava por ter, com certeza, inexperiência de guerra, pois aos trinta anos era, sem dúvida, muito novo para comandar homens que iriam, dentro de pouco tempo, morrer, D. João, com a vaidade de quem pertence à lenda, com o peito ansiando por glória, respondia rindo: «Comandante, com trinta anos já se é um herói velho em Portugal. Eu tive a sorte de chegar a esta idade.»

Era assim João de Meneses, como era o oposto, o torturado pela morte do seu príncipe e senhor; era o torturado pela terça-feira...

Certo dia, combatia-se terrivelmente em Arzila e os mouros já ocupavam a cidade,

quando o conde de Borba urrou de alegria, do cimo da sua torre, ao avistar a armada de D. João de Meneses que se aproximava da costa, em defesa da cidade quase perdida.

Era, porém, terça-feira e, como o cronista de Marrocos e Arzila nos conta «era terça-feira e Dom João de Menezes não avia de começar coiza alguma pelo que lhe aconteceu na morte do principe Dom Afonso, como é notório e sabido de todos os deste reino».

Os mouros viam espantados a armada vogar todo o dia sem se chegar a Arzila. Furioso, urrando como o sabia fazer, o conde de Borba lutava como um leão, completamente cercado. O seu orgulho encontrava-se mais ferido pela conduta de D. João de Meneses do que pela acção guerreira e fera dos mouros, e ali jurou que se D. João não o ajudava na terça-feira, também não o faria na quarta-feira, pois esse era o dia do seu agouro... Só na quinta-feira os dois teimosos capitães, galgando as muralhas gastas de Arzila, se encontraram, e juntos se mantiveram até à completa expulsão do rei de Fez da cidade de Arzila.

Anos mais tarde, ele e Nuno de Ataíde atraem Mulei-Naçar a uma emboscada nas terras de Ducala. A vitória foi estrondosa. Por todo o povo árabe se falou da enorme derrota do exército de Fez. João de Meneses e Nuno de Ataíde eram olhados como diabos por uns, como deuses por outros. Mas no meio dessa glória, que só ampliava a estrutura heróica de quem a fizera, morreram, por culpa própria, 67 jovens cavaleiros de Azamor. Foi o suficiente para D. João de Meneses, nunca derrotado, invicto e herói-

Na página anterior — *Mazagão, porta do mar (em cima) e cisterna (em baixo)*. Durou cerca de 250 anos a presença portuguesa em Mazagão. Toda a cidade dentro das muralhas é ainda de nítida inspiração e morfologia portuguesas. Brazões, nomes de ruas, igrejas e a magnífica cisterna em estilo manuelino atestam ainda hoje a presença lusa naquelas paragens. E quando, finalmente, o Marquês de Pombal decidiu o seu abandono, a sua população deslocou-se para o Nordeste brasileiro onde criou a Nova Mazagão.

Em cima e ao lado — *Muralhas de Azamor*. Mazagão e Azamor, muito próximas uma da outra, formavam, com Safim, o terreno mítico das façanhas de Nuno Fernandes de Ataíde, João de Meneses e Bentatuf. Daqui partiram as mais extraordinárias cavalgadas para o interior de Marrocos e daqui partiu o exército que atingiu o longínquo Atlas e cercou Marráquexe.

co, mas simultaneamente nevrótico e supersticioso, se culpar dessas mortes. A morte do príncipe D. Afonso, de que se culpava também, surgia agora nítida no seu cérebro doentio por tanta luta e medos. Era demais ter também de carpir e arrostar com a morte de mais 67 jovens companheiros. O rei era certo que o premiava dando-lhe o título de conde de Tentúgal. Mas D. João já estava no universo do além; olhava melancólico a planície que lhe enchia os olhos, tinha-os sempre chorosos, escrevia versos de dor e amargura. O calor da noite e dos dias não o deixava sossegar e em pouco tempo morria de desgosto. Os fados e o destino trágico, que tanto envolveram o herói grego, caía-lhe em cima aterrando-o de morte. Morrer era o corolário do trágico momento que existira numa terça-feira, vinte ou mais anos atrás. Mas o herói trágico não conseguia sobreviver a essa negrura que todas as terças-feiras o amarrava à inércia e à inépcia.

Perto, na Safim que se orgulhava das suas muralhas brancas, dos seus terraços e jardins, um outro herói, alegre, desenvolto, rude e pasmosamente arguto, continuou a sua eufórica vitória. Não tinha ele por cognome «o nunca quedo»? Se o tinha, em Marrocos iria ter de justificar porque assim o chamavam.

E partiu. Nuno Fernandes de Ataíde tinha ainda no ouvido os gritos de vitória do seu almotacém, que bradara em correria louca e às portas de Marráquexe, «Viva o nosso rei D. Manuel!», ou os do seu primo Álvaro de Ataíde que, nessa mesma correria, conseguiu penetrar na cidade e acutilar a célebre Torre de Cotubia.

Montou a cavalo e ordenou que se caminhasse para a cidade santa de Marráquexe. Foram dias de estonteante glória. Cavalos correndo, espumando. Cavaleiros da fé cristã, bradando pelo seu *divus* e pelo seu Deus, batendo em cheio nas portas cerradas da cidade moura.

Alegremente, sentindo-se deuses e heróis a quem nada, nem ninguém, é capaz de fazer frente, Nuno e os seus companheiros, de estandartes multicores ao vento, abraçam-se ao chegar de novo a Safim.

Neste cume de glória, escreveria Álvaro de Ataíde ao rei, pedindo que viesse em pessoa a Safim e trouxesse o príncipe, «pois assim fá-lo-ei rei e senhor desta terra e coroar-lo-ei em Marráquexe».

Nuno Fernandes entrava em Safim como os triunfadores entravam em Roma. O seu triunfo era total e para o ser maior, para ser um herói de facto, para ser um herói cristão, teria que morrer gloriosamente nessas terras que conquistara, impelido pelo destino dos heróis que se transformam em santos e em semideuses, convencidos de que, destruindo os que simultaneamente amam, os infiéis, abriam para si a gloriosa porta do céu.

Um dia, santo dia para Nuno Fernandes de Ataíde mas nefasto para Portugal, quando retirava de uma incursão e desapertava a sua viseira, dizendo aos seus capitães, com a ternura que um grande herói deve ter pelos seus inimigos, «não me matem os meus mourinhos», uma azagaia lançada por um deles trespassou-lhe a garganta. O herói entrava no céu no cume da glória, um fim sempre pedido pelo herói português.

Centenas de anos se tinham passado desde que Geraldo Sem-Pavor escrevera a D. Afonso Henriques, dos confins do Sul de Marrocos, do país árido e santo do Sul, sugerindo a sua conquista. Um dia, caravelas com a cruz de Cristo aportaram a esse mesmo Sul e próximo de um alto monte construíram a fortaleza de Santa Cruz do cabo Gué. Era o limite da conquista portuguesa em Marrocos. Os que tinham morrido em Dra deviam sentir-se contentes. A sua carta tardara a chegar, mas, vendo aquela armada, sentiam-se contentes. Portugal chegava, chamado pelo fantasma de uma carta que a mito-história de Portugal nos afirma ter existido. Os fantasmas, contudo, não gostam de ser acordados e se, de um lado, os fantasmas dos mortos em Dra se erguiam, guiando e fortalecendo os que construíam a fortaleza, e caminhavam sobre Messa ao mesmo tempo que subiam o Turadente, do outro lado, o fantasma dos xerifes do Sul erguia-se urrando pela vingança e pela vitória do Islão sobre todo o povo que procurava oprimi-lo.

Nesses confins áridos e tórridos, onde o homem e a paisagem são agrestes, vazios e temerosos da vingança dos deuses, aí come-

Na página anterior — *Muralhas de Safim. Talvez Safim seja a mais formosa praça portuguesa de Marrocos. São célebres os versos dos poetas sobre as suas muralhas brancas, o seu casario, as suas palmeiras e os seus heróis.*

Nesta página — *A fortaleza do Mar. Dos seus adarves imponentes, guarnecidos com janelas do mais simples estilo manuelino, podem admirar-se, de três lados, esplêndidas vistas do Atlântico.*

çou a maior luta entre o cristão e o islamita. Quase duzentos e cinquenta anos irão passar-se até que essa luta encontre um fim. Mas, para nós, será um ciclo perfeito que se irá consumir na mito-história de Portugal.

D. Sebastião, querendo prolongar esse ciclo, sucumbiu, porque quis sintetizar, como iremos ver, todos os ciclos da mito-história portuguesa num último sonho de estratégia mundial, sonho que Cristo crucificado, revivido por Portugal, fez corporizar numa mente e num último momento de grandeza. Contudo, isso será o glorioso final da mito-história de Portugal, a qual, como os seus heróis, para existir na eternidade tem primeiro que morrer.

Nos meados do século XVI os conceitos fundamentais prevalecentes não só na Europa mas em toda a bacia mediterrânica alteraram-se profundamente, com reflexos bem marcados na história dos povos. Por todo o lado as lutas religiosas ensanguentaram os países: protestantes e católicos, facções rivais islamitas, degladiaram-se em lutas fratricidas.

Em Marrocos, no Sus, no longínquo Sus, nascia um movimento radical islamita que pretendia, sob a autoridade unificada dos xerifes, erguer mais alto a potente voz do Profeta. Este movimento alcançou tal ímpeto que conseguiu unir todo o Magreb contra Portugal. Perante essa vaga de oposição, D. João III, mais entendedor das correntes mercantis e utilitárias que dos imperativos mito-históricos vindos dos seus antepassados, decidiu ouvir o País para resolver sobre o que haveria de fazer nos Algarves d'Além Mar.

Esta consulta foi dramática para os Portugueses e para Portugal, pois levantou, pela primeira vez, dois problemas decisivos para a nossa história. Por um lado, a consulta deu azo a que os Portugueses vissem o seu rei sem capacidade de decisão própria em matéria de tanta monta e incapaz de se inspirar no exemplo dos seus avós; por outro lado, fez ressurgir a facção burguesa que havia triunfado em 1385, mas que a conquista de Ceuta fizera emudecer, facção europeisante, fiel seguidora do materialismo renascentista, incapaz de pensar a mito-história para além da história. É claro que esta fragmentação da unidade cultural e política de Portugal só podia desembocar no abandono das praças de África, logo seguido da entrega de Portugal à Espanha. Não nos antecipemos, porém, ao fluir da história, não antecipemos o final da presença criadora de Portugal em Marrocos. Muito antes, cerca de 1450, outras forças haviam de fazer surgir alguém que não só era «Por Graça de Deus Rei de Portugal e dos Algarves d'Aquém e d'Além Mar em África» mas também «Senhor da Guiné».

Em cima — *As sólidas fortificações da fortaleza do Mar possuem adarves dos quais se abrange o oceano. O tipo de construção das fortalezas portuguesas em Marrocos constitui exemplos da mais pura arquitectura militar do período.*

Em cima, à direita — *Safim*, como Azamor e outras, era uma praça envolvida por muralhas rudes de onde o canhão espreitava as investidas do inimigo bravio que infestava as terras vizinhas. A única saída era para o mar.

Ao lado — *Uma seteira, com a configuração de uma cruz, aberta nas muralhas.*

Pela Graça de Deus
Rei de Portugal
e dos Algarves
d'Aquém e d'Além mar
em África,
Senhor da Guiné,

O tempo de Ourique culminou um longo processo de uma mito-história em que valores vindos de múltiplos lugares se confundiam num ribombar de histórias e povos, entrechocando as suas personalidades, as suas histórias, religiões, lendas e tendências. Durante centenas de anos, o povo que havia de ser o português formou-se no meio dessas cantigas que moldavam a sua braveza rústica, indicando, por meio desse marulhar de hordas bárbaras, o profético limite do seu sentido histórico.

O fulgor dessas hordas não ultrapassava o local que se irá chamar Portugal, porque ele era o limite. O povo a que a história dará o nome de Português ganhava, com esta fixação, a máxima capacidade de absorção de sentidos lendários que lhe chegavam e permaneciam. Transformava-se, assim, num receptor de lendas, misturando mitos e cultos, reverenciando deuses e heróis, vivendo com essas hordas os momentos da incerteza nas definições máximas da vida. Toda esta fixação fazia com que ele interpretasse diariamente a realidade física que o rodeava como algo possuidor de poderes que esses mitos e lendas preenchiam por todos os lados.

A Europa, durante todo este tempo, fora um ponto de passagem. Fora o local de neutralização de ideologias, pois todas elas passavam não permitindo que surgissem futuros previsíveis, a não ser o do caos.

Cruzando a Europa, as vidas humanas surgiam com bases ideológico-religiosas tão vastas e tão profundas que se neutralizavam à medida que corriam para o extremo ocidental do continente. Em nenhum local criaram fundamentos de fixação, nem sublimaram as suas capacidades de realização ideológica e religiosa a ponto de alguma se superiorizar às outras.

No Norte da Europa, no Centro ou no Sul, mitologias complexas e estranhas eram mescladas com o que restava da mitologia cristã, não sendo capazes, na maioria dos casos, de criar dogmas, mitos visíveis e sublimadores da vontade rude dos povos. Foram épocas cheias de horror, de incapacidade de vida, de falta de existência de um carácter que se pudesse chamar humano. A Europa banhou-se em medos, em lutas, em raízes e dogmas que, devorando-se entre si, devoravam a mente humana e a sua capacidade em criar regras e processos de vida. Contudo, dentro das profundas sendas, tenebrosamente míticas, algumas quantas comunidades, pela sua própria fecundidade e vontade de vida e principalmente com enorme capacidade em reviver a história, foram-se estruturando, criando enormes vocações religiosas, autênticos alfobres de vocações ideológicas. Nos fundos das matas, em vales estreitos e desertos, estes espíritos fortes guardavam os tesouros da história, ou melhor da mito-história, com que procuravam edificar novos sistemas telúrico-religiosos. Foi nestes cantos da noite que Cristo se manteve fechado, sujeito a séculos de pó. Cristo era, nesses lugares, a única certeza de futuro, a única previsão de vida.

Nas regiões do futuro Portugal tudo desaguava. Sem ocidente à sua frente, toda esta cavalgada de intenções, certezas e medos, parava e caldeava-se com o rude selvagem que lá pernoitava. Deste modo, este selvagem transformou-se, com o tempo, num receptor de lendas, misturando mitos e cultos, reverenciando deuses e heróis, vivificados em árvores, em pedras e principalmente no mar oceano sem limites. Esta visão do infinito transforma-se em obsessão, criando cultos que se superiorizavam a todos os outros. Surgiram lendas envolvendo ondas, náugrafos, nevoeiros, sereias, ilhas sem retorno, países lendários, monstros, mundos desconhecidos. O mar era a lenda onírica do desconhecido mortal, pelo desconhecido das terras, dos nevoeiros cinzentos, pardos, sem fim.

Esta mescla de povos e credos tinha a sua existência sugada pelo tenebroso e peganhento nevoeiro com que o mar, todas as manhãs, lutava contra o Sol para manter a noite. Que premissa horrorosa esta, de ser atraído pelo grande cemitério da morte infinita que o envolvia... Cemitério que não se via, mas que se sentia por detrás daquela linha ocidental. Aquele homem rude só o sentia, mas esse sentimento tornava-se uma obsessão. Como o atingir? Como entrar nesse cemitério que escondia o Sol nas brumas da morte? Esta obsessão terrífica tornou-se numa terrífica aventura. E quando Ourique chegou, já a aventura do mar começara, e começara com o drama de S. Vicente. Não achado em terra, ele só chega a Lisboa por mar. Portugal começava, pois, com o sinal de Deus e com o grande sinal do mar. O seu próprio nome Portugal talvez tenha a sua formação na lenda do mar — será que Portugal não é mais, como atrás se disse, do que o porto onde aportou o Graal?

O Graal sagrado, Ourique de Cristo, S. Vicente morto e vogando sobre as águas, guardado pelos espíritos da sabedoria — os corvos —, tudo mitos com que Deus apontava o sentido da história — o mar. A paixão de Cristo era o mar e, por meio dele, *o povo eleito* chegaria a remi-lo, só bastando para isso que o *medium* compreendesse esse sentido. E compreendeu-o, embora tivesse sido necessário, para o fazer, que existissem Aljubarrota e Ceuta. Ceuta foi o sinal que enterrou o cemitério do mar e o fez viver a enorme aventura que Deus lhe destinara. Esse *medium* era o mestre da Ordem de Cristo, ou melhor o mestre da Ordem do Templo que, desaparecida por injustiça dos homens, se manteve intacta na mito-história de Portugal pela argúcia e pelo sentimento do sagrado de D. Dinis.

D. Henrique. Este nome confunde toda a perseverança com que a lenda se fundia e se cumpria. Este nome não heróico, mas sonhador dos mundos possíveis e impossíveis, tinha dentro de si, amarrada à sua enorme alma, mais que à sua razão, o sentimento e o conhecimento dos *sinais* que toda a mito-história de Portugal lançava sobre o século XV. Ele não se revia no entendimento das civilizações passadas — grega e romana —, ele recusava valor a toda a cultura vinda do Mediterrâneo. D. Henrique era o homem do Atlântico, era o homem fundido no medo das lendas, do Graal, do mistério do mar sempre infinito. Era o homem de Cristo. Não estudava os latinos da Itália, os envoltos na casuística da razão do mar finito. Ele intuía a sagrada iniciação dos Templários — a iniciação do *Estado democrático Ecuménico de Deus,* na mítica visão de Ourique. É que os Templários eram uma Ordem muito restritiva para o português. Para D. Henrique, o sentido do Templo era o seu sentir, a luta do Templo a sua luta, a iniciação exotérica dos Templários a sua iniciação; mas o dinamismo que tinha a santidade da Ordem de Cristo ultrapassava a dos Templários para fundir-se noutro império sagrado, o do Espírito Santo. Império que simbolizou, na mito-história de Portugal, a transcendente passagem da lei divina, encaminhada pelo *divus* de Roma para um outro *divus,* o rei de Portugal.

Assim o *Estado Ecuménico de Deus* seria, neste renascer do «Culto do Espírito Santo», o Estado a criar pelo povo eleito em Ouri-

*À medida que o conhecimento dos mares se abria e se iam reconhecendo as costas do continente africano, foi aparecendo o mapa onde todo esse conhecimento era relacionado e que constituía uma peça científica indispensável à descoberta.*

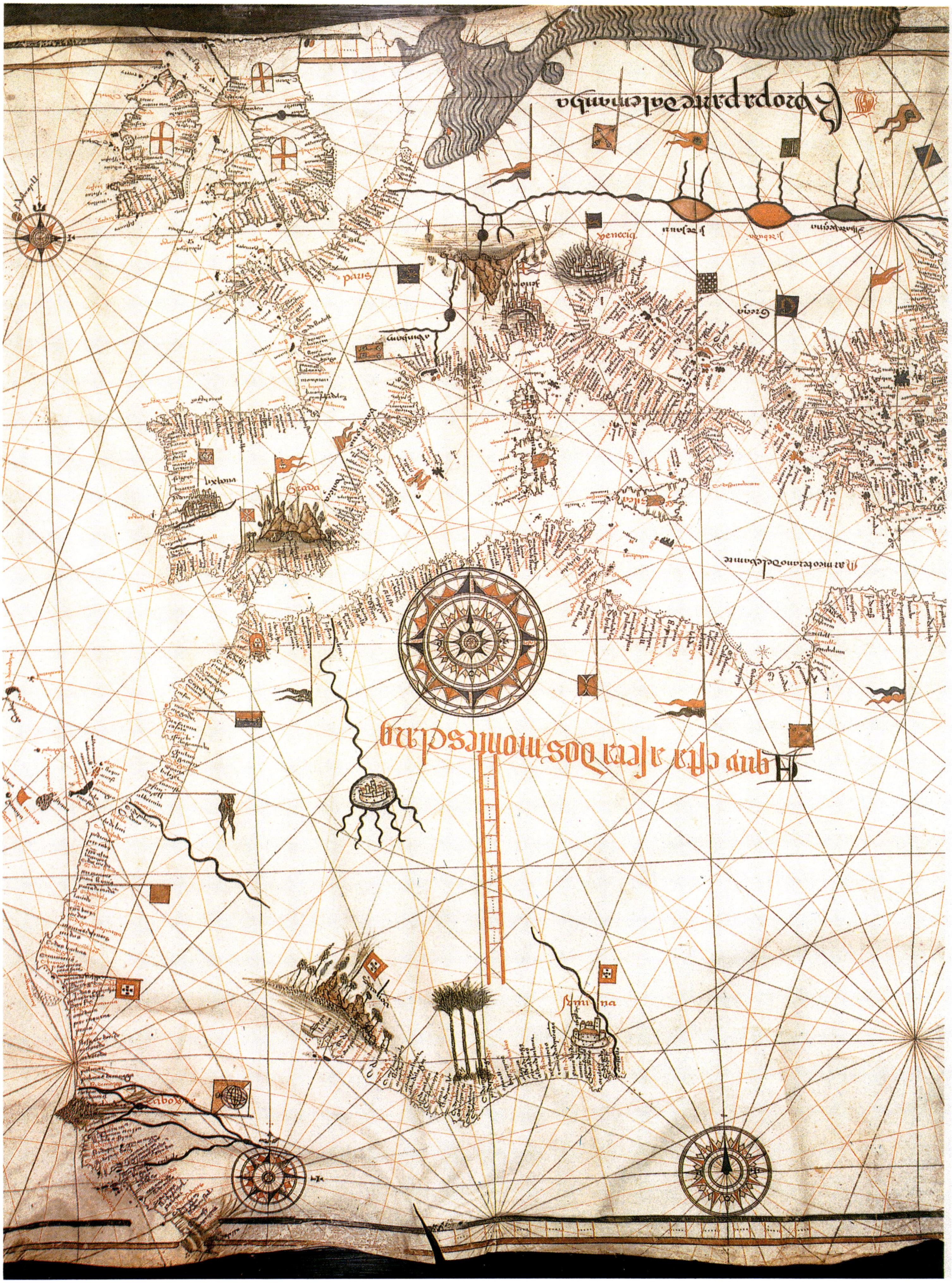
lixbona
paris
venecia

que, sob o desígnio de Deus e comando do rei. Curioso é que este Estado do Espírito Santo consolida muito do Estado iniciático do Templário, pois em ambos a humanidade é uma, a caridade um facto, o amor uma lei, tudo feito dentro do mais vasto e universal império do Deus dos cristãos. D. Henrique entendia a sua mensagem como a consequência destes dois impérios, aliados num futuro em que o Universo sonhado deixa de o ser, para se tornar um Universo existente, real para além do infinito do mar. É este o chamamento orgiático que D. Henrique sente. Para o cumprir, o Infante atraiçoa, mente e nega. O seu destino estava nas mãos de Deus e Deus queria que D. Henrique o cumprisse. Pouco tem a ver este novo acto da mito-história de Portugal com Ceuta ou com Tânger. São dois destinos que Portugal e D. Henrique fizeram existir, mas dois destinos que nunca se cruzarão, a não ser em D. Sebastião.

D. Henrique, cumprida Ceuta, estabelecido o ponto de arranque da reconquista da terra que nunca deveria ter deixado de ser cristã, compreendeu, como o dissemos, a enorme tese dos Templários, e transporta-a para a sua Ordem de Cristo. O que precisava de fazer era *ser* o Atlântico, *calcinar* Meca, *viver* Jerusalém, por meio desse Infinito que aos seus pés se estendia.

Foi a sua enorme aventura. Comandar os destinos de um povo numa estratégia que procurava cumprir o *Estado Universal de Cristo* e atacar o nobre inimigo pelo seu flanco sul. Era, pois, preciso vencer a lenda com outras lendas, opor aos monstros e à morte as flores de Santa Maria, ultrapassar o Bojador. No dia em que Gil Eanes, o herói, qual argonauta lendário, lhe entrega as flores de Santa Maria, D. Henrique sabia que o Atlântico seria seu, ultrapassara um infinito e que, de infinito em infinito, destruiria Meca e viveria em Jerusalém. Venceria, pois, o signo do Crescente com os signos que Deus apresentara em Ourique.

D. Henrique foi o *divus*, a Cruz o emblema;
 o Atlântico o meio;
 a Guiné a cristianização;
 o Bojador o sinal.

A partir desse momento e até D. Sebastião, dois planos se confundem em Portugal — o da mito-história e o da história.

Ambas se encontraram durante século e meio em todos os actos dos Portugueses e estiveram presentes dia a dia, noite a noite. Da mito-história ficaram-nos os heróis, a aventura, o desvendar dos mitos, o descobrir o que existia para além do infinito — tanto no mar como em terra —, o cristianizar, o encarar os outros como se de nós próprios se tratasse; da história ficou o senso prático, a ciência, a paciência com que se pesquisavam conscientemente os meios e os agentes desse infinito, o medo da morte, a vontade de matar, o querer impor por todos

*As ilhas de Cabo Verde, desabitadas quando os Portugueses as descobriram em 1460, em breve se tornaram um ponto de paragem importante para os barcos que se dirigiam para o Oriente.*

Em cima — *A primeira capital foi Ribeira Grande (Cidade Velha), na ilha de Santiago, e aí foram introduzidas culturas, como a do açúcar, proveniente da Madeira.*

os meios a nossa vontade, o comercializar, o vender e o comprar, a vontade de se ser rico, em explorar. Ambos os planos, pois, encontravam-se no mesmo homem, como se se tratasse da luta entre o homem humano e o homem herói. Até os deuses gregos pecaram, amaram por vezes com luxúria, lutaram entre si.

História e mito-história caminham lado a lado ao longo da Guiné. E o curioso é que este embate vê-se facilmente, quando se procura traduzir os títulos dos reis de Portugal, pois eles deixam de ser reis, para serem senhores: senhores na história, reis na mito-história. Esta palavra «senhor» dá-nos a ideia de como a Itália do Renascimento andava longe das preocupações dos Portugueses, perfeitamente envolvidos pelo Atlântico, por Ourique, Aljubarrota, o Graal, os Franciscanos e o Espírito Santo. As suas preocupações centravam-se no modo de ultrapassar a Idade Média, a Idade da Cavalaria, a Idade do Herói de Cristo, por meio da sublimação desses valores, sem passar pelo crivo da renovação das culturas antigas como as da Grécia e de Roma, renovando, com o humanismo de Cristo, os valores que jaziam nos fundamentos da criação cristológica de Portugal.

Portugal, lançando-se no Atlântico, mantém e reforça a sua entidade sem necessitar de voltar às épocas mediterrâneas. Portugal deixava à Europa a vontade em retornar sistematicamente à sua origem mediterrânica, mas D. Henrique olhava e percorria o mar, o mar sem fim, que estava perenemente à

*Os primeiros anos de permanência dos Portugueses em Cabo Verde foram difíceis, não só pela resposta pobre da terra mas também pelas incursões constantes dos piratas, espanhóis, ingleses e, principalmente, franceses. Em breve, porém, e contrariando todas as adversidades, Cabo Verde transforma-se no pólo mais influente do comércio com a Guiné.*

*Em cima — A Igreja de Nossa Senhora do Rosário, do século XVI, em Ribeira Grande, e (ao lado) o pequeno forte na ilha de Maio.*

sua frente, desafiando-o a que o desflorasse continuamente. Essa sublimação de identidade, com os usos e costumes continuados das épocas anteriores, sem rotura nem subterfúgios, dava ao rei de Portugal, eleito por Deus, o direito de ser o rei do seu Universo e de se reencontrar continuamente. Ele, contudo, na sublimação da continuidade cultural dos séculos anteriores e na tentativa de criar uma cadeia de relações verdadeiramente humanas com os povos que ia descobrindo e amando, considerava-se seu senhor, não seu rei. Seria o príncipe de uma cadeia de reis que, por terem contactado com os Portugueses, não deixavam por isso de ser reis dos seus povos, só que havia um senhor de entre todos os reis e esse era o rei de Portugal. *Nuance* que mantém o espírito político medieval das épocas anteriores.

Rei, só de Portugal e dos Portugueses; senhor do Mundo. Não era Cristo o Senhor do Universo? Logo, em seu nome, o rei de Portugal mantinha esse título de Senhor da Guiné. Aqui nos encontramos novamente entre história e mito-história, entre o Atlântico e a África, entre D. Henrique e os seus heróis, entre a ciência e o mito.

O mito fora vencido, passara-se o Bojador; a ciência, ou melhor, a experiência como reitora de todas as coisas, iria reaparecer, como continuidade das ideias dos Franciscanos e da cultura global da Idade Média. Mas, se a ciência continua a ideia franciscana, ela igualmente continua as mitologias célticas, com base nas quais o homem português nunca desdenhou contemplar o concreto, atribuindo-lhe valor não só como expressão de Deus, mas também como um facto táctil a ser visto, interrogado e entendido. Sucedia, pois, que essa vontade em procurar o fez descobrir as grandes leis do mar Atlântico, utilizar da melhor maneira os meios postos à sua disposição, com certezas, com interrogações, mas negando sempre e diariamente a cultura greco-romana.

Esta pesquisa contínua, sob o sopro divino, cedo começou a dar os seus frutos em dois grandes campos — o campo restrito ou o da descoberta e o contacto com os povos da Guiné, e o campo alargado, universal, fazendo imaginar, viver e depois conceber a verdadeira dimensão e configuração da Terra. Somente que esse conhecimento era uma certeza guardada por um número restrito de almas. Muitos ladrões, espiões inimigos, andavam à espreita para utilizarem os conhecimentos que os Portugueses, sempre atribuindo-os a Deus, iam tendo desse mar e dessas terras. Concebia-se um tipo de navegação e logo um tipo de permanência em terra.

Quando os Portugueses ultrapassam as terras que cognominaram de Guiné, consolida-se a certeza política de que se poderia atingir o Islão pelos flancos, mas, para tanto, seria imprescindível a ajuda de um grande rei cristão, o apetecível Preste João das Índias. Porém, se era confusa a sua existência, mais confusa era a sua localização. Onde seria geograficamente o seu reino — na Índia, em África, nas terras extremas do Oriente, de onde surgiam as hordas tártaras e mongóis?

*Na maioria das ilhas são ainda bem visíveis os vestígios dos elementos arquitectónicos (conventos, sé, pelourinho, câmara municipal) que nos revelam como a vida municipal e religiosa de Portugal era transportada na íntegra para qualquer local que fosse considerado estratégico para o desenvolvimento da vida cultural. Cabo Verde, pólo essencial no comércio e missionação da Guiné e Serra Leoa, transforma-se, assim, num dos cadinhos mais típicos desta confluência cultural.*

*Na página anterior — Ribeira Grande vista do forte.*

*Nesta página — Igreja na ilha de Maio (ao lado), entrada da catedral do século XVI, agora em ruínas, em Ribeira Grande (ao centro), e aspecto de uma rua em Mindelo, na ilha de São Vicente (em baixo).*

D. Henrique não se esquecia desse imperativo. Ouvia viajantes, recebia embaixadores, pesquisava os resultados dos seus navegadores vindos da Guiné.

A mesma África tinha vários designativos, em que o nome Etiópia surgia em vários locais, mas qual destes era a verdadeira Etiópia? Qual delas era o farol onde havia que chegar e com ele reforçar o ataque ao Islão? A posição cristã na Europa era frágil. O império turco subjugava toda a Anatólia, atingira as terras da Jónia, atacara e tomara Constantinopla; fizera das planuras da Hungria e da Roménia o seu campo de luta e de caça ao cristão. Meia Europa, vendo chegar um vencedor, bandeava-se para o seu lado. Portugal, límpido, surgia assim como o único campeão capaz de assegurar, por um processo lento, é certo, mas seguro, as posições estratégicas para a batalha entre Cristo e Mafoma. Deus em Ourique dera-lhe este destino — esse destino teria de ser cumprido. A estratégia de ataque formava-se nos Algarves.

D. Henrique ouvia os navegantes, os comerciantes, os mercadores, lia os velhos relatos dos religiosos franciscanos, sabia o que dizia Veneza, recordava os estudiosos, e cada vez mais tinha a certeza da possibilidade de um ataque fulminante ao poderoso Turco. As suas armadas teriam que continuar para o Sul, continuar a pesquisa do mar e saber perscrutar o que se passava no interior dessa terra imensa. Deste modo e na senda marítima, outra senda começa a formar-se: a lenda da descoberta do interior africano.

Este período histórico é difícil de compreender à distância. Parece ter existido uma vontade em roubar documentos à história, para vivermos essa história como uma mito-história, e assim lhe podermos dar várias interpretações.

Poucos factos documentais existem. Somente aqui e ali restam páginas que nos dão indicações, mas nunca certezas.

Fazendo, porém, um ponto da situação, sabemos:

— o conhecimento do mar, ventos e marés era perfeito, e à base dele se haviam descoberto os Açores — confirmação científica que indicações míticas e nevoentas nos permitiam intuir;

— o conhecimento do interior de África, até aos confins das terras da Guiné, estava igualmente feito. Conheciam-se os limites dos desertos, a maneira de neles se orientar e sobreviver; sabiam-se os limites da floresta, percorriam-se os enormes rios cuja mitologia os ligava ao Nilo; sabia-se da existência de pretos amigos e inimigos, suas riquezas e suas vontades; sabia-se como contactar com eles e, principalmente, pretendia-se coabitar com os impérios negros cujos territórios vinham até à costa. Não era o rei de Portugal o Senhor entre vários Senhores?

Deste modo se descobre o império do Mali, o império mandinga; atinge-se, não sem mártires, Tombuctu; compreende-se a existência de pólos estratégicos, quase mágicos, na costa, pólos onde confluíam as enormes caravanas islâmicas que, vindas das regiões de Tombuctu, comerciavam o seu ouro com produtos para eles mais agradáveis. Sabia-se quais as tribos que produziam mel, couros e malagueta. O senhor da Guiné e D. Henrique mantinham uma correia de conhecimento que ainda hoje se não conhece completamente. O que sabemos é que a costa da Guiné foi a primeira costa a ver estabelecer o comerciante, o guerreiro e o santo. Os grandes rios tornaram-se formigueiros de comércio e de penetração. Cabo Verde, frente à Guiné, servia de entreposto e local de recolhimento. E embora ainda em pleno deserto, numa ilhota pequena, mas junto ao local onde chegavam as caravanas do Mali, o senhor da Guiné construía a primeira fortaleza, base da penetração — Arguim.

A construção da fortaleza de Arguim le-

*São Jorge da Mina. Se compararmos a acção lusíada nas ilhas com a permanência no continente africano, verificamos o aparecimento de uma viragem na concepção do império luso. A cidade de São Jorge é disso um exemplo. D. João II definiu parâmetros precisos à missão de Portugal, dos quais a fixação em pólos estratégicos era um deles. Daí o estabelecimento na Mina, como mais tarde em São Tomé. Decidida a edificação da fortaleza ainda no reinado de D. Afonso V, caberá a Diogo de Azambuja, capitão querido de D. João II e de D. Manuel, realizá-la, após prolongados diálogos com o rei local para obter a sua anuência e acordo.*

A armada que levou os materiais para a construção da fortaleza era constituída por navios velhos e novos. Os velhos iriam ficar em África e só os novos haviam de regressar. Assim, D. João II mantinha a ideia da dificuldade em se fazer o retorno da Guiné...

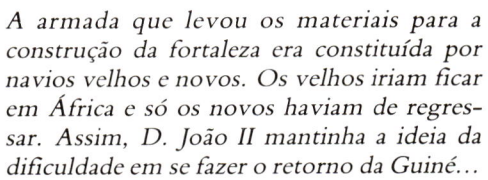

Em cima — *Interior da fortaleza e (ao lado) uma panorâmica geral, vista do rio.*

va-nos a compreender melhor a diferença entre Rei e Senhor. O rei era o senhor das terras e das almas, enquanto que o senhor era somente o primeiro de muitos senhores, reis que mantinham intactas as suas prerrogativas nas suas terras. Um senhor falava com outros senhores, não os conquistava. Mas pergunta-se, centenas de portugueses não viviam nestas partes de África, não tinham o forte de Arguim, não tinham «casas-feitorias» ao longo dos rios? Isso era verdadeiro, mas todos viviam e habitavam pela permissão e benesses que recebiam. O senhor da Guiné não exerca o seu poder de conquista. Quase dizemos que o senhor da Guiné fora o primeiro democrata de uma aristocracia de senhores. As razões dadas pelas partes eram ponderadas, estudadas e só depois se agia. Podia haver conflitos, conflitos que muitas vezes nasciam pela incompreensão religiosa dos diversos credos entre si, mas nunca por vontade de conquista. O senhor da Guiné nunca conquistou. Era o primeiro de entre pares. Ele era o rei dos Portugueses, mas senhor dos outros reis. Os seus objectivos eram claros, dentro do enorme sentido que Deus lhe dera: chegar ao Preste João e daí destruir Meca e arrancar Jerusalém das mãos dos infiéis. Via-se também que, para o fazer, eram precisos enormes endividamentos, ou melhor, enormes investimentos. Navegar, morrer, viver, era caro. Tinha de se pagar este esforço, esforço que teria de ser total e global. Falamos do sentido comercial que se deu a este investimento. Não falamos do outro, muito mais complexo, que o senhor da Guiné e D. Henrique tiveram que tratar: era, por um lado, chamar almas negras, perdidas e sem religião, para a via cristã e, por outro, aproveitar os corpos que esses mesmos negros tinham para o trabalho.

Portugal, quando arrancou para o cumprimento do destino que Deus lhe confiara, era pouco povoado. Não possuía mais de um milhão de habitantes, dizimados periodicamente pelas pestes e agora pelo desaparecimento no mar e nas Áfricas. Mas era a *raça eleita*, aquela que teria de chegar ao Islão e desbaratá-lo; daí se punha o problema de como o conseguir, com base nestas premissas: povoar Portugal, descobrir o Mundo e atacar o Islão, sem fazer guerra ofensiva com qualquer dos povos por onde as suas armadas andavam.

Poderia ele actuar como os Gregos e Romanos, fazendo e tratando como escravos todos os que não fossem seus «cidadãos»?, ou haveria de fazer como os Árabes, escravizando todos os que contra eles lutassem, cristãos, pagãos ou mesmo árabes? Ou seria melhor fazer como os negros, que comiam os seus inimigos?

Para encarar este problema, que tanto preocupou D. Henrique, o Português apresentou três razões para atingir a sua solução:

— a primeira razão era a transcrição nítida da mensagem de Cristo: cristianizar e chamar a si aquelas almas enganadas pelo paganismo e o fetichismo, que os conduziam, na maioria dos casos, à antropofagia;

— a segunda razão era a necessidade de fazer permanecer em Portugal um número suficiente de gente que fosse substituindo os que partiam e morriam cumprindo Deus e Cristo;

— a terceira razão, advinda desta, era a de que, pela venda desses homens e mulheres a quem deles necessitasse, se conseguiria financiamento para a empresa divina.

Temos em Zurara quadros magníficos (e terríficos) sobre a escravatura. Terríficos porque eram descritos por ele, com a alma em Cristo. Não que nesse momento, por todo o Mundo, não se encontrem quadros semelhantes ou mais horrorosos — homens comendo o seu semelhante e homens massacrando aqueles contra quem lutavam. Ora Zurara, ao pôr dúvidas morais no mais magnânimo tratamento que se dava nessa época a um prisioneiro, mostra-nos quanto a censura moral actuando podia futurar a estes escravos os melhores dos donos. E assim sucedeu.

Não se podem esquecer, para compreender que na realidade Portugal foi o melhor dos «donos», as lendas que se mantiveram até ao fim do império de D. Sebastião, como a lenda franciscana e do Espírito Santo, ambas mescladas pela tendência à convivência inata do povo português, ele próprio corolário do cruzamento de inúmeras raças e credos, conviventes entre si.

Com estes dados, verificamos que foi precisamente por tomar uma atitude tolerante, fazendo escravos e amizades, num quadro de atitudes humanas, onde se morria do mesmo modo que se matava, que Portugal

Na página anterior — *Uma entrada da fortaleza da Mina, que foi tomada pelos holandeses em 1637.*

Nesta página — *São Tomé é uma das provas mais ricas da capacidade portuguesa de permanecer em África. Dir-se-ia que São Tomé foi concebido como um local experimental para a criação de uma raça mestiça que conseguisse resistir ao rigor equatorial.*

Em cima — *Uma réplica do padrão erigido por Diogo Cão na foz do rio Congo (Zaire) em 1482.*

se manteve como pátria lendária de todos os povos por onde os seus filhos passaram e conviveram. Já o dissemos e voltamos a dizer, fomos «o melhor dos Senhores»; tínhamos uma ideia: derrotar o Islão, cristianizar o Mundo, humanizar o Negro.

Mas a lenda da Guiné, para além da história, envolve-nos sub-repticiamente na sua mito-história. Nas suas lendas, sonhos, amores e mortes, toda a Guiné era lenda. Chamamos Guiné a toda a porção de África que vai até à mítica definição de Etiópia, que começava por altura do cabo de Santa Catarina ou talvez um pouco mais a norte. A Guiné, com a costa da Malagueta e a do Ouro, formava um todo com essa designação. Era uma região que, principiando no deserto da Mauritânia, ia pelas terras baixas do rio Grande, do Senegal, da Gâmbia, dos territórios da actual Guiné (Bissau e Conacri), à Serra Leoa até ao Benim, ao enorme reino de Benim. Era uma região povoada por dezenas, se não por centenas, de raças e credos; por enormes e poderosos impérios — Mandingas, Mali, Benim, Ogoré, etc. — com poderosas cidades, fruto da riqueza e do comércio com Tombuctu. Regiões cruzadas por rios estonteantes, onde as marés se sentiam com a força de trovões e o rolar do macaréu tudo atingia.

Sobre toda esta lenda geográfica havia a existência de duas únicas estações, a quente e a húmida, e uma infinidade de animais, tão lendários quanto estas regiões o eram também. Ao passarem por elas, os Portugueses iam marcando as referências de vida, de estratégia, de contacto comercial, nunca de acção para o domínio territorial. Esses pólos foram os locais lendários de Portugal na Guiné — Arguim, Ribeira Grande, Calatrazes, Cacheu, Axém e, principalmente, a Mina. Mas a Mina é já uma outra lenda, de um outro senhor da Guiné — D. João II.

Nesses lugares, como em muitos outros, pululavam portugueses, comerciando, vivendo, mas principalmente amando e escravizando. Este amar e escravizar fez nascer raças mistas, raças tão mistas como a portuguesa. Não esqueçamos que Portugal foi uma pátria descoberta e fabricada.

É fácil perceber que uma pátria assim só nasce quando uma multiplicação de raças e credos encontra a sua missão; pátria que renasce profundamente mesclada quando, de descoberta em descoberta, se mistura novamente, criando novas misturas e novas raças. É o que se fará em África, na Índia, no Brasil e em Portugal. Nestes dois últimos lugares, por meio da escravatura, Deus transformava o Português no maior miscigenador da história, no maior criador de raças, todas elas com um fundamento comum, o sentimento divino de uma religião única — a de Cristo.

De todos os heróis arrogantes do século XV que cruzavam os mares descobrindo, mercadejando e cristianizando, só conhecemos uma pelêiade mínima; só conhecemos o nome daqueles que a vontade do rei quis que se conhecesse. O segredo era um sustentáculo da lenda, logo de Portugal. Só conhecemos o que não foi escondido — conhecemos

*Foram muito difíceis os primeiros anos da presença lusa nas ilhas de São Tomé e Príncipe. O clima húmido e quente, a vegetação pungente, a distância de Portugal, tudo fazia com que a permanência fosse dolorosa. No reinado de D. Manuel, contudo, já São Tomé é um importante produtor de açúcar e em breve daquela ilha atlântica dependia o próprio Congo, de lá tendo partido a armada de Francisco de Gouveia que foi salvar o reino congolês do ataque dos Jacas.*

Na página anterior — *A ilha do Príncipe.*

Nesta página — *Uma roça no monte* (ao lado) *e o forte em São Tomé* (ao fundo), *com o seu interior em estilo bem português* (em baixo).

Gil Eanes, Gonçalves Zarco, Perestrelo, Nuno Tristão, Pedro de Sintra, Soeiro da Costa, João de Santarém, Pêro Escobar, Diogo Gomes, Álvaro Fernandes, Antão Gonçalves, Gomes Pires, Diogo Afonso, Gonçalo Velho Cabral. Quantas viagens e viajantes houve para além destes, não sabemos. E D. João II aprofunda o segredo, desentranha de novo os enormes mistérios da nossa mito-história, aprofundando tanto o título de rei de Portugal quanto o de senhor da Guiné.

Foram anos decisivos para a aventura de Portugal, foram anos de grande estratégia, como foram os anos fundamentais para o desenvolvimento do credo mítico da Ordem de Cristo, dos Franciscanos, do Santo Graal e do Espírito Santo. O rei de Portugal era o grande iniciador e o grande impulsionador. Como iniciador e impulsionador teve que conciliar políticas muitas vezes diversas. Assim:

— desfez estratégias incompletas e completou-as;

— reiniciou a política da descoberta;
— aumentou a evangelização das terras descobertas;
— lutou contra os inimigos dessa política — os Espanhóis e os Franceses —, criando um novo conceito do Mundo Português.

A cruzada de D. Henrique fundava-se na leitura correcta mas incompleta da vontade divina expressa em Ourique — dominar o Islão, atacar e arrasar Meca, dormir em Jerusalém. Para o fazer concebera a estratégia de repudiar a lenda pagã, europeia e mediterrânica, descobrindo as leis dos mares e das terras atlânticas que lhe possibilitariam, como dissemos, chegar ao Preste João e repelir o inimigo de Cristo, o Islão — Deus o queria e D. Henrique o faria.

D. João II, mantendo esta mesma leitura da divisa de Ourique, amplia-a, pois pôde ler essa vontade num mundo muito mais vasto de conhecimento das terras, das coisas, dos homens, do mundo em suma. Ele herdara um património de relações e conhecimentos que nenhum outro homem tinha na Europa. Era o único que apresentava uma estratégia ampla e total para atingir as finalidades que Deus impusera ao *Povo eleito* e ao seu *divus* e que as Ordens do Templo e de Cristo e a comunidade do Espírito Santo não deixavam esquecer. Simplesmente, D. João podia jogar com o que D. Henrique, D. Fernando e ele próprio não queriam que o inimigo conhecesse. Possuía dados, tinha recados, mensagens, conhecia os mares e as terras possíveis e impossíveis. A Europa, à excepção de Espanha e de Veneza, mantinha-se agarrada ao Mediterrâneo.

Daí, ciente de conhecimentos e de um serviço de informações nunca visto até então, D. João foi lentamente construindo as suas metas tendentes a cumprir Cristo numa visão muito mais universal e nacionalista do que a de D. Henrique. A substituição dos princípios dos Templários por dogmas da Ordem de Cristo deu-se, não com D. Henrique mas com D. João II, substituição que ampliou o quadro de referências da mito-história de Ourique, iniciando nova mitologia. O que D. João quis executar foi defender os seus conhecimentos e empreendimentos do contacto com os seus inimigos cristãos — os Espanhóis; ampliar os meios de acção e promover a derrota do Islão, que já não seria feita por um ataque frontal, vindo do Sul, com a ajuda do Preste João, mas sim pelo seu afogamento comercial, o que era o mesmo que dizer, pela descoberta do caminho marítimo para os locais onde o Islão ia buscar a riqueza — os locais de produção dos artigos mais comerciáveis na Europa.

Esta finalidade obrigaria o Islão a deslocar a sua força militar marítima para o Sul, e então, sim, é que se daria o ataque frontal. Primeiro derrotavam-se as armadas, depois penetrar-se-ia por todos os mares, de modo a pôr o Islão à distância do canhão português.

Isto obrigava a uma alteração substancial das metas a atingir. Já não se queria somente chegar ao Preste João, peça ainda importante na política portuguesa, mas descobrir amigos nos reinos da Índia e em todo o Oriente, que deixassem ancorar as armadas lusas para o desafio e combate ao comércio islamita, levando-o à derrota por meio das armas e da cristianização.

A Índia, a Pérsia, as terras das Molucas e tantas e tantas outras, como a lendária Taprobana, eram agora os pontos a atingir. Note-se que não era a conquista física o fim a alcançar. Rei só em Portugal; Senhor de todos os outros Senhores para além dos Algarves. Desta alteração de metas resulta uma dupla acção em relação à «descoberta» e à Espanha.

Em relação às descobertas, D. João pretendia fazer a exploração do Atlântico nos seus três sentidos possíveis, sul, oeste e norte. Para sul envia dois heróis, Diogo Cão, célebre nas lutas com a Espanha, e Bartolomeu Dias. Ambos e só eles conseguem ultrapassar todos os medos e angústias, até ao Adamastor. O mar para o Sul já não era limite, mas, para isso, nele morreram os dois heróis. A lenda tinha de se manter; como morreriam, nos caminhos da terra, Afonso de Paiva e Pêro da Covilhã.

As descobertas a oeste foram muito mais secretas porque, segundo o que elas prometessem ser, assim D. João teria que tomar atitudes diferentes no quadro da sua política europeia. Só em documentos individuais e colaterais é que chegamos a apercebermo-nos da sua existência, como na infeliz escorregadela de Duarte Pacheco Pereira, quando nos conta o surgimento do «bacharel» no Brasil, nos pedidos velados de possibilidades de entrega de donatarias de terras lendárias, a oeste, aos senhores dos Açores.

Estas viagens podem não ter descoberto territórios, na acepção real da palavra, mas suscitaram o instinto pré-científico do conhecimento, por meios não directos, coisa

À esquerda — *As pedras de Yelalla são um dos lugares sagrados da mito-história de Portugal. Na realidade, não são mais do que uma inscrição feita em 1482 por Diogo Cão, ou algum dos seus marinheiros, nas margens do rio Zaire, no interior de África. Mas, a quase trezentos quilómetros da costa, estas inscrições mostram-nos a coragem e a extraordinária perícia dos primeiros navegadores.*

Em baixo — *A última rainha do Congo. Nesta fotografia, obtida nos meados do século, se verifica a persistência dos símbolos lusos no interior de África.*

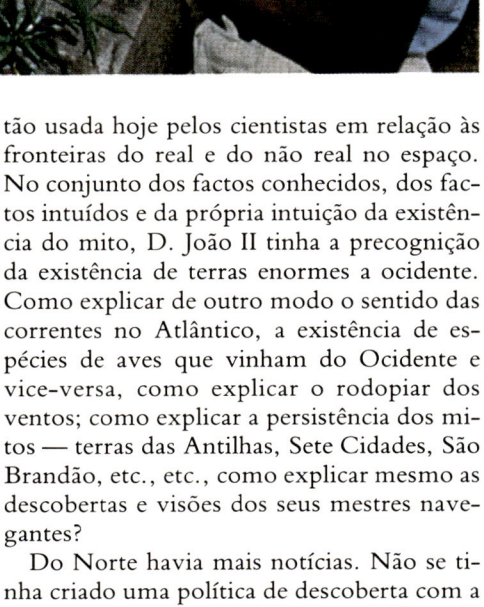

tão usada hoje pelos cientistas em relação às fronteiras do real e do não real no espaço. No conjunto dos factos conhecidos, dos factos intuídos e da própria intuição da existência do mito, D. João II tinha a precognição da existência de terras enormes a ocidente. Como explicar de outro modo o sentido das correntes no Atlântico, a existência de espécies de aves que vinham do Ocidente e vice-versa, como explicar o rodopiar dos ventos; como explicar a persistência dos mitos — terras das Antilhas, Sete Cidades, São Brandão, etc., etc., como explicar mesmo as descobertas e visões dos seus mestres navegantes?

Do Norte havia mais notícias. Não se tinha criado uma política de descoberta com a Dinamarca? Não se tinha concluído pela existência de grandes massas de terra no Atlântico Norte? O Atlântico era, pois, para D. João II, o oceano enorme que se ligava aos mares arábico e pérsico, por meio de passagens a sul e a norte. Massas de terra a ocidente impediriam o acesso directo a esses mares e a essas terras. Defender a descoberta dessas passagens era a primeira consequência da sua política.

Portugal havia feito um tratado com Castela (o Tratado das Alcáçovas) que dividia o mundo segundo um paralelo que cortava os mares da Guiné. Mar que a Espanha contestava ser domínio exclusivo de Portugal. Esta contestação, iniciada por marinheiros e comerciantes, alastrou por meio de armadas enviadas pelos reis de Castela e Aragão. Ano após ano, a luta, começada em Toro, desenrolava-se fundamentalmente no mar de África; Portugal e Espanha faziam, no mar, uma guerra sem quartel e sem salvação. A Espanha chegara a enviar armadas de 20 a 30 navios para os trópicos e esta guerra, desconhecida pela nossa história, passa-se toda na mito-história de Portugal.

Dos dois lados a luta era cruel. Não podia haver testemunhas. Não podia haver salvação; ano após ano, Portugueses e Espanhóis matavam-se nas tórridas áreas da Guiné. D. João II via assim perigar um domínio até então indiscutível, o domínio do Atlântico Sul. E, se a luta sempre lhe fora favorável — chegava-se a apresar armadas espanholas completas —, D. João não desconhecia que o poderio político e económico de Espanha era capaz de esmagar, pelo número e pela importância, as mais perfeitas armas de guerra naval que Portugal possuía.

O perigo era real. Como chegar ao cumprimento da finalidade divina de Portugal — como atingir o *Império de Cristo* — com os espanhóis à ilharga, atrás de qualquer enseada, ilha, bruma ou manhã? Era uma luta sem vitória, ou uma vitória inglória e incompleta. Como fazer chegar as armadas ao mar da Pérsia, da Índia, das Arábias, sem ter o mar liberto de inimigos? Como o fazer, era o seu dilema.

A luta imposta pela Espanha atormentava D. João II. Como resolvê-la? Não podia ser pela conquista directa, pelas armas, em terra. Seu pai já o tentara, em vão. No mar nunca poderia existir uma vitória final, sem serem bloqueadas as saídas das armadas. E o plano que Deus incumbira a Portugal corria o risco de ser usurpado por outro reino cristão — o da Espanha.

Dilema difícil e impossível de resolver, pois era ele próprio o culminar de um fluir natural da história. O mais forte economicamente consegue sempre, nos séculos da história, desgastar o mais fraco e dominá-lo, não valendo a este o valor moral que a sua mito-história possa apresentar. A não ser que D. João contivesse em si a noção do seu destino, intuísse o próprio fluir da história e, agarrando-a, a fizesse cumprir, integrando-a no fluxo da sua mito-história.

O fito da Espanha não era, no fim de contas, o mesmo que o seu? Não era descobrir os locais de produção das especiarias que tornavam próspero o Islão? A luta na Guiné não era a luta pelo domínio dos mares e pela tentativa de desgastar as suas armadas, de modo a depauperá-lo e ultrapassá-lo, atingindo antes dele os pontos estratégicos do comércio do Oriente?

Na página anterior — *A baía e a cidade de Luanda, vistas da ilha.*

Nesta página — *Edifícios dos séculos XVII e XVIII em Luanda, incluindo (à esquerda) a Igreja de Nossa Senhora do Carmo.*

A D. Sebastião se deve a criação da donataria de Angola, com a capital em Luanda e centros no Congo e em Benguela. A Paulo Dias de Novais foi entregue o comando desta capitania com o qual se estabelecia uma dupla barreira lusa ao longo do Atlântico Sul: com o Brasil a ocidente, este imenso mar atlântico passava a constituir, verdadeiramente, um lago lusíada.

D. João compreendia, para além deste problema, um outro, mais grave. É que Portugal só existiria na reflexão histórica se obedecesse inteiramente ao relâmpago de Ourique e conseguisse salvar a Europa dos perigos do Islão, ao mesmo tempo que, fazendo-o, estaria a descobrir e a cristianizar o Mundo.

D. João II sabia que, por todo o Oriente, caravanas por terra e armadas por mar faziam convergir para o Mediterrâneo todas as espécies de produtos consumíveis pela riqueza europeia. Sabia, também, que rotas comerciais e militares se estendiam dos confins do Oriente até a outros confins tão lendários como os primeiros, os de Veneza. Sabia ainda da grande diferença de ideologias e de motivações que havia entre Portugal e Espanha. Portugal tinha uma mito-história fundada em Cristo e em Ourique, mantida entre o povo pelos Franciscanos, pelos Templários, e pelo culto do Espírito Santo. O cumprimento dessa mito-história transformava Portugal e o seu povo num país e num povo iniciáticos, com ideologias messiânicas de cristianização do Mundo. Na Espanha, pelo contrário, o interesse era só um: o da glória histórica, do domínio territorial, da expansão rácica e da riqueza económica.

D. João acreditava, por fim, na superioridade do seu conhecimento geográfico, vindo até ele por toda a epopeia dos mares e das estrelas, por todos os heróis santos que por eles cruzavam, desvendando os seus infinitos; por toda a enorme rede de fluxo de conhecimento que comerciantes, mercadores, espiões e mensageiros lhe faziam chegar e também pelo sentido da superioridade iniciática da sua missão que, desde sempre, cumprira e venerara.

Teria portanto, concluía, que criar um acidente, algo que ardilosamente levasse o espanhol a julgar ver, a curto prazo, a derrota de Portugal. Esse algo teria que ter três ingredientes — o de fazer acreditar a Espanha que podia chegar às fontes da riqueza antes de Portugal; o de fazer sentir que, para o conseguir, não precisava de desgastar-se em guerras na Guiné; e, por último, que fizesse estadear, nas cortes europeias, o poder e a magnificência das suas conquistas. D. João enquanto não viu uma saída para a sua crise recolhia-se num canto de um dos seus palácios, e, talvez com os seus companheiros de iniciação da sua verdade e do crer da sua mito-história, ia lentamente concebendo a maior perfídia da história, a de dar um isco terreno e malévolo ao adversário, enquanto a pureza do mito em que acreditava continuava intacto. Foram momentos terríveis. As notícias de lutas na Guiné continuavam, ao mesmo tempo que Diogo Cão lhe trazia indicações proféticas.

D. João jogou, pois, com toda a sua verdade em dois actos que fizeram a diferença entre a conquista espanhola e o gosto da riqueza como fim, e o redimir português na descoberta, na cristianização e no gosto da riqueza como meio. No primeiro acto D. João afirmou à Europa que descobrira ou estava quase a descobrir os mares da Índia, Pérsia e Arábia pela via do Sul. Diogo Cão não tinha dado esta notícia? Não dizia a todos que tinha atingido o ponto extremo do continente africano? Em Itália, um doutor ilustre não arengara ao Papa corroborando este facto? Os espiões espanhóis não embebedavam e compravam financeiramente os navegadores que tinham andado nesta expedição, expedição que, para ser tão magnífica, chegara também a contactar com o maior rei de África — o rei do Congo?

Verdades e meias-verdades, talvez meias-verdades a mais, porque durante o primeiro acto desta farsa monumental, talvez Diogo Cão tenha morrido não se sabe onde, sem ser visto por ninguém. O braço do rei iniciático era longo e a meia-mentira tinha que ter foros de verdade.

Iniciava-se assim o segundo acto. Morto o Diogo Cão, surge outro mito, este maligno,

Em cima — Benguela, Igreja de Nossa Senhora do Pópulo. A donataria de Angola fora dada a Paulo Dias de Novais com a incumbência não só de explorar as minas do interior como continuar a conquista da costa. Se Muxima e Cambambe eram fortificações destinadas a facilitar a busca das minas, já Benguela foi a praça forte estabelecida com o fim de manter os piratas longe da costa angolana. Uma pequena fortaleza e uma capela foram as primeiras construções aí edificadas. Mais tarde, em Benguela-a-Nova, surgiu uma complexa estrutura urbana onde a Igreja de Nossa Senhora do Pópulo se inclui (à direita, em cima — altar-mor de Nossa Senhora do Pópulo).

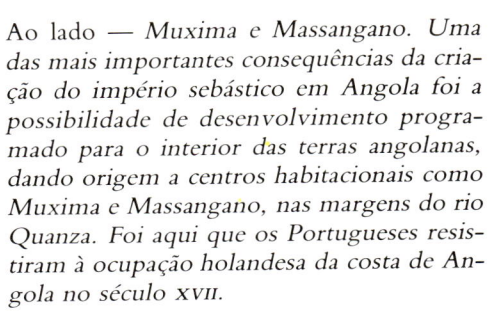

Ao lado — *Muxima e Massangano.* Uma das mais importantes consequências da criação do império sebástico em Angola foi a possibilidade de desenvolvimento programado para o interior das terras angolanas, dando origem a centros habitacionais como Muxima e Massangano, nas margens do rio Quanza. Foi aqui que os Portugueses resistiram à ocupação holandesa da costa de Angola no século XVII.

caprichoso — Cristóvão Colombo. Não sabemos se a sua história começa em Génova ou no Alentejo, o que sabemos é que a sua mito-história começa com a sua criação.

Portugal por iniciação fora criado; D. João II pela iniciação fora igualmente criado; Cristóvão Colombo pela iniciação é uma criação de D. João e dos seus iniciados companheiros, como Duarte Pacheco Pereira ou Francisco de Almeida.

Criado Cristóvão Colombo, iniciou-se na Itália a campanha. Não era a Itália o país do raciocínio clássico, onde os cientistas greco-romanos eram seguidos com toda a argúcia? Documento saído da pena de um dos seus cientistas ou filósofos não era logo considerado uma bíblia de clarividência? Descobre-se Frei Mauro e a sua carta para um pobre padre do Norte de Portugal. A carta aconselhava os Portugueses a tomarem o Ocidente, porque por ali chegavam com mais facilidade às riquezas do Oriente, à mítica terra do Chipango e demonstrava, com a maior erudição possível, que os antigos já o tinham preconizado e que os modernos os deviam seguir. Pobres modernos cujo infinito era o Mediterrâneo...

Cristóvão Colombo, louvando a carta, inicia-se com D. João na grande e heróica empresa da malícia. Fingia-se ofendido pelo rei de Portugal. Dirigiu-se a Castela. D. João pede-lhe que regresse. Ele mantém-se intransigente. Depois, todos nós sabemos o que se deu — descobrem-se as ilhas da América e, a seguir, a América no único local onde, como um golfão sem saída, não poderia haver saída para nenhum local que pusesse em perigo a política de Portugal.

D. João, continuando a perfídia, reúne no Tejo uma armada sem destino e entrega o seu comando a Francisco de Almeida, o mesmo que por iniciação templária será o 1.º vice-rei da Índia. A Espanha abandona a guerra da Guiné e abandona o Tratado das Alcáçovas; assina um outro extremamente favorável a Portugal, dentro do seu mito de cruzada, e favorável também à Espanha, dentro do seu plano de glória e conquista: Tordesilhas ou o embuste histórico forjado por D. João II, num esforço sobre-humano, só possível com a ajuda da capacidade de Portugal em acreditar ainda na sua mito-história. A história, porém, atingiu mortalmente o autor do embuste. Será que D. João, ao morrer pouco depois, foi vítima da sua visão do futuro e da incapacidade da Espanha em lhe antepor uma mito-história tão poderosa quanto aquela em que ele acreditava?

O que é certo é que toda esta intriga internacional termina com a morte de D. João. O futuro, contudo, estava lançado. O destino de Portugal, iniciático e cruzado, começara a surgir e explendia antes de chegar ao mar da Índia. Iniciara-se com o Benim e o Congo, mas isto, se bem que da época de D. João II, já faz parte da lenda de D. Manuel. D. Manuel, primo de D. João II, surge, assim, como aquele que, por graça de Deus, será rei de Portugal e dos Algarves d'Aquém e d'Além Mar em África, Senhor da Guiné, da Conquista, Navegação e Comércio da Etiópia, Arábia, Pérsia e Índia.

Ao fundo — *Meseta do cabo da Boa Esperança, que Bartolomeu Dias dobrou em 1488. Local mítico da história lendária de Portugal, o cabo não simboliza apenas o esforço épico de interligar as culturas atlânticas e índicas. Ele ultrapassa a miticidade europeia para se fundir numa reserva de lendas africanas e islamitas e lendas sobre eremitas portugueses escondidos em grutas, lendas sobre caravelas brancas, lendas sobre homens vindos de outros mundos.*

*Cambambe* (na página anterior), *Muxima* (em cima) *e Massangano. Todas elas foram concebidas como autênticas cidades portuguesas, lembrando ainda as povoações castrejas do Norte do Portugal, desenvolvidas em socalcos como enormes pirâmides ou zigurates naturais.*

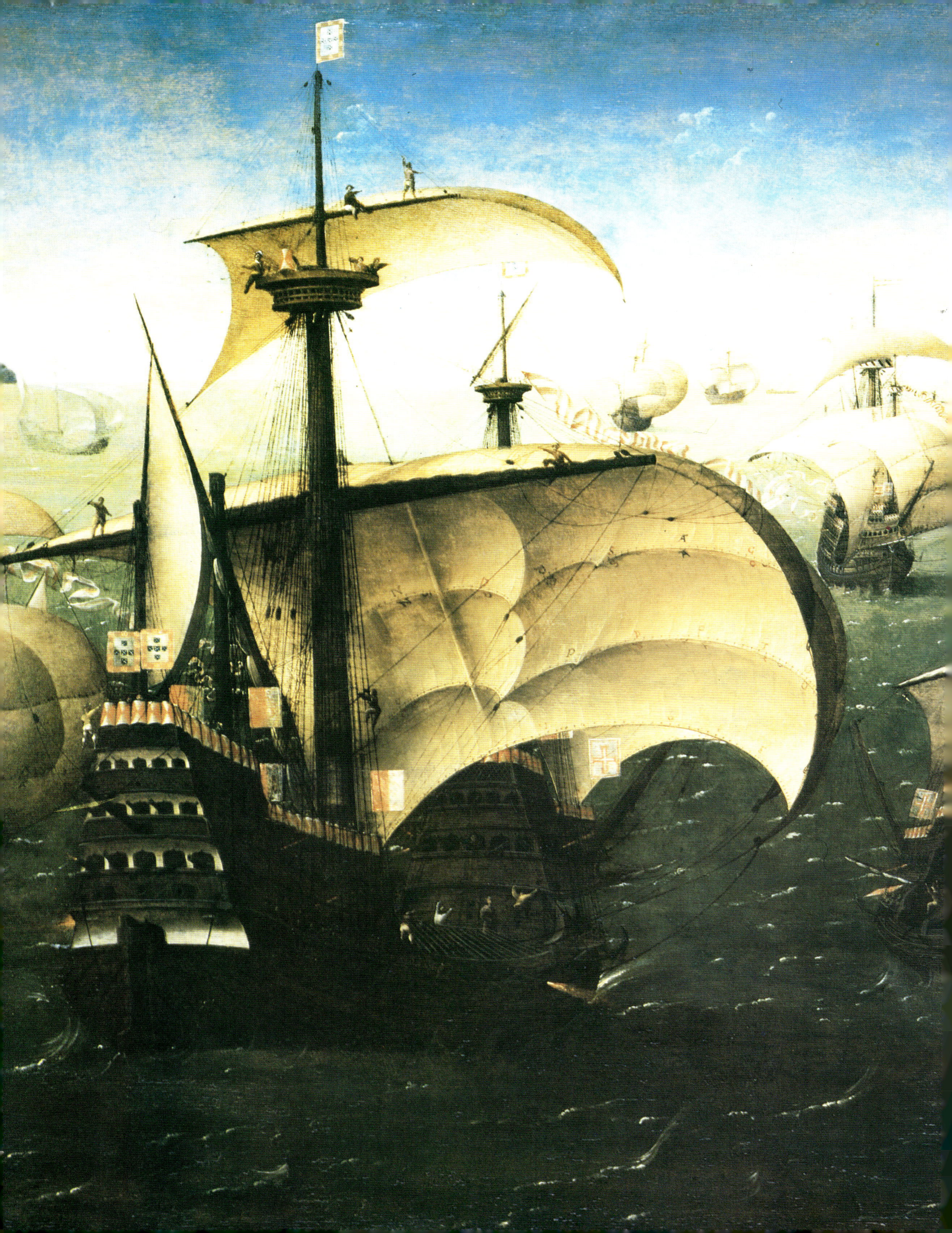

Pela Graça de Deus
Rei de Portugal
e dos Algarves
d'Aquém e d'Além mar
em África,
Senhor da Guiné,
da Conquista, Navegação
e Comércio

A morte de D. João II, atingindo Portugal como uma fatalidade, não o atingiu mito-historicamente, pois o próprio mito se sobrepôs ao rei morto. Não tinha ele entregue a D. Manuel os símbolos da mito-história de Portugal — a cruz de Cristo e a esfera? Não tinha ele iniciado o seu pupilo na missão que Deus entregara a Portugal em Ourique? Não tinha ele afirmado, vezes sem conta, que D. Manuel, como todo o povo português, tinha sido o *eleito* por Deus para atingir o fim supremo da criação do *Império de Cristo*, e que para o conseguir teria de atacar as linhas comerciais islamitas no Oriente? Não revelara ao primo todo o conhecimento científico que possuía da terra, da sua geografia, da geopolítica a defender e a praticar, da estratégia a tomar? Logo, se o iniciado estava na posse de todos estes dados, a transmissão de um rei a outro rei não alterava nada do conteúdo da mito-história de Portugal.

Assim foi e assim se fez.

Enquanto os Espanhóis na América conquistavam, destruindo civilizações, na ganância máxima do lucro imperial, D. Manuel, no cumprimento do mandato de D. João, terminava a armada que estabeleceria para Portugal o cumprimento do seu destino — o de atingir os pólos comerciais do Islão (Sofala, Mombaça, Melinde e Calecut) em primeiro lugar, logo depois o mar Vermelho, o mar Pérsico, o Suez e ainda o mar de Bengala, e as lendárias terras das Molucas e do Chipango.

Não sabemos quantas armadas foram feitas para atingir esse fim. Ibn Madjid diz que foram várias. A história de Portugal diz que só se construiu a que se enviou, a de Vasco da Gama, Paulo da Gama e Nicolau Coelho. Se foram feitas várias ou só uma, nada se alterou na nossa mito-história. Ela cumpria-se pelas mãos, pelo sonho, pela iniciação de executores que atingem o máximo da glória de Cristo.

Camões cantou essa epopeia, comparando-a aos feitos da mitologia greco-romana. Comparou-a mal. Os heróis lusos nada tinham de gregos ou de romanos. Eram homens cumprindo o destino que Cristo e o seu *divus* os obrigava a cumprir, para se cumprirem a si próprios. Eram heróis que, permanentemente, pediam a ajuda de Cristo para ultrapassar as vicissitudes que se opunham ao seu cumprimento. Todo o seu acto heróico era um acto da vontade divina. Deus e Cristo conviviam com estes heróis, no cumprimento do seu plano de luta contra os inimigos do Senhor e pela cristianização do Mundo. Curioso, contudo, é notar que este ciclo — o ciclo mítico por excelência — se inicia fora do Islão, da Índia, da Pérsia ou da Etiópia, mas nas terras que actualmente se chamam de Angola.

Dá-se aí a terceira aparição de Cristo crucificado a um rei em luta. A primeira aparição fora a Constantino e tivera como resultado a cristianização do romano; a segunda, a Afonso Henriques, que dera como resultado o aparecimento de um plano de cristianização universal; a terceira, dá-se com D. Afonso, rei do Congo, em luta com o seu irmão e faz surgir o império cristão do Congo. É graças a ela que o islamismo não penetra na África Austral, encontrando no seu caminho uma barreira ideológica, ajudada e acrescida pelas gentes portuguesas, que se consolidou e criou uma fronteira às infiltrações islâmicas vindas do interior da África Central. Portugal tinha aqui mais alguns dos seus lugares santos — Yelalla, São Salvador do Congo, São Paulo de Luanda, Muxima e Cambambe.

Yelalla é uma catedral do espírito cristão luso, sem igreja; é um recinto sagrado, sem recinto; é a condensação, numa pedra única, de todo um destino divino e glorioso — o do Português, o do seu rei e o de Cristo. Diogo Cão «benzera-a» anos antes de morrer, talvez mártir do terceiro ciclo da mito-história de Portugal. É o ciclo do divino, do milagre contínuo, tanto no mar como na terra. É um ciclo de luta contra o medo e contra a opressão ideológica do Islão. É o ciclo de luta contra a negação da missão portuguesa, ciclo do embate com forças extremas, ciclo em que a vitória é o milagre e a luta o quotidiano. É um ciclo de morte e de glória. É na história do Mundo uma mito-história paradigmática que criou um império sem conquista, ou com um mínimo de conquista. Império sem terra, ou com o mínimo de terra, Império infinito que ultrapassou séculos e chegou aos nossos dias mais santificado e glorioso do que nunca, pois perdeu com os anos o peso da terra e foi-se transformando num universo de pura cultura e pura ideologia. As populações deste império, tendo diferentes pátrias políticas, refugiam-se num sonho de glória, de miticismo muito mais denso do que aquele que Homero criara algures no Mediterrâneo.

Este terceiro ciclo é, pois, o ciclo épico do combate por uma ideologia mítica que não se vê senão nos resultados e em que alguns valores se identificam: morrer é o mesmo que vencer ou viver. É o ciclo da negação do indivíduo como ser humano, mas é também o da sua elevação sem limites, chegando à santidade ou ao mito puro.

Lourenço de Almeida, Cristóvão da Gama, Luís de Ataíde, Rui Freire de Andrade ou Gonçalo da Silveira; João Rodrigues, António Andrade, Pedro Góis, António Coelho de Albuquerque, João Filipe Nicote, Paulo de Lima; os habitantes de Hugolim, de Cochim ou de Diu são alguns daqueles que atingiram o Graal etéreo e sentiram em si próprios esta sensibilidade que, do génio, os levava ao mito. São personalidades individuais ou colectivas que encarnaram a capacidade heróica da emanação do *divus* e de Deus, transformando-se em *iniciantes* da glória pura, do génio puro da sua raça ideológica. Como heróis são santos, como santos são mágicos e, como mágicos, vivenciaram as suas missões divinas. Todos eles, à excepção de Luís de Ataíde, esconderam-se do seu adversário no acto da morte, deixando pairar o sentido da imortalidade que atinge o limite da definição da existência humana, transformando-a de natural em cultural. Deste modo se transformam os locais onde morreram em lugares mito-históricos de Portugal: Boa Esperança, Chaul, Galle, Colombo, Suez, Toro e Etiópia, Goa, Bassaim, Mascate, Ormuz, Ilha de Moçambique, Malaca, Macau, Nagasáqui, e mesmo Pequim, são lugares saídos da geografia para passarem à lenda e ao mito pela presença imortal destes heróis.

Por outro lado, este império sagrado cultivou o mito do lugar, não porque o herói santo o mitificasse, mas porque o seu solo e local tiveram um significado específico na definição mítica do *Império Universal de Cristo*. Cabo da Boa Esperança, Ilha de Moçambique, Melinde, Cananor, Cochim, Larantuca, Tibete, São Tomé de Meliapor, Ayuthya, Sirião, Malaca, são lugares sagrados, tanto quanto Ourique ou Guimarães.

Nestes lugares a cultura universal dos Portugueses permanece num tecido de fenómenos ultra-sensoriais que, ultrapassando os próprios lugares, os liga a alguma coisa superior, ou seja, às sedes do *Império Universal de Cristo* que existiu e ainda existe, e onde o cristianismo, a língua, um estado de alma, um modo de pensar o mundo em si

*Senhor de um vastíssimo império de onde o Sol jamais desaparecia, D. Manuel I tomou como seu símbolo a esfera armilar, com seu intrincado conjunto de anéis, representativos dos diferentes círculos da esfera celeste, a envolver a Terra.*

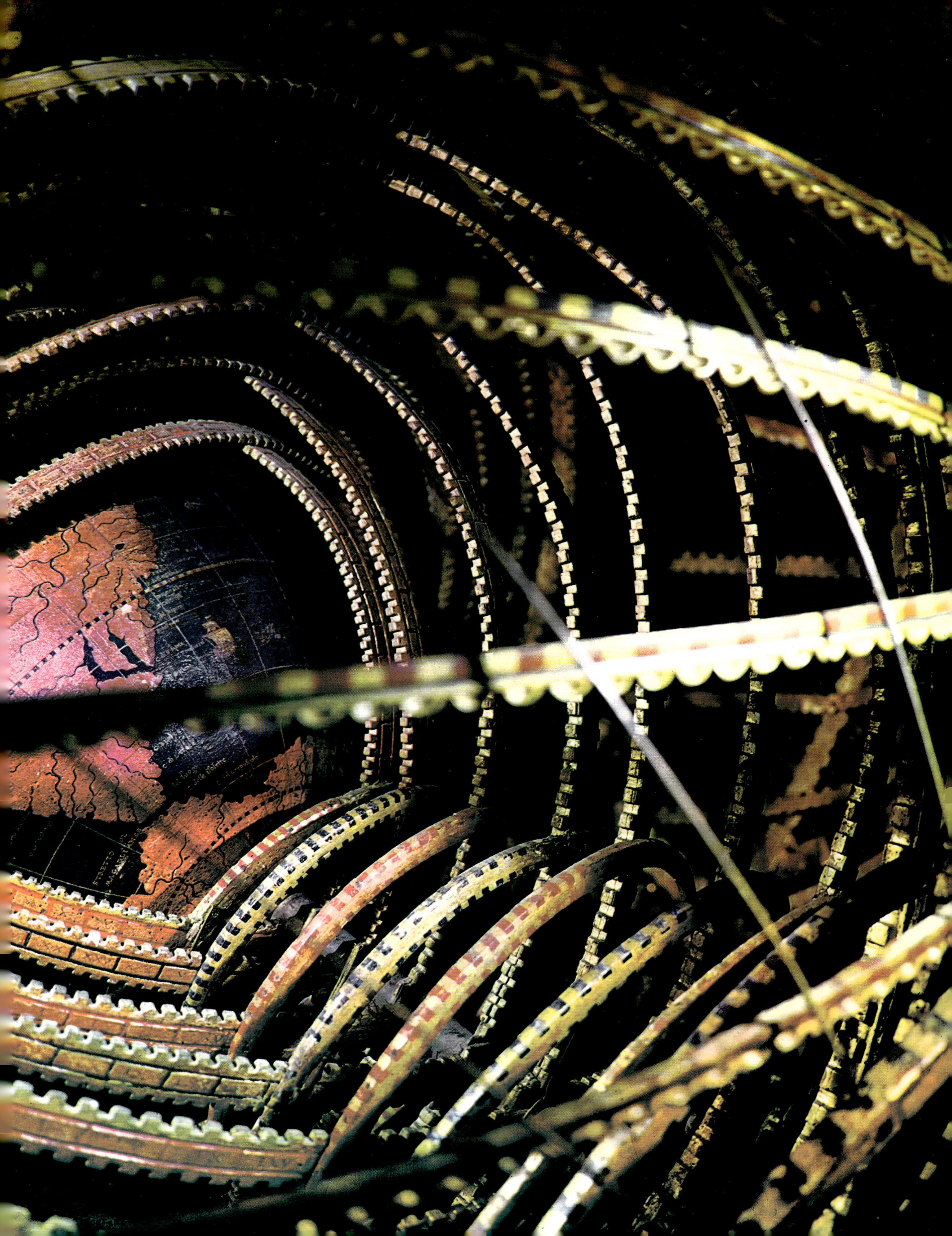

próprio, se mantêm inalteráveis apesar dos conquistadores que passaram por lá. É, em resumo, a encarnação de um espírito mítico no local, atribuindo-lhe significados e dando-lhe atributos fora do espaço e do tempo.

Não se julgue, contudo, que o *genius loci* não toma um papel importante entre a ideologia defendida por Portugal, o império de Cristo, e o estatuto físico do lugar. A configuração física do local escolhido procurava sempre reter uma imagem de perene continuidade com os locais de Portugal. Todos eles se desenvolviam em dois ou três planos, sendo o primeiro o que se ligava à defesa e à comercialização; o segundo, à habitação e o terceiro à religião. Assim, vemos Malaca com a porta de Santiago no primeiro plano e, sobre a colina sagrada, as ruínas de S. Paulo; assim vemos em Muxima, em Mascate, em Nagasáqui, em Macau e em tantos e tantos locais que identificam o *genius loci* com o génio cultural de Portugal.

Mas se o semideus português se estendia como um génio heróico, como figura de mito, não restava igualmente dúvida de que o sonho franciscano e o sonho do Espírito Santo, mesclados com o sentido realista que vinha da rudeza máscula do povo, atribuía à expansão portuguesa um outro carácter. Talvez um carácter idílico e perfeitamente humano que se reconhece no fundo amoroso deste império. Nesta expansão sem limite, o que predominava era a vontade nata de amar, de viver com o seu semelhante, sem ódios mortais, numa perspectiva de existência que afirmava «hoje vivo eu, amanhã vives tu». Todos nós somos pessoas, todos nós temos necessidades básicas. Só na comunhão e na convivência podemos subsistir. Veja-se Goa, Bassaim ou Chaul. Os povos português, indu, ou mogol conviviam, casando entre si e criando uma raça híbrida que manterá durante séculos a capacidade de conviver cultural e emocionalmente. Mesmo quando, durante 60 anos, Portugal se manteve como um reino da coroa de Espanha, esta característica rácica portuguesa conseguiu de tal modo manter o equilíbrio luso de vida e de convivência que criou um fosso de independência em relação ao Portugal europeu. Sessenta anos durou a crise portuguesa; durante estes sessenta anos os locais do Oriente, da África e do Brasil lutaram por si, criando nos confrontos a fortificação mítica do carácter vinda da velha pátria moribunda. Durante estes sessenta anos Portugal deixou de existir na Europa, para viver em todos estes locais de convivência e amizade lusas. As nações europeias que se quiseram aproveitar da situação do Portugal europeu geraram a mais tenaz luta de opostos a que o Mundo já assistiu. Durou uma centena de anos ou mais, existindo por todo o lado em que portugueses, holandeses, ingleses, franceses, dinamarqueses e espanhóis se encontravam. Foi algo de terrífico: praças cercadas, milagres contínuos, fenómenos irreais a acontecerem todos os dias. Todas as nações europeias combatiam então o *Império Universal de Cristo*. Mas se conseguiram diminuir, militar e politicamente, as posições de Portugal, fizeram nascer algo vital e escondido até então, o potencial da confraternização e amor franciscano existente entre os Portugueses e os naturais das diversas regiões. Esta convivência não começou naquele momento de crise. Muitos anos antes já ela tinha penetrado por todos os continentes, o africano, o asiático e o americano, por meio dos comerciantes, dos mercenários e, principalmente, dos missionários. Se a euforia política terminara nos finais do século XVI, assistia-se agora à real exuberância da capacidade individual de amor e cultura perante o ataque dos países europeus organizados. E o resultado foi aterrador. Vencido política e militarmente, Portugal, ou melhor, os Portugueses conseguiram não só sair deste confronto com o comércio interesados asiáticos, africanos e americanos quase intacto, como humilharam esses países europeus obrigando-os a assimilar a cultura portuguesa, pois só por meio dela e da sua língua conseguiam comercializar e aventurar-se em África, no

Os primeiros navegadores ficaram com certeza extasiados perante a impressionante beleza de algumas das suas descobertas, como a ilha de São Tomé (à esquerda) e as ilhas do arquipélago de Cabo Verde (ao fundo).

Em baixo — *A beleza única do Rio de Janeiro. Pequenas cidades como Parati (à direita) depressa foram nascendo ao longo da exótica costa brasileira.*

Brasil e no Oriente. Foi a maior humilhação que o conquistador teve de sofrer para subsistir. Daí considerarmos que o *Império Universal de Cristo* nada sofreu com esta luta terrível de ódios e povos. No final, todo o inimigo de Portugal teve que se identificar com ele. É uma humilhação que durou até ao princípio do século XX, pois ainda neste século o português era ensinado em Ceilão e era ainda a língua diplomática dos países da Ásia. Era também em português que se negociava nas costas da Índia, da África e do Brasil. Se não se conseguiu vencer pelas armas, venceu-se pela ideologia, pela cultura e pela habilidade de estar no meio de estranhos, convivendo com eles.

Ao fim e ao cabo, este acto de vitória traduz-se no modo como se cumpriu o *Império Universal de Cristo,* império este construído com as três coordenadas que formavam o centro nevrálgico dos títulos dos reis de Portugal — a Conquista, a Navegação e o Comércio.

Quando o rei de Portugal entendeu, viu e compreendeu a sua acção no mundo geográfico, mundo irreal e desconhecido para a Europa, mas que o envolvia e o estiraçava por todo o Planeta, usou o título de «Senhor da Conquista, Navegação e Comércio»... desse Mundo. Tal título obriga-nos a fazer várias reflexões. Nenhum rei no século XVI se brasonou com ideias ou finalidades maiores do que estas, ou seja as da *conquista, navegação e comércio.* Os soberanos eram sempre titulados como reis e suseranos de locais bem identificados com estruturas políticas locais, regionais ou nacionais; o rei de Inglaterra era rei de um ror de locais, o mesmo para o da França. Ao rei de Espanha era-lhe dada a realeza de gerir uma centena de locais; vejamos, por exemplo, os *Reis Católicos:* «D. Fernando e Dona Isabel, pela Graça de Deus rei e rainha de Castela, de Leão, de Aragão, da Sicília, de Granada, de Toledo, de Valença, da Galiza, de Malhorca, de Sevilha, da Sardenha, de Córdova, da Córsega, de Múrcia, de Jahem, do Algarve, de Algeciras, de Gibraltar, das ilhas Canárias; conde e condessa de Barcelona e senhores da Biscaia e de Molina, duques de Atenas e de Encopatia, condes do Russilhão e Cerdónia, marqueses de Oristam e do Gociano.» Só o rei de Portugal é que atribuía a si próprio uma definição muito mais ampla do que a usada pelas outras gentes reais. Porque é que D. Manuel I não usou o título de «Senhor da Guiné, Etiópia, Arábia, Pérsia e Índia», e substituiu esse título pelo de «Senhor da Guiné, e da Conquista, Navegação e Comércio da Etiópia, Arábia, Pérsia e Índia»?

Para o entender, não podemos esquecer que o império de D. Manuel não era um império de domínio terrestre, mas sim um império do mar. Mar que liga entre si todos estes locais e onde se fazia a conquista, o comércio e a navegação.

D. Manuel apresenta-se, pois, à mito-história com uma tripla finalidade, ou melhor, um triplo perfil — o de rei de Portugal, glorioso e iniciático, ligando as duas margens dos Algarves com o título de Rei, o de Senhor (feudal) dos vários reis que foi encontrando no cumprimento do seu destino histórico, e o de ser Senhor do Mar, por onde se fazia o comércio, a navegação e a conquista....

Vê-se aqui o sussurro da lenda que perseguia, desde os primeiros dias, os povos que habitavam a zona da «Finisterra do Velho Mundo» — *a lenda do mar.* E de como essa

*A conquista, o comércio e a agricultura foram as três chaves do avanço luso pelas terras brasileiras e, ao contrário do que sucedia no Império do Oriente, os signos desse avanço tomavam tonalidades profundamente portuguesas: o casario, as ruas, a concepção da vida, reflectiam a ruralidade nacional.*
*Outra característica desta conquista foi a adaptação ecológica da natureza próspera do Brasil, como cadinho experimental de novas plantas e de novas culturas. A palmeira, por exemplo, que hoje embeleza a costa brasileira, era aí desconhecida, tanto como o açúcar e o café...*

lenda se transforma em estratégia e de como essa estratégia se aventura na mito-história de um povo dando ao império de D. Manuel I, D. João III e D. Sebastião uma configuração única: a de ser um império que se moldava, contornava milhares de costas, gentes e povos e os interligava num abraço sempre de lenda, lenda única que o rei pensava dominar — a lenda imanente, *a do mar*.

O mar era o relacionamento mítico do *caminho*.

O mar era o sonho do que se ocultava para além do infinito; o mar era o modo de ultrapassar o infinito e chegar aos sucessivos finitos, até se atingir de novo a casa de onde se partira; o mar era a essência lendária do povo que sempre acreditara nele e no seu destino mítico, *o português*.

Desde séculos, o mar sempre fora tratado por todos os povos europeus como se fosse a fronteira da morte. As lembranças que o envolviam eram de morte e desaparecimento. O próprio Graal desaparece no mar. Lancelot também nele desaparece. Todo o herói greco-romano, celta ou medieval é sempre e por isso um herói da Terra. Só existiram dois heróis do mar antes dos portugueses — Jasão, o do Tosão de Ouro, e Ulisses, mas se o primeiro desaparece no céu da divindade, o segundo, na lenda, torna-se português. O mar, esse mantém-se silencioso à voz humana; quase poderíamos dizer que ninguém se expunha ao mar mais do que o seu grito o permitia. Todo o medo vinha do mar e, como nos diz Lima de Freitas, «a navegação iniciática no espaço geográfico e cultural do Ocidente começa em geral a oeste, lá onde o sol se esconde, isto é, lá onde simbolicamente se esconde no mar do Ocidente, para descer às profundezas das águas inferiores (...) onde existia o reino da morte, habitado por demónios e espíritos dos defuntos, mergulhados na noite e na angústia, é bem a porta do Inferno».

O rei de Portugal, ao dar-se a si o título de rei do mar, concluía a iniciação começada em Ourique, onde, no dizer de Gilbert Durand «tinha recebido da própria boca do Cristo a investidura que nunca iria desmentir». Vencera cumprindo o que Cristo lhe dissera quando, no meio da luz divina e entre pombas, lhe sussurrou: «Eu sou o Edificador e o Dispersor de Impérios...; é em ti, Afonso Henriques, e nos teus descendentes que eu quero estabelecer o meu Império.»

Desde Ourique que os reis procuravam o meio de cumprir Portugal. D. Dinis aproximara-se do caminho com a protecção dada aos Templários e com a divulgação do culto do Espírito Santo. D. João I eleva-se a paladino entre iniciados, por criar a necessidade de encontrar o caminho. Talvez fosse Ceuta. D. Henrique via mais longe, e viu o caminho real do *Império Ecuménico de Cristo* — o mar. Não o mar que banhava os pés gretados dos pescadores, mas o mar infinito onde começavam os infernos, os defuntos e os medos.

O infante D. Henrique foi o primeiro a entender que o rei de Portugal, sendo *o grande iniciador*, o que desvenda o enigma, tem que dominar o inferno, o mar, para atingir o *caminho*. Tinha de o encontrar nem que para isso tivesse que ultrapassar ou envolver-se no mar fundo, *no mar do ocidente,* mar que ele sabia sem costas, sem sinais a não ser os das estrelas. Mar infinito, mar que se envolve em si próprio e não afaga a Terra; mar nunca atingido a não ser nas lendas e em algumas mito-histórias monstruosas e utopias proféticas.

D. Henrique leu no mar a profecia, leu no mar a utopia, leu no mar o Império, e se Jasão e Ulisses foram semideuses, vivendo no meio de outros semideuses ou heróis, como Hércules, Medeia, Teseu, Meliagro, Orfeu, Atalante, etc., não resta dúvida de que aos toscos e rudes escudeiros de D. Henrique se deve a premonição de encontrar o caminho integrador do mundo — o caminho no mar fundo.

Foram, pois, heróis na máxima significação do termo. Heróis do destino, heróis que partiam para o caminho só porque se encarnavam como homens eleitos, no meio do *Homem eleito* — D. Henrique.

Não sei se D. Henrique foi sábio, não me interessa saber se teve alguma Escola com mestres profundos; o que sei é que todo o seu ser se abria na transmissão da ideia do caminho que ligasse o aparente e o real. O caminho que ligasse a sua praia a outras praias. A Ordem de Cristo dera-lhe a iniciação templária, levara-o a entender o plano do *Império Universal de Cristo,* o que se lhe pedia era que descobrisse o caminho, o meio para se cumprir esse plano. O resto foi he-

*A expressão* conquista *não se esgota nas suas definições tradicionais. O papel cultural desempenhado pela Igreja (especialmente franciscanos e jesuítas) extremou-se a tal ponto que as realizações artísticas produzidas excedem frequentemente as da Europa de então. Portugal a si mesmo se excedia no Brasil.*

Na página anterior — *Pormenor da Igreja de S. Francisco, em Ouro Preto.*

Em cima — *Pormenor da Igreja de S. Francisco, em S. João del Rei; ao lado* — *um dos profetas de Congonhas do Campo, esculpido em pedra-sabão local pelo mestre António Francisco Lisboa, mais conhecido como «O Aleijadinho».*

roísmo, foi a aberração da perseverança do iniciado e do crente, foi o descobrir o mar.

Começara tudo em Ourique e com os Templários, agora tudo passara para o mar, para D. Henrique e para Cristo. Marrocos foi a primeira lição. Fora o primeiro perscrutar para o além. Fora o primeiro sinal de que o infinito era formado por muitos finitos e que cada finito tinha um mar, um céu, uma terra diferente. Cada finito era uma meta para Cristo e para Portugal. Mas como atingir esses finitos, como descobri-los, se só lenda e vazio existiam, se só histórias e horrores do desconhecido as envolviam? Mostrengos muito maiores do que Adamastores guardavam esses finitos, não deixando que o homem soubesse que esses finitos existiam, substituindo-os por um infinito sem fim e sem retorno, por um infinito de morte.

O rei, atribuindo-se o título de rei do mar, mandava os Portugueses partir. Eles partiram. A princípio partiram só com Deus nas velas, fé no coração, obediência ao rei no corpo e terror na alma. Dia após dia, eram em maior número os que com Deus, fé, rei e terror saíam da terra e se aventuravam no mar, aguardando alguma praia onde chegassem, aguardando saber o caminho. Dia após dia o mar abria-se, um finito era ultrapassado, outro se seguia, o caminho se mostrava, as estrelas os guiavam. Passava-se o Bojador. Rosas de Santa Maria substituíam o ogre do mal e as carrancas do Inferno.

Todo o mar se ia abrindo àqueles nautas que, com mente franciscana, mais do que científica, iam vivendo as descobertas que o mar e as estrelas continham em si, compreendendo que o caminho estava na sua ligação. Como ler as estrelas no mar? Como ler o mar pelas estrelas? S. Francisco entendia o voo dos pássaros, falava com os peixes, tratava da alma dos cães. S. Francisco unia-se ao fenómeno natural vivenciando-se em si próprio. S. Francisco em si mesmo era o mundo, era um todo pesquisante, pesquisador e simultaneamente amante e amado, natureza cósmica e natureza humana. Para S. Francisco o conhecer o Mundo era o mesmo que o amar, que o pesquisar, que o sentir, porque todo o Mundo fora criado por Deus, logo fora criado para ser amado e compreendido.

Os heróis rudes do rei de Portugal partiam para o mar com esta fé franciscana — descobrir, amar, conhecer e interiorizar o *caminho* que Deus criara pelo Mundo fora para se chegar ao seu império. Eles explicavam. Punham em prática técnicas novas de navegação, conheciam personalizadamente os segredos das marés, dos ventos, das estrelas. Horrorizavam-se com o que a Europa queria acreditar para salvar a autoridade de Aristóteles e Ptolomeu; mas todos eles sentiam que o conhecimento do homem e do mar era uma dádiva de Deus, e que Deus, tudo criando, só abria os seus tesouros a quem o honrasse e o sentisse. Usavam, para O servir, bússolas, sextantes, caravelas ligeiras, velas para todo o vento; mas tudo isso eram meios ao serviço de Deus e do seu rei para cumprirem o *caminho*.

Os portugueses dos séculos XV, XVI, mesmo XVII, nunca foram renascentistas. Eles souberam, conheceram, interpretaram os fenómenos da natureza e do mar, muito antes dos outros povos europeus. Possuíam a convicção do sentido transcendente do mar e de que todas as coisas existiam por seu efeito; e que o saber-se usar a razão nesta pesquisa transcendental era o mesmo que ter fé e honrar Deus. Os nautas portugueses perscrutavam os caminhos, mares e terras com a curiosidade dos sábios e dos santos. Eles descreviam, falavam entre si do que viam e do que evidenciava o bárbaro pensar dos Gregos e Romanos. Estes não sabiam nem sentiam os caminhos.

*Eleitos* só os Portugueses. Podemos imaginar, nas tabernas de Lisboa, Goa ou Malaca, quantas e quantas risadas lhes devem ter provocado as teorias dos antigos. Eles conheciam o que era verdadeiro, para com a verdade construírem o mito. Não negavam os Gregos a existência de antípodas? Eles ca-

*A Igreja do Bom Jesus de Matosinhos em Congonhas do Campo, lugar de peregrinação, foi projectada pelo «Aleijadinho» como uma variante brasileira do santuário do Bom Jesus do Monte em Braga. Em cidades mais pequenas de Minas Gerais, como São João del Rei (em baixo), com a sua Igreja de São Francisco de Assis (ao lado), e em Tiradentes (ao fundo), o espírito e o estilo do Portugal do século XVIII, principalmente do Minho, foram recriados com sucesso.*

vaqueavam dos Gregos. O calor tórrido da zona tropical fritava as pessoas? Eles lembravam-se de quanto tinham amado e procriado nessa zona.

Os Portugueses sabiam. Sabiam de cor o Mundo, descreviam-no como nunca ninguém o tinha feito. Mas por saberem o que nunca ninguém tinha sabido, não se vangloriavam na construção de teorias que endeusassem a *razão* e desligassem Deus do facto em si.

Eles tinham descoberto a criação divina, descobriram o mar, a terra — *o caminho*.

Deus criara o Mundo pondo aqui e acolá o

que considerava certo e justo; a única coisa que eles faziam era descobrir esse aqui e esse acolá, negando valor ao que os doutos homens de Itália e de Espanha afirmavam. Eles só aplicavam a santa doutrina de S. Francisco, unindo-se ao que descobriam e usando a razão para explicar essa união. Ou melhor, eles defendiam «a razão como a mãe de todo o entendimento», mas de todo o entendimento a nível humano. A razão ligava--os com os fenómenos que eles descobriam por esses mares e terras, mas em vez de sistematizarem a razão, consideravam que esta era o modo prático de se viver as coisas sagradas que à sua volta existiam nesse longo e penoso caminho até ao Oriente, até ao Sol. Daí não terem construído teorias, porque delas não precisavam; eles só queriam viver e construir o Império de Deus. Sabiam que os Gregos e os Romanos estavam errados, pois nada viam para além de erros no seu dia-a-dia. Aqueles só sabiam os seus próprios erros e só descreviam o Mundo conforme o que sentiam e viviam, com a enorme condescendência de Deus...

Note-se que, em tudo isto, o mar é o veículo para a descoberta das criações divinas, logo é por seu intermédio que se descobrirá e se atingirá tudo o que Deus fizera quando estabelecera a Terra. O mar era o caminho.

Deve ter sido inultrapassável a alegria com que se via o Mundo abrir-se ao longo do caminho. Mundo de Deus, Mundo escondido por Deus aos homens da Terra durante milénios, mas Mundo que o Português ia lentamente percorrendo em todos os sentidos e em todas as veredas, construindo o Império do Mar ou, mito-historicamente, o *Império Ecuménico de Cristo*.

O mar e o céu eram a criação divina que separara e escondera as maravilhas das gentes e das terras que Deus permitira que existissem. O Português, ao desvendar o mar e o céu, punha-se em contacto contínuo e directo com a divindade e com os mundos criados por Ela.

O Português era só o seu utilizador. E como a heresia existia contra a vontade do Deus Criador e preenchia grandes porções dessas terras, terras onde viviam os islamitas, etc., cabia ao Português, navegando, dominando e compreendendo esses mares e esses céus, ir abater a arrogância dessas gentes que viviam fora da lei divina.

Não se julgue, contudo, que toda esta enorme possibilidade em navegar se limitava a louvar o credo em Deus e saber que cada um e todos pertenciam a um povo que Deus elegera para andarilhar no seu mar. A par deste profundo modo de estar no Mundo, os Portugueses tiveram de adestrar e compôr os meios que, ultrapassando os seus sentidos, permitissem ler os desígnios e os sinais que a divindade lhes dava.

Deus dava-lhes tudo para descobrirem o Mundo. Bastava que eles o soubessem ler. Dava-lhes o Sol e as estrelas, dava-lhes as

Em cima — *Alcântara. A descoberta e a conquista foram programadas no tempo. Primeiro, a consolidação de posições na corte, e só depois a penetração para o interior. Lendas, de beleza e mistério, convidavam os Portugueses a lançarem-se para o interior, mas ninguém podia esquecer que a consolidação das posições costeiras era vital para impedir, ou repelir, as investidas dos Ingleses, Holandeses e, principalmente, Franceses. Alcântara nasceu dessa necessidade, como apoio a Belém e como suporte da costa para além-Amazonas.*

correntes marítimas e os ventos, dava-lhes o voo dos pássaros, os odores marítimos. Dava-lhes sinais, possibilidades, dava-lhes caminhos. Era só escolher o d'Ele, o do Oriente. Tinham que aprender a ler esses sinais e a viver com eles. Que fazer quando deixavam de ver terra e se integravam nos golfões sem fim, golfões infinitos do mar infinito? Como relacionar a sua posição com a posição dos lugares? Que fazer quando o vento soprava mais lento, em sentido diverso daquele que devia encher de alegria as suas velas? Que fazer quando, nos infinitos golfões, as marés os empurravam de encontro a outros infinitos? Como ser capaz de navegar nesses mares com sinais nunca vistos nem entendidos? Como interligar todos esses sinais que a natureza lhes acenava por vontade de Deus. Como escolher o caminho de entre tantos caminhos? Por tudo isto foi preciso um longo período de utilização dos instrumentos existentes, alterando-os e corrigindo-os; e foi preciso aprender a ler as marés, a construir barcos, a desenhar mapas.

Foi longa a aprendizagem da navegação. Foi uma longa aventura humana. Aventura que talvez não passasse por escolas, mas por tabernas, por câmaras de príncipes, pelas ruas das cidades, pelas igrejas dos santos. Era, no dia-a-dia, na experiência, na intuição do que essa experiência apontara, e acima de tudo na fé ou no sentido histórico de que cumpriam uma mito-história, a aventura da navegação.

Descrevendo toda esta longa aventura para descobrir o caminho, diz um historia-

*A missão de S. Miguel. A história das reduções jesuíticas feitas pelos Espanhóis ao longo das fronteiras entre Portugal e a Espanha na América do Sul não está ainda claramente feita.*

*Ao lado — Ruínas da missão de São Miguel no Rio Grande do Sul. De clara inspiração jesuíta, constituem uma lembrança evocativa de um período fascinante da História.*

*Em cima — uma imagem em madeira de Santa Catarina, que data do apogeu da época missionária.*

dor português: «tiveram de criar a navegação astronómica e os seus regimentos; modificar instrumentos em uso e inventar outros; alterar completamente o sistema de construção naval, de modo a que os barcos suportassem as revoltas agrestes dos oceanos; inventar o navio de guerra, conceber cascos feitos para levar alimentação e os produtos a comercializar».

No princípio as carreiras marítimas faziam-se ao longo da costa, bastava conhecer os sinais da costa para se saber onde essa carreira estava. Mas o Bojador (sempre o Bojador!) ergueu-se no meio de uma costa arenosa como impelindo os barcos para o infinito. O medo, o horror, a obediência ao *divus*, tudo se caldeou em Gil Eanes, uma longa experiência de navegação e uma não menor iniciação. Após um tenteio, uma sondagem, eis que traz para Portugal as *rosas de Santa Maria*. Daí para a frente tudo surgia límpido à visão profética do *divus* e de D. Henrique, iniciados nos Templários pela via de Cristo.

O mar era deles.

O mar era dos Portugueses.

O caminho era de Cristo, bastava agora reconhecê-lo e criar os instrumentos de navegação apropriados a esse caminho. Porque o *caminho* era o golfão.

O golfão não lhes metia medo.

Os sargaços eram atravessados pelos Portugueses.

A Madeira e os Açores faziam parte deste golfão.

A sul, o mar mantinha-se igual e as caravelas iam e vinham, pesquisando rios e baías. Os mestres desenhadores procuravam reproduzir todo o caminho: os montes, as palmeiras, a zona arbórea, a foz de um rio, as povoações, etc. O Português já desenhava o hemisfério sul enquanto a Europa só desenhava os seus reis e os seus reinos.

O mar, porém, não era só a sul. Portugal afrontava um longo mar a ocidente e sabia da existência de outros mares a nascente. O grande desafio de Deus era este, descobrir o caminho. Como bater o infiel, usando rotas divinas do mar, aprendidas e lidas? O grande desafio do Portugal histórico ao Portugal mito-histórico era o mesmo! Isto se fez com certezas, acasos, mortes e glórias. À medida que D. Henrique envelhecia, a alma do cruzado ampliava a sua visão e a vontade de gritar, como em Ceuta, «a eles, a eles que Deus nos vê». Transformava-se o Infante na obcessão em conseguir dominar aquilo que Deus lhe entregava, o mar, e confundi-lo consigo, transformá-lo na via da cruzada. O mar é, pois, para D. Henrique, como mais tarde foi para D. João e para D. Manuel, *o caminho* que a estrela divina abria a Portugal para criar o *Império Universal de Cristo* e atingir a barriga mole do agareno.

A navegação transformava-se na cavalaria da cruzada. A cruz de Cristo não era usada no peito mas nas velas e nos estandartes. A cruzada tinha que se dar.

A descoberta surge, assim, como um meio para se atingir o fim. A navegação um modo de dirigir os regimentos para a batalha

Na página anterior — *Após ter dobrado o cabo da Boa Esperança, Bartolomeu Dias ancorou por um certo tempo em Mossel Bay (hoje Dias Bay).*

Nesta página — *A ilha de Moçambique, com a imponente fortaleza de São Sebastião* (ao lado e em baixo), *cedo se tornou um ponto de paragem importante para os barcos que frequentemente, devido às monções, tinham de lá esperar durante meses, antes de prosseguirem para a Índia.*

final. O comércio é o modo de se conseguirem recursos para manter os regimentos e financiar a caminhada até ao ataque final. A marinha transformava-se em cavalaria de Cristo e, como cavalaria, nada a deteria, só o embate final.

Assim se resolveram os problemas náuticos; se leram todos os sinais possíveis que Deus entregava aos Portugueses para compreenderem o modo de cavalgar as ondas e encontrar o caminho do mar, do vento e das estrelas. Tudo começava a ter sentido, tudo confluía para um único resultado: dominar o mar para atingir o Suez e Jerusalém, para se alcançar o Preste João, para se construir o *Império Ecuménico*.

Mas dominar o mar é mais do que conhecer o mar. É ultrapassar todos os concorrentes que o querem também para si; é abatê-los, desviá-los da missão sagrada que é de Portugal.

Descoberto o mar, foi, pois, preciso encobrir o mar. Só o *povo eleito* o devia conhecer. Aos outros só se davam enganos, traições, burlas e mesmo a morte se fosse preciso, para esconder a descoberta.

Descobria-se. Navegava-se por todos os mares e oceanos — Atlântico Norte, Atlântico Sul, Índico, Pacífico, mares e rios — e só se deixava conhecer aquilo que se queria que fosse conhecido.

Foi, dentro da descoberta, uma pérfida acção — a censura ao descobrimento, a censura ao que se atingia navegando e pesquisando. Todo o conhecimento, por menor que fosse, ligado à náutica dos descobrimentos, os regimentos, o conhecimento oceânico, o conhecimento das terras, o conhecimento dos ventos e barcos, tudo era escondido. Tudo formava parte da maior política do secretismo que a história nos dá a conhecer.

De todos os países chegavam espiões; por todo o canto de Lisboa se compravam segredos e mapas; dezenas de marinheiros enchiam as prisões por terem querido enriquecer à custa do conhecimento do mar; por toda a Europa esbirros portugueses caçavam e matavam, ao serviço do seu rei, os que o seu rei iam traindo. A Europa via-se, assim, excluída desse conhecimento pela força de um empreendimento começado em Ourique e agora nas mãos do seu mais audaz empreendedor, D. João II. As suas caravelas varriam do mar da Guiné as caravelas espanholas; atingiam o ponto mais a sul do continente africano, pesquisavam as terras existentes do lado ocidental do golfão do Atlântico; iam para norte para as terras geladas da Gronelândia. Todo o poder de Portugal, toda a riqueza de Portugal, se concentrava no «projeto de Portugal»: quebrar a pressão que o Turco fazia no Mediterrâneo e nos Balcãs.

Constroem-se cidades ao longo das costas africanas e em pólos estratégicos, de modo a canalizar para Portugal as riquezas do interior do continente africano. Arguim, Axém, Mina, são alguns desses nomes. As costas africanas vão-se transformando num fervilhar de pontos comerciais aguardando as caravelas que passavam.

Dos Açores, ponto nevrálgico na estratégia do domínio do Atlântico, D. João II vigiava as navegações dos outros povos e controlava a passagem para ocidente. De ano para ano ia-se conhecendo o caminho para o *Império Universal de Cristo*. Era uma estrada larga que começava em Lisboa, seguia a costa africana até Cabo Verde; penetrava então pelo largo oceano até atingir as costas ainda escondidas do Brasil, volteando novamente para as paragens frias da Boa Esperança até ao Índico — e daqui se ramificava para a Índia, ponto estratégico de apoio ao ataque ao Islão.

Este é o plano. Este é o sentido do destino de Portugal. Assim, quando Francisco de Almeida, um iniciado, destrói a armada turca do Índico e consegue a maior vitória naval portuguesa no Mundo, atingia-se um

*Quando Vasco da Gama chegou à ilha de Moçambique já sabia, por informações de Pêro da Covilhã, que esse era um local privilegiado para aí esperar a confluência das monções. Desde então a ilha passa a ser um dos locais mais importantes de toda a estratégia do império. Aqui se constroem duas fortalezas, igrejas, câmara municipal e pelourinho, hospital, etc. A grande fortaleza de São Sebastião construída após D. João de Castro, continua-se, num dos topos da ilha, pela formosa Igreja de Nossa Senhora do Baluarte (em cima). A fortaleza sofreu dois grandes cercos impostos pelos Holandeses. A sua defesa, comandada por Estêvão de Ataíde, é um dos momentos altos da nossa epopeia ultramarina.*

*A ilha de Moçambique conserva até hoje um património arquitectónico ímpar que exprime bem a vertente cultural da conquista portuguesa. O estilo predominante da arquitectura pode designar-se por luso-indiano, o que, se por um lado chama a atenção para a presença histórica de artífices indianos na costa moçambicana, por outro lado a alcandora a caso único de interdependência cultural.*

Em cima — *Uma das muitas igrejas da ilha e o interior da fortaleza de São Sebastião (ao centro).*

Ao lado — *Entardecer no rio Zambeze, em Tete, onde os Portugueses fundaram uma colónia no século XVII.*

dos cumes do plano — a sua 1.ª fase: a destruição do poder naval inimigo, para permitir o ataque ao seu coração — Jerusalém.

Desde esse momento a navegação deixa de ser a do Atlântico para ser a do Índico e do Pacífico. A navegação que se praticava no Atlântico tem de ser adaptada à islamita do Índico e à chinesa do Pacífico. Aqui, no Índico e no Pacífico, iniciar-se-á a segunda fase do plano de Portugal — a de atingir, pela missionação, os que não serviam Cristo, e congregar riquezas e esforços humanos para concretizar o ataque frontal ao Islão, eliminando-o de todo o comércio que possuía nesta parte do Mundo. Projecto possível, se não tivesse existido Afonso de Albuquerque... Mas, para conhecer e dominar o mar, era necessário possuir terras que servissem de apoio. Daí «descobrir-se» o Brasil. Com o corredor do Atlântico Sul balizado, o percurso no Índico era fácil. Os oceanos iam conhecendo a cruz de Cristo.

Aportadas a Cochim partem as armadas para Adem, Socotorá, Maldivas e Ceilão; aportadas a Malaca partem para as Molucas, Tangu, Sião e China; aportadas à China chegam ao Japão; aportadas às Molucas chegam à Austrália. Aportando a todos estes lugares estratégicos, Portugal está apto a começar a grande empresa da missionação do Mundo para a criação do *Império Universal de Cristo* que os Templários, por intermédio de um dos seus fundadores, Arnaldo da Rocha, tinham entregue a Portugal.

Mas o mar não tinha sentido nem orientação e, se havia mar a sul, se havia o golfão, que mar existiria a ocidente e a norte? O nauta já tinha aprendido que Deus não queria que o mar e o Sol fossem engolidos no horizonte e que infinito e horizonte fossem uma e a mesma coisa. Assim, o mar era ilimitado, escondendo-se em si próprio, sobre si próprio se recurvando. O mar era um princípio e um fim. Oriente e Ocidente eram um só. O Sol não era engolido pelo golfão a ocidente, pois ele ressurgia sempre a oriente. O Sol imitava o mar e recurvava-se em si mesmo. As lendas eram falsas. *Verdadeiras,* só aquelas que fazíamos a Europa acreditar e que os Portugueses iam divulgando por todas as tabernas e cortes dos reinos europeus...

Deus criara uma terra enorme, cujos caminhos eram escritos no mar pela Sua vontade. E de tantos e tantos caminhos que existiam, só um interessava descobrir para o plano se cumprir.

D. Henrique e D. João II tinham descodificado os sinais, tinham ouvido os viajantes, os mercadores, os Franciscanos, os embaixadores; liam nos antigos livros imaginários dos Templários a missão que tinham de cumprir. E tudo se resumia num único plano, o plano imperial de cristianização do Mundo e destruição do infiel. Como? Utilizando o mar e descobrindo o caminho que Deus nele marcara. Mas o mar não tinha caminhos marcados por onde as caravelas caminhassem. O mar era enorme. Os sinais eram muitos, mas sinais que fizessem reconhecer o caminho eram poucos. Pode-se mesmo dizer que foram três os grandes sinais que o definiram: o do Bojador e a descoberta do caminho de retorno pelo golfão; o do cabo da Boa Esperança e a descoberta de se poder andar no mesmo golfão e o da entrada do Índico e o sistema de monções. Estes são os três enormes sinais descobertos pela fé, pela ciência e pela tenacidade do *povo eleito*.

Gil Eanes seguira os sinais do mar, dos ventos e do céu no Bojador, sinais que todo o marinheiro português já conhecia anos depois. Basta ver como a barca de Tristão da Cunha foi manobrada por um único grumete, desde o Rio Grande da Guiné até Lisboa, vindo já pelo golfão: «durante dois meses não viram costa, até que avistaram uns piratas galegos». Lendo os sinais descobriram-se os Açores, o mar de Sargaços e se permitiu a criação da maior mentira da história, a mentira de que Colombo foi o protagonista.

Oficialmente Bartolomeu Dias, ou outro qualquer, como, por exemplo, Diogo Cão ou Duarte Pacheco Pereira ou Bisagudo, domaram os sinais do golfão e penetraram nas águas do Índico.

Vasco da Gama, ou outros antes (Ibn Madjid conta-nos histórias estranhas acontecidas nos anos de 1489 à entrada do Índico), penetraram e dominaram o conhecimento das monções e dos baixios da costa do Natal e de Moçambique. Será que o *Mostrengo*, ou o Adamastor, não são mais do que o fun-

Na página anterior, em cima — *Durante aproximadamente um século, a fortaleza de Jesus, em Mombaça, foi uma das principais erigidas pelos Portugueses para defender os seus interesses na África Oriental. Construída em forma de cruz, abrange todo o porto da cidade.*

Nesta página, ao lado — *A ilha de Zanzibar foi outro posto comercial português da África Oriental, especialmente valorizado pelo seu cravo.*

Na página anterior, em baixo — *Aspecto de paisagem da Etiópia, o reino lendário do Preste João, onde Cristóvão da Gama foi defender a permanência da religião cristã (em cima — interior de uma igreja copta) contra os ataques do Islão.*

damento mito-histórico que nos conta a epopeia desconhecida da entrada no Índico? Não será que essa entrada foi pejada de medos e de mortes que só a persistência de cruzado de D. João II conseguia ultrapassar? Contudo, ao mesmo tempo que se tentava ler os sinais da Boa Esperança e se balizava o caminho da Índia, o rei de Portugal não esquecia que a criação do *Império Ecuménico* o obrigava a ler, a estudar e a analisar novos *caminhos* no mar oceano para além do golfão. Sucessivamente, e numa confusão de documentos, notas e mapas, D. João procura esconder a amplidão dos seus desígnios, e de um ponto distante, tão distante que a Europa quase não o conhecia — os Açores — espalha armadas a caminho do noroeste e do ocidente. E de um outro ponto — São Tomé — iam, ao mesmo tempo, partindo para sul e para ocidente outras armadas. Por todo o Atlântico Ocidental, tanto a norte como a sul, as caravelas portuguesas procuram, sem êxito, caminhos que as levem ao Islão e à Índia pelo ocidente.

É um enorme esforço de reconhecimento e, como todo o reconhecimento, é um acto secreto, a que um ou outro alvará real, uma ou outra notícia saída das mãos censórias do rei e salva dos terramotos, nos mostram ter sido realizado.

Não são acasos da história, ou inocência de feitores de mapas.

Aparecem neles designações de acidentes geográficos com nomes lusitanos e não é por acaso que alguns locais têm nomes e designações dentro do próprio simbolismo templário. A ilha do Ábaco é um desses exemplos.

Dezenas de cruzes de Cristo sulcaram o Atlântico Ocidental, desde 1452 até meados de 500. Diogo de Teive, Fernão de Ulmo, João Vaz Corte Real e seus filhos, João Fagundes, António Martins Homem, Fernão Teles, Duarte Pacheco Pereira, Lopo Vaz Bisagudo, Diogo Cão e Bartolomeu Dias são nomes envolvidos em tramas estranhas, ou em frases estranhas, todas bem demonstrativas de um reconhecimento maciço dos caminhos do Ocidente pelos nautas de Cristo.

Um historiador português, numa página feliz, afirma sobre o conhecimento e as descobertas feitas pelos heróis portugueses no Atlântico Ocidental: «Uma recente investigação minha, ainda inédita, sobre os descobrimentos dos Vickings nas regiões polares na Idade Média, veio largamente engrandecer este capítulo. Já não pode haver a menor dúvida em que as navegações dos Vickings de 800 ao ano 1000, na imensa região polar, entre a Noruega e o Canadá, deixaram profundos traços que D. Henrique conheceu, quer pelo Vaticano, quer pela carta da Dinamarca, quer por outras vias. Eis a origem verdadeira da orientação do Infante de penetrar o Atlântico através dos Açores para explorar as regiões do Ocidente que deu em resultado a viagem de Diogo Teive em 1452. Esta expedição já em si representa a evolução do grande programa geográfico realizado pelos Vickings na Idade Média. Ultimamente apareceu um novo e impor-

Na página anterior — *Ao estabelecer uma linha de fortalezas com a finalidade de proteger o império marítimo do Oriente, Afonso de Albuquerque foi mal sucedido unicamente na tentativa de conquistar Adém, que guarda a entrada para o mar Vermelho.*

Nesta página — *Ormuz. A fortaleza, cuja construção foi iniciada por Afonso de Albuquerque em 1507, só foi terminada por altura da sua perda.*

tante esclarecimento relativo à viagem de João Vaz Corte Real. Eis o texto até agora desconhecido:

'... estando sem capitão (a ilha Terceira) vieram a ela ter dois homens fidalgos por nome, um deles João Vaz Corte-Real e outro Álvaro Martins Homem: os quais vinham da *terra do bacalhau,* que por mandado de El-Rei (D. Afonso V) foram a descobrir, e informados como a ilha estava, se foram ao reino, onde a pediram de mercê à Infanta D. Beatriz, mulher do Infante D. Fernando e mãe do Duque D. Diogo, das traições e sua tutora, a qual lhes fez mercê dela e ambos a partiram pelo meio e a lograram e possuiram seus descendentes'.»

O oceano Atlântico, a ocidente, era, pois, um mar luso, real e privado muito antes de Colombo ter feito inconscientemente de espião de D. João II e ter colaborado nesta descoberta do mar ocidental.

Não é por acaso, também, que Castela é encurralada no único pólo ocidental, imagem contrária do golfão, impeditivo da passagem para o Pacífico. Como não é por acaso que o Tratado de Tordesilhas deixa de fora a costa brasileira no Atlântico Sul e o estreito de Bering, no Atlântico Norte. Todos os caminhos para o Pacífico pertenciam, assim, ao *povo eleito.*

Os caminhos de Deus e dos reis eram insondáveis, como insondável era o conhecimento de todos os sinais do comando estratégico e imperial que o Tratado de Tordesilhas procurou consolidar. Não podemos esconder que antes do aparecimento deste tratado, que anulou o de Alcáçovas, os mares estavam abertos à concorrência de duas potências — a portuguesa e a espanhola.

Os dois impérios sonhados pelos dois países eram estruturalmente diferentes. O segundo, o espanhol, era um império idêntico aos que a Europa irá criar no século XIX. Um império de domínio das coisas, considerando como «coisas», os homens, as plantas, os territórios, as culturas, etc. Tudo dominado segundo a filosofia da exploração da «coisa».

O primeiro, o português, é um *Império Ecuménico de Deus,* com uma base filosófica em que todos os valores imperiais se fundamentam na obediência sagrada e na salvação da alma humana pela evangelização de povos e culturas. É certo que para atingir esse ponto era necessário descobrir, ter ouro e especiarias, derrotar impérios comerciais, mas a finalidade era a salvação da alma humana, não a grandeza e a riqueza pura do território e do rei europeu.

A noção da persistência da descoberta e da navegação não se limita aos séculos XV e XVI, nem tão pouco aos caminhos e sendas de Deus para atingir o Islão, o Preste João e a Índia, no Atlântico e no Índico.

Conquistada Malaca abruptamente, fora da política humana de conciliação de Portugal e dos seus reis, tornou-se esta cidade uma das chaves mais importantes como pólo da descoberta do Pacífico pelo Lusitano. Malaca era, na realidade, um pólo, um local de grande interesse estratégico dominando o estreito do mesmo nome. Conhecida muito cedo pelos Portugueses, transformou-se, como Ceilão se transformara já, num local em que Portugal teria de encontrar amizades para poder ter um ponto de penetração comercial e naval nos mares da Sunda e China.

Quando D. Manuel ordenou a Diogo Lopes Sequeira que procurasse o caminho para Malaca e estabelecesse aí contactos de amizade e comércio com o rei local, nunca utilizou a expressão «pela força» ou «pela guerra». Para Portugal só existia um tipo de guerra — «a guerra justa», e esta era sempre uma guerra de conquista ou defesa contra o infiel, contra o islamita. O que D. Manuel não sabia, nem Diogo Lopes Sequeira, é que o rei de Malaca era islamita. A segunda armada enviada para tentar forçar esse rei à negociação foi apanhada por Afonso de Albuquerque, o qual, além de prender o seu capitão, tomou conta dela e com uma armada de tamanho médio, sem conhecimento do rei, conquista a cidade após luta esforçada. Era a

*Soar (à esquerda e em baixo) e Mascate (ao fundo). O comércio, a navegação e a conquista foram os fundamentos mágicos que influíram na nossa acção no golfo Pérsico. Foi uma acção distinta das outras acções portuguesas no Índico. Após a conquista de Ormuz e da construção da fortaleza de Mascate, cercou-se o Golfo de fortalezas que apoiavam o comércio e a navegação lusos. A rede de fortalezas, cuja construção muito se ficou a dever a Rui Freire de Andrade e a Gonçalo da Silveira, estendeu-se por toda a costa da Arábia até à Pérsia e à Turquia.*

terceira vez que Albuquerque desobedecia às ordens do rei.

Conquistada Malaca, fora do contexto templário, imediatamente Albuquerque, hábil estratego renascentista, a transforma no pólo donde partiriam os projectos de navegação e descoberta de Portugal no Pacífico.

Em 1512 parte a armada de António de Abreu para a descoberta do caminho das ilhas das especiarias. No ano imediato parte nova armada, agora comandada por João Lopes Alvim, que percorre de novo o caminho para as Molucas. Logo que esta armada regressa, outra parte sob o comando de António de Miranda de Azevedo. Por este resumo pode-se ver como o Pacífico começava a ser percorrido pelas velas de Cristo, procurando caminhos, desenhando as costas (como nos mostram os lindos desenhos de Francisco Rodrigues), contactando com as populações, procurando-se rentabilizar o esforço em que o País se achava empenhado.

Descoberto o caminho das Molucas e das Celebes, descobertos Timor e Bornéu, impunha-se descobrir as vias para ocidente e foi a vez de um bravo nauta, Gomes Sequeira, em epopeia digna de um fazedor de mitos, conhecedor profundo das técnicas de navegação, que atravessou o Pacífico e atingiu as ilhas Carolinas, mais precisamente a ilha de Palau. Mas de Malaca as armadas não paravam de partir. E se, no começo, a grande descoberta fora para sul, direito às Molucas, imediatamente se penetra no golfão de Bengala, se estreitam laços de amizade com os reinos da Birmânia, como o do Pegu e Arracão, se dobra o estreito de Singapura, se percorre a Malásia e se penetra na Tailândia.

Jorge Álvares parte para a China no ano de 1513 e em 1517 é a vez de Rafael Perestrelo. A China abria-se a Portugal, mas não se pode esquecer que Malaca fora conquistada fora de qualquer atitude relacionada com o que então se chamava «guerra justa». E este facto transforma este esforço de descoberta, navegação e comércio em pura aventura. Para os Chineses, Afonso de Albuquerque era um *condottieri* e os Portugueses aventureiros. Este momento da história de Portugal não se insere na sua mito-história. O mesmo se diga das outras grandes conquistas de Albuquerque, Goa e Ormuz. Note-se que até à conquista de Goa, em 1511, Portugal nunca conquistara por pura estratégia de conquista. Essa era a política de Espanha. Veja-se só, como exemplo, o cuidado de D. João II quando trata da fortaleza da Mina, o de D. Afonso V com Arguim, o de D. Manuel em relação a Cochim, Cananor, Coulão, etc. Nunca se conquistava por meio da guerra mas pela amizade e confiança, pelo amor.

Ora, se este momento de aventura bélica apressou o estabelecimento de pólos estratégicos já intuídos no sonho do *Império Ecuménico de Cristo* por D. Manuel, por outro lado alardeou por todo o Extremo Oriente uma imagem deformada de Portugal. A China, que se tinha aberto ao nosso comércio e navegação, fecha-se totalmente. Prende a nossa primeira embaixada, atrasando em dezenas de anos a penetração evangélica dos missionários portugueses. A conquista bruta de Malaca foi um escândalo nos reinos do Extremo Oriente. Tomé Pires, embaixador mártir ao império da China, é preso e os seus companheiros ou morrem ou apodrecem nas masmorras chinesas. Só uma flor desponta no meio deste martírio e desdouro. Essa flor é o fruto do

*O império das Índias dividia-se em várias regiões: a das terras do Norte, com capital em Baçaim, terra da fidalguia lusa; a das terras do Sul, com capital em Cochim, entreposto comercial por excelência; e a capital Goa, coordenadora espiritual e guerreira de todo o império oriental. Aqui se estabeleceram os grandes agentes da «conquista» espiritual — Franciscanos, Agostinhos, Dominicanos e Jesuítas, destes avultando a figura de S. Francisco Xavier.*

À esquerda — *Convento de Santa Mónica.*

Nesta página — *A torre dos Agostinhos.*

amor de Tomé Pires e de uma chinesa — uma filha encontrada, anos mais tarde, por Fernão Mendes Pinto quanto viajava pela China. Mesmo no cativeiro, como escravo ou prisioneiro, o português amava e, do luto e da desonra, sempre deixou uma flor, um amor que florescia e que lentamente ia fortificando a amizade que, desde o princípio, pretendeu sempre criar e fazer desenvolver no Mundo. Veja-se igualmente que, se o Pacífico se fechava a Portugal por causa da conquista não justa de Malaca, esse mesmo Pacífico se abria quando, do amor de um português e de uma japonesa, como haveremos de ver, nascia uma linda história de amor e evangelização.

Trinta anos passados sobre a morte de Tomé Pires e graças à habilidade política de Leonel de Sousa, a China reabriu-se para os Portugueses e com ela o Pacífico lendário e tenebroso. Todo esse imenso oceano começou então a ser cruzado, de ocidente para oriente, por centenas de embarcações portuguesas; centenas de velas de Cristo e centenas de comandos portugueses eram engajados para cruzar o Pacífico. Mas, não se pode falar do Pacífico e da navegação portuguesa sem falar da lenda, do maior mistério e drama com que o Pacífico desafiou Portugal sem falar da lenda da ilha do Ouro, de Fernão de Magalhães e do Tratado de Saragoça.

É espantoso que, milhares de anos depois de Jasão e do seu velo de ouro, outra lenda surja com todas as características do mito, a da ilha do Ouro e que deste mito se construa uma tremenda caça ao homem e, em consequência dessa caça, se tenham feito descobertas sigilosamente guardadas até aos dias de hoje.

Como surgiu essa lenda? Como progrediu e como nela penetraram e viveram portugueses mostrando um domínio do mar e da navegação superior a qualquer outra nação no Mundo até ao século XIX? Julgamos que esta história, tirada da mito-história de Portugal, merece ser referida, pois surge dentro do significado «do senhor da navegação» ostentado por D. Manuel, e continuado por D. João III.

Vimos que Portugal, quando quis separar os dois impérios que pretendiam o Atlântico, conseguiu um enorme triunfo com dois factos, ambos envoltos na mito-história portuguesa — a invenção de Colombo e o Tratado de Tordesilhas.

Estes dois acontecimentos possibilitaram o controle da navegação no Atlântico, no Índico e no Pacífico. Simplesmente, esse controle era desafiado diariamente por outras nações europeias pelo único modo que tinham para desafiar o poder real, científico e mítico de Portugal no mar, a espionagem. Lisboa era, então, o centro dessas tentativas de espionagem. Pelas suas ruas, em casas escuras à beira dos locais onde os marinheiros e pilotos contavam as suas aventuras, junto às fundições de canhões, junto ao estado--maior de Portugal — a Casa da Mina e Índia — na corte, centenas de espiões, alguns brilhantemente vestidos, com designações mais ou menos diplomáticas, saltitavam, de bolsa aberta, tentando comprar mapas, engajar pessoas, fazer dos pilotos e dos marinheiros informadores dos seus países. Entre os milhares de marinheiros e pilotos portugueses que cruzavam os mares, alguns se deixavam envolver por estas redes de espionagem e aliciamento de outras potências da época. A Espanha, a Inglaterra, a França, Veneza e a Holanda possuíam redes de espionagem em Portugal com o fito não só de abrir o sigilo que rodeava a Casa da Mina e Índia como encontrar colaboradores que os ajudassem a suprir o avanço tecnológico e científico de Portugal e destruir a rede de informações que o rei de Portugal possuía em todo o Mundo.

Ficaram célebres dois ou três nomes de espiões a soldo de países europeus (Litchoten foi um deles), mas os mais célebres e mais escondidos foram, sem dúvida, Magalhães e todo o grupo que o rodeava na Índia, Malaca, Insulíndia e Portugal. Foi um grupo sonante, pleno de nomes conhecidos na cultura aventureira de Portugal. Nomes de homens do

A conquista espiritual tinha vários componentes, dos quais os mais importantes eram a educação e a missionação. De Goa, a Roma do Oriente, e dos seus seminários e igrejas (em cima, à direita — a igreja de Nossa Senhora do Monte, uma das mais antigas de Goa), missionários e educadores irradiaram por todo o Oriente, até à Indonésia, à Pérsia, à China e ao Japão. Aos Agostinhos (em cima, outro aspecto da torre do seu convento de Goa) couberam as gentes do actual Bangladesh, do Arracão e do Pegu.

mar competentes, mas menos iniciados no plano estratégico de Portugal. Fernão de Magalhães era um bravo, magnífico e estudioso piloto. Antes de se passar para a Espanha, tinha andado pelos mares da Índia e de Malaca. Era amigo sincero de Francisco Serrão, um dos capitães da armada de António Abreu, que descobrira o caminho de Malaca às Molucas, e que desgarrando-se dessa armada se tornou o confidente do rei de Ternate. Daí enviava cartas ao seu amigo Magalhães, defendendo a ideia de que as Molucas ficavam dentro da área de acção de Espanha, criada pelo Tratado de Tordesilhas, e, por outro lado, mantinha contactos com o espião Pedro Afonso de Lorosa, seu contacto na corte espanhola de Carlos V.

À volta destes três nomes formou-se a maior rede de espionagem espanhola que actuou na fronteira mais longínqua, mas mais mítica, de todo este império mítico — a fronteira de Tordesilhas no Pacífico, antípoda da fronteira que dividia o Atlântico.

A Espanha sentia que fora humilhada pela visão mitocientífica de D. João II; compreendera que Colombo fora a interrupção da sua luta pela Guiné e a causa da sua viragem para o golfão da América, sem saída a não ser para a própria Espanha; sentira-se vítima de um embuste enorme, onde se utilizara contra si toda a argumentação «mitológico-científica» da história do século XV. A Espanha, no século XVI, queria vingar-se dessa humilhação. Para isso congregava os seus esforços na fronteira do Pacífico.

Uma base sólida de espionagem fora conseguida com Fernão de Magalhães, Serrão, Barbosa e vários cartógrafos, todos às ordens de Lorosa, e o mais curioso é que o começo desta campanha do Pacífico se iniciara anos atrás com as tentativas feitas pela Espanha, procurando uma saída pelo Atlântico Sul, com armadas comandadas por renegados (e até assassinos) portugueses.

João Dias Solis, português, fora o primeiro a tentar chegar ao limite meridional da América do Sul. Encontrara o rio da Prata, percorrera-o mas, desorganizada a expedição com a morte do comandante, tudo se desfez.

Este sonho, porém, da passagem ao Pacífico pelo contorno sul do Atlântico continuou. Era preciso encontrar quem fosse capaz de o fazer científica e nauticamente.

A malha da espionagem fechava-se com a reunião do grupo de que falamos; todos eles eram homens operacionais e cientistas.

Serrão estava junto à fronteira em Ternate. Fernão de Magalhães era o aventureiro comandante da armada, Barbosa o cientista, os dois cartógrafos Reinel, os mestres. A operação «fronteira do Pacífico» avançava lenta mas inexoravelmente.

Portugal não se mantinha alheado do empreendimento que Carlos V montava, orgulhoso e poderoso. Desde a saída de Magalhães e seus companheiros de Portugal, e desde que Abreu considerara aberto o caminho das Molucas, D. Manuel imediatamente compreendeu que uma grande luta de inteligência, saber e mito ia começar.

Não sendo capaz de interromper a acção de Espanha, D. Manuel inicia um processo de consolidação das suas posições no Índico e no Pacífico, ao mesmo tempo que consolidava os ideais míticos de Portugal, muito vocacionados para as grandes empresas náuticas, cujo final era sempre algo de transcendente. Portugal, anos antes e para esse fim, dera aspectos de transcendência à figura do Preste João. Agora lançava a lenda e o mito da *ilha do Ouro*; procurar essa ilha no Pacífico era um meio de facilmente lançar na aventura dos antípodas as suas poderosas armadas. Assim, D. Manuel estabelece três prioridades de acção. A primeira, será a defesa das feitorias de Portugal, desde a Índia às Molucas, com a construção de fortalezas; a segunda, o envio de armadas que procurem dominar os mares, do Índico e Pacífico; a terceira há-de ser a eliminação dos traidores ao serviço de Espanha.

A primeira acção principiou-se em 1518, antes mesmo da partida de Magalhães, e termina em 1522. Durante este período são erguidas sete fortalezas no Índico e Pacífico, uma das quais em Ternate. A segunda acção culmina com o envio de armadas para todos os mares por onde poderia passar Magalhães, com a missão de destruir tudo o que encontrassem.

A terceira acção começa com a eliminação, por D. Jorge de Meneses, por meio de veneno, do espião mais perigoso — o que habitava nas Molucas — Francisco Serrão.

*Goa foi uma das poucas cidades do Oriente que os Portugueses conquistaram pela guerra. Contudo, o seu apogeu conquistador — missionário e civilizacional — dá-se precisamente já no período a que os historiadores chamam de «declínio». No século XVII a acção cultural de Portugal estendia-se desde a ilha de Moçambique até ao Japão.*

Na página anterior, em cima e nesta página em cima — Pormenores das igrejas goesas do Bom Jesus e de Santa Mónica; em baixo — pormenor de talha da Igreja do Bom Jesus (na página anterior, em baixo) imagem na Igreja de Santa Mónica (ao lado).

Mas é a segunda acção que nos interessa seguir, para vermos como o poder de Portugal por mar, na navegação, era total.

Magalhães parte de S. Lucas de Barrameda a 20 de Setembro de 1519. Imediatamente partem de Portugal armadas para vigiarem a costa de África, não fosse Magalhães seguir o caminho normal para as Índias; seguem outras para a costa do Brasil, não fosse Magalhães tomar a passagem do Sul, tão bem indicada já por João de Lisboa; e armadas que fossem ao encontro de Magalhães ao longo da linha de demarcação de Tordesilhas, no Pacífico. Só para este último teatro de operações, que envolvia o reconhecimento do mar da Índia e da Indonésia, partem catorze navios da armada de Jorge de Albuquerque, três naus sob o comando de Rafael Catanho e uma terceira armada, já no ano imediato, sob o comando de Jorge de Brito.

Estas sucessivas armadas idas de Lisboa separam-se em Malaca e a uma flotilha, sob as ordens de Cristóvão de Mendonça, é confiada a missão de «descobrir a ilha do Ouro», que é o mesmo que dizer defender directamente a linha de demarcação de Tordesilhas e atingir, o mais ao sul possível, os limites dessa linha. Cristóvão de Mendonça não chega a encontrar Magalhães, que entretanto se deixava matar no meio do Pacífico e apenas um dos seus navios consegue passar por entre a malha estabelecida pelas armadas portuguesas. O roteiro de Cristóvão de Mendonça é o roteiro do mito, pois é o que nos leva à última descoberta portuguesa que para sempre ficará no mundo da mito-histórica — a descoberta da Austrália. Cristóvão de Mendonça percorre as Molucas, penetra no sul, percorre as costas orientais da Austrália, deixando marcas aqui e ali, como um canhão, restos de um navio, despojos de uma estada em terra. Descobrira a Austrália, mas a sua descoberta não podia ser conhecida. Tinha de ficar na lenda, pois aquelas terras ficavam do lado do mundo que pertencia à Espanha.

Cristóvão regressa a Portugal em 1524.

Nessa altura já reinava D. João III. Sabido El-Rei o que tinha acontecido procura desenvolver a sua luta com Espanha no Sul do Pacífico de três modos: descobrir e tentar localizar os melhores locais para por eles fazer passar a linha de Tordesilhas, que queria negociar de novo, encobrir a descoberta da Austrália; enfrentar a fúria espanhola que, certamente, após a chegada do único barco da armada de Magalhães, lhe iria cair em cima. E assim sucedeu.

Carlos V, confiante na descoberta da passagem sul entre o Atlântico e o Pacífico, confiante no conhecimento do Pacífico e simultaneamente ávido do dinheiro que lhe poderia vir das ilhas das especiarias, das Molucas, ataca diplomaticamente ao mesmo tempo que ameaça militarmente Portugal.

D. João III põe em jogo toda a sua estratégia. Enquanto entretem Carlos V em Badajós, procura conhecer exactamente a zona onde a linha podia passar. É nesse sentido que dois capitães partem de Ternate para ocidente. Um, Gomes Sequeira, fez duas

A capacidade para suscitar confluências estilistas foi uma das características mais marcadas dos Portugueses e decisiva para a perenidade do contínuo ressurgimento artístico em todas as partes do império. Pode-se dizer que a acção multicultural de Portugal é como uma enorme mancha de tinta que vai cobrindo o papel e absorvendo simultaneamente as cores que nele encontra. Estas imagens (na página anterior) *no seminário de Rachol são disso testemunho, bem como o cruzeiro de Margão (em baixo), exemplo bem nítido do estilo indo-português. De proporções gigantescas, encontram-se, como este, em vários locais do território de Goa.*

Em cima — *A Rosa de Ouro, concedida pelo Papa em sinal de reconhecimento pela acção missionária e civilizadora da Velha Goa.*

viagens de reconhecimento, e em ambas novamente se fala da descoberta da *Ilha do Ouro*. Se na primeira ele percorre lugares que, segundo a versão oficial, só foram percorridos porque foi apanhado por tempestades incontroláveis, atingindo as Carolinas, já na segunda ele atinge o Norte da Austrália. O segundo comandante, Jorge de Meneses, atinge e contorna a Nova Guiné.

Os caminhos da linha de Tordesilhas estavam controlados. Neste momento, 1526, Portugal sabia precisamente o que fazer, de como o fazer e do local que deveria determinar essa linha. A política seguida por D. João III é ardilosa e hábil. Senhor do conhecimento da área em questão, senhor da situação espanhola, desarticulada pelas lutas europeias, impede primeiro a saída de sua irmã, a princesa D. Maria, neta de Carlos V, cuja riqueza era quase um terço da da Casa Real Portuguesa; e em segundo lugar propõe-se comprar a deslocação da linha limite de Tordesilhas de modo a salvaguardar a pertença das Molucas. O local por onde ela deve passar já está escolhido, é a ilha de Palau (S. Tomé), descoberta por Sequeira na sua primeira viagem para o Ocidente do Pacífico. Passando Tordesilhas por esta ilha toda a costa ocidental da Austrália ficaria dentro da zona portuguesa, bem como todas as Molucas.

D. João III compra efectivamente a Carlos V este novo traçado do domínio do Mundo. Assim conseguia a *descoberta* da sua *Ilha do Ouro* — as Molucas. Assina-se o tratado em Saragoça e Portugal ganha largueza para controlar o Pacífico Sul e Ocidental.

Antes de Cook e de os Holandeses chegarem à Austrália, ainda ela será visitada por dois novos capitães lusitanos. Um, comandando uma armada espanhola, outro um navio português. Pedro Fernandes Queirós era o nome do primeiro; António Herédia o do segundo. Ambos, como muitos outros, andaram pelo meio de furacões e tempestades, a dezenas de milhares de quilómetros da Europa, navegando entre mitos e verdades, mostrando a enorme capacidade, no domínio da ciência de navegar, que o rei de Portugal, nos meados do século XVI, possuía por todos os mares do Mundo.

Se Cristóvão de Mendonça, Jorge de Meneses, Gomes Sequeira e António Brito patrulharam as Molucas, não podemos esquecer que outras armadas partiram rumo à China, rumo a Bengala, ao Pegu (onde António Correia estabelece embaixada com aquele reino) e ainda outras patrulhavam em África a costa de Malagueta e a costa do Ouro. Iam a S. Tomé, desembarcavam no Congo, iam ao Atlântico Norte e, principalmente, começavam a preocupar-se sinceramente com o enorme território da América do Sul — o Brasil.

Não se pode esquecer que o Brasil, até esta data, a das descobertas mitológicas da

*Ilha do Ouro* no Pacífico, era apenas um lugar de balizamento do domínio do Atlântico Sul. O Brasil marcava, pois, um dos lados do caminho a percorrer para enfrentar o Islão na Índia. Mas, rapidamente, transforma-se num local cobiçado por países europeus, entre os quais a França tomava a dianteira.

Cedo, desde o final da segunda década do século XVI, Francisco I põe em causa a atitude do Papa, quando apoiou o Tratado de Tordesilhas. Os mares atlânticos não podiam ser fechados à navegação francesa. Os nautas de Dieppe e de muitos locais da Bretanha e da Normandia ferviam de impaciência para penetrar no mar lendário do Atlântico. Primeiro como piratas, atravessando-se nas costas portuguesas; depois como piratas e mercadores, estabelecendo pequenas feitorias sobre as portuguesas existentes no Brasil. A costa do Brasil tornava-se assim um prolongamento da costa de França.

Portugal, santificado pela luta do Oriente, apenas preocupado com a enorme luta mítica do seu *Império Ecuménico,* esquecera-se de que o Brasil fazia parte do seu império. Não do *ecuménico,* pois este partia do princípio santo da luta contra o infiel e no Brasil só existiam selvagens simpáticos, se bem que antropófagos. No Brasil, embora existissem almas a evangelizar, essas não estavam em perigo de penetrar no fogo do inferno de Maomet. Eram almas errantes, sem Deus, sem céus e sem Mafomas. Eram almas a catequizar, mas eram já em si almas santificadas pela ignorância quase animal em que viviam. Não eram pois almas em luta metafísica consigo e com Deus. Eram almas neutras, prontas a receber o sinal divino e a

*O ambiente de Goa, com as suas vastas praias e magníficas igrejas, como a Sé Catedral do século XVI, é extremamente atraente.*

Em cima — *A Sé Catedral do século XVI, que levou cerca de cem anos a ser construída.*

Ao lado — *A igreja paroquial de Curtorim, vista da margem oposta da lagoa.*

Na página anterior, em cima — *Padres goeses caminhando ao longo da praia.* Em baixo — *Muitas das antigas pontes de Goa foram construídas pelos Portugueses.*

penetrar naturalmente no céu e no império que Cristo criara, por intermédio do Luso, no Mundo. Não haveria, pois, necessidade de incrementar a penetração no Brasil não fora o apetite do erudito rei de França fazer surgir necessidade de contrariar as investidas dos renascentistas europeus naqueles mares e naquelas paragens.

1526 é uma data histórica. O rei de Portugal recebe notícias da sua embaixada em França de que se preparava uma armada francesa para rumar ao Brasil. A atenção à linha do Pacífico foi desviada imediatamente para o Atlântico Ocidental. Os Franceses punham em causa a navegação nesses mares cujo domínio era essencial à Índia e ao *Império Ecuménico*.

Portugal, a partir desse momento, tinha de acrescentar, às preocupações que lhe advinham da consolidação a oriente do seu *Santo Império Templário*, a criação, a ocidente, de um *Império das Almas Inocentes do Brasil*. A Ordem de Cristo faria essa fusão.

O Ocidente já não seria o local de morte, do afundamento da barca solar, o poiso dos monstros e a boca do inferno, para ser a continuação do mundo de Deus, com almas a conquistar e a evangelizar. A França, com a sua arrogância imperial, desfazia a exclusividade do *Santo Império Templário*, para fazer nascer o *Sacro Império da Ordem de Cristo*, criado por D. João III.

O rei, seu mestre, compreendeu e armou, primeiro, os seus navios a caminho do Ocidente e, logo depois, tratou de ocupar as terras orientais do Brasil.

Todos os anos, a partir desta data, uma flotilha é armada para expulsar o Francês. Começava a luta no Ocidente.

Em 1526 parte a armada de Cristóvão Jacques. Tinha como finalidade expulsar o intruso das terras ocidentais do Atlântico Sul e cumpriu inteiramente esse desígnio. Cristóvão Jacques destrói todos os barcos franceses que encontra pelo caminho, refaz a feitoria de Marcos e retorna a Portugal com troféus e prisioneiros. Foi um escândalo.

Em 1528, Francisco I envia solenemente o seu rei-de-armas a Portugal, para entregar a D. João III, entre toques de clarim e rufar de tambores, uma carta onde reclamava justiça para os seus. O que foi esta embaixada é-nos contado pelo próprio embaixador: vinha buscar desagravos e fora profundamente agravado, pois D. João III nem lhe dera tempo de falar, antes lhe expondo as razões por que ele, D. João, era quem se sentia ofendido. Não tinham os piratas de França roubado e morto marinheiros portugueses, durante dezenas de anos? Não era verdade que o rei de França lhe devia dinheiro? Qual era, pois, o direito que invocava? Os mares eram dele, D. João III, e neles deviam andar os seus homens sem temor nem agravos.

A mudança de atitude moral e política nascida pela nova concepção do império, alargando-se a todo o Universo e não se confinando ao Extremo Oriente mítico e a África, obrigou ao aproveitamento completo do conhecimento científico da náutica portuguesa e a um aumento inultrapassável da capacidade

*Goa mantém-se, até aos dias de hoje, como um micro-universo bem diferenciado de todo o resto da Índia. Aqui, mais do que em qualquer outro lugar do Império, a simbiose entre Ocidente e Oriente atinge aspectos únicos. As imagens destas páginas constituem disso exemplos.*

de acção e de intervenção. Por outro lado, este virar de página da História de Portugal aumentou igualmente a sua capacidade de entendimento mítico do Mundo, aumentando simultaneamente a capacidade de evangelização missionária e de miscigenação de almas e de corpos.

Esta opção, ou melhor, esta adaptação dos ideais iniciáticos templários para os ideais igualmente iniciáticos da Ordem de Cristo não só aumentou a dimensão nacionalista desses ideais, como lhes atribuiu uma definição e uma dimensão universalista. Do universalismo oriental (tão bem compreendido por Pierre Laval no seu livro de viagens, quando afirma que todo o português quando passava o cabo da Boa Esperança se transformava não só num herói sem limites como num homem mítico por excelência) passou-se, com D. João III, para um universalismo global.

O Brasil transforma-se numa terra tão cristã como a Índia ou o Congo. Somente no Brasil não se encontravam culturas que permitissem a discussão teológica ou a discussão armada. As almas eram puras, selvagens, sem maldade, sem capacidade para distinguir entre o bem e o mal e onde se praticavam, sem julgamento prévio e moral, actos bons ou actos maus.

No Oriente o infiel era sempre a maldade. O islamita era sempre a imagem de demónios humanos. Os habitantes do Brasil eram seres ingénuos a quem a missionação daria alma humana, daria a noção do bem e do mal.

O curioso é que é a ambição francesa que confere a Portugal e ao seu *divus* a capacidade de entender o universo deste modo. O papel de Portugal é ampliado e o proselitismo para a conversão das almas ganha uma amplidão que obriga o País a desenvolver as fontes económicas de modo a capacitá-lo a efectuar, dinâmica e permanentemente, esta política.

Francisco I não desiste e continua a permitir o fluxo naval para o Brasil. D. João III sente, pois, necessidade de construir aí uma posição sólida de modo a obter um pólo de apoio que contrarie a política do rei de França e centralize o seu poder no Brasil. Surgirá, assim, a segunda acção da navegação portuguesa, demonstrativa da capacidade de manobra no Atlântico.

Em 1530 parte de Lisboa a armada de Martim Afonso de Sousa com a missão de libertar os mares do Brasil de toda e qualquer nau francesa; de fundar um pólo fortificado que constitua uma base operacional para a navegação e pesquisa de toda a geografia da costa brasileira até ao rio Solis, ou rio da Prata, rio que, ao longo da História, se transformará num dos lugares míticos de Portugal, com uma mito-história tão extraordinária que, ainda hoje, os poetas uruguaianos e argentinos a recordam, como Jorge Luís Borges quando escreve:

*Nada o muy poco se de mi mayores portugueses / los Borges, vaga gente que prosiga / em mi carne escusamente, / sus hábitos, rigores y temores, / indescifrablemente formam parte del tiempo, / de la tierra y del olvido.*

Com Martim Afonso de Sousa, e em toda a acção que se desenvolverá a seguir, penetrará no Atlântico e principalmente nos mares do Brasil algo do sopro divino e transcendente que soprava continuamente no Oriente português. É que os actores começam a ser os mesmos. Os heróis míticos do Oriente, que combateram e navegaram pela China, Pegu, Bengala, mar Vermelho, Mombaça, começam a ser os mesmos que se dedicam a santificar, em assomos de grandeza, os mares do Brasil.

Com D. João III dá-se pois a trasladação do mito oriental para o Ocidente.

Martim Afonso de Sousa é fidalgo da casa de sua majestade, o que é o mesmo que dizer

*O golfo de Surrate é dominado por duas posições — Diu e Damão. Diu foi entregue a Portugal durante o vice-reinado do hábil D. Nuno da Cunha. A sua fortaleza foi várias vezes reconstruída, nomeadamente em consequência dos dois terríveis cercos que os Turcos lhe impuseram.*

Em cima — *Uma bem decorada janela da igreja jesuíta de São Paulo.*

que é um iniciado nas ordenações míticas e secretas da Ordem de Cristo. Começou a sua carreira grandiosa nesta acção, mas rapidamente é transferido para o Oriente, onde será comandante geral dos mares. Conquistará Diu, comandando a cavalaria portuguesa, combaterá os Mogóis, será vice-rei, imprimindo sempre à sua imagem aquele lado de sacralidade grandiosa que o Português no Oriente possuía. Seu irmão, Pêro Lopes de Sousa, subcomandante da armada do Brasil, fará igual percurso. Como Martim, baterá os Franceses no Brasil, descobrirá todos os recantos geográficos da costa brasileira, reconhecendo e penetrando profundamente no rio da Prata. Será comandante dos mares da Índia, morrendo algures no Índico, como um mito que sempre foi.

Eram estes os dois comandantes da armada principal que acorria ao Brasil. Será importante saber que a acção resultou plenamente. Funda-se S. Vicente, a primeira cidade do Brasil; penetra-se no rio da Prata, destroçam-se as naves francesas que comercializavam ou atacavam posições portuguesas. No meio desta acção, porém, uma nau francesa, a nau *Pellegrine,* ataca a feitoria de Pernambuco e destrói-a. Nesse momento estava Pêro Lopes de Sousa na baía de Todos-os-Santos. Tendo tido conhecimento do feito do Francês, e reconhecendo que o não podia castigar, manda rapidamente, por uma caravela, notícias a Portugal do que tinha sucedido. Imediatamente D. João III envia a armada da costa, comandada por outro herói do Oriente, António Correia, ao

*O primeiro cerco deu-se ainda no tempo de D. Nuno da Cunha, sendo seu capitão António da Silveira, que de tal modo se houve que o seu retrato foi popular na Europa, como o de um herói da cristandade.*

Em cima — *A entrada da cidade de Diu e (ao lado) a Igreja de São Tomé, que revela numerosos e interessantes exemplos do artesanato indo-português.*

encontro dos Franceses, ao mesmo tempo que ordena à armada da costa da Malagueta que procure o inimigo nos mares dos Açores e abata ou aprisione todo o navio francês que encontrar. Esta armada era comandada por outro grande herói do Oriente, Duarte Coelho. Imediatamente uma caça ao Francês se estende por todo o Atlântico Sul. Primeiro, a armada de Lopes de Sousa; segundo, a armada de Correia; terceiro, a armada de Coelho e, quarto ainda, a armada de António Saldanha, que voltava da Índia.

Não interessa historiar agora os acidentes que se deram, o que interessa é chamar a atenção para a capacidade de acção que Portugal tinha no mar. Em cinco anos, combatia pela linha de Tordesilhas, com várias armadas, combatia em Malaca, rondava a China, percorria os mares de Bengala e, em esforços concentrados, ordenava uma espectacular acção de busca e caça a navios estrangeiros no Atlântico. Vê-se assim como ainda se mantinha viçoso o gigantesco feito original de Ourique, Aljubarrota e Índia. O mar e a sua navegação eram dele, d'el-rei de Portugal.

Se o mar era dele, se a navegação lhe pertencia, a «conquista» também o era.

O rei de Portugal era naturalmente e, pela mesma razão, o senhor da «conquista». Mas qual o significado de *conquista* para o rei de Portugal, mestre e iniciador, mestre da Ordem de Cristo e, por ela, dos Templários?

O termo «conquista» é de significado vasto e amplo, pois não se fundindo com o significado de ocupação ou de colonização exploradora, fundia-se com o significado de padroado, missão sagrada em que o fundamento é a alma e não a terra. Conquista era uma palavra de profunda intensidade ideológica, mítica e religiosa. A conquista era um padroado. Conquistam-se, não terras, mas gentes ou almas. Conquistaram-se povos, não lugares. D. Manuel, D. João II e mesmo, numa acção não já tão límpida, D. João III, sabiam que Portugal não conquistava pelo prazer sórdido de atingir recursos, rebaixar gentes, tolher liberdades. Para o rei de Portugal a conquista era a possibilidade de possuir sentimentalmente, religiosamente, todo aquele que não conhecesse, ou estivesse desviado do património das leis sagradas de Cristo. Para o rei de Portugal toda a conquista se fundia com o sentido místico da salvação da alma, das gentes, principalmente dos infiéis, dos renegados sarracenos. Para o rei de Portugal, conquista era o imperativo de varrer o islamismo da face da terra. Ainda para o rei de Portugal a conquista era o modo de atingir os locais onde se poderiam conseguir os recursos materiais, para se cumprir o plano de conquista de Portugal no esmagamento do Islão e na missionação do Mundo. Quase se poderá dizer da conquista que é um significado possível da palavra *Salvação*. Para o rei de Portugal conquista era, em última instância, o alargamento do padroado que Roma lhe

O segundo cerco de Diu foi mais dramático ainda do que o primeiro. Governava a Índia D. João de Castro e D. João de Mascarenhas capitaneava Diu. No decurso da longa peleja morreu um dos filhos do governador. Só após este cerco é que o Turco desistiu de tentar apossar-se das terras que os Portugueses detinham na Índia.

À esquerda — *O cais de Diu e (em cima) a cabeça de um sarraceno esculpida na base de uma pia de água benta, que se encontra numa capela da fortaleza de Diu.*

atribuía — e os Templários, os Franciscanos e o *Império do Espírito Santo* exigem o seu cumprimento. Padroado e conquista são, pois, dois termos da missão divina de Ourique e do rei de Portugal.

Claro que existem várias *nuances* neste amplo leque de significados de *conquista*. No Oriente e África Oriental, como já vimos, o termo *conquista* simboliza a poética mítica e sagrada das lendas eternas da mito-história portuguesa — luta tenaz e transcendente na derrota do islamismo, ao mesmo tempo que se conecta e amplia este significado ao da pura missionação, ao do apresamento das almas que, nesses locais, acreditavam ingenuamente em outros cultos, outras religiões e outros céus.

Em Marrocos o termo *conquista* significava não já a conquista de almas e de gentes, mas do território. Não se pode esquecer que, para Portugal, lutar em Marrocos não tinha o som de uma conquista, mas sim de uma reconquista, e que toda a acção portuguesa em Marrocos se torna, por isso, diferente e se coteja num universo separado da *conquista* do Oriente. Marrocos é terra, o Oriente é alma.

Por outro lado, ainda existia um outro significado de *conquista*. O da conquista no Brasil e na África Ocidental. Aqui o significado de conquista pode ser procurado em termos de catequização, missionação e captação de almas puras para a grande lição de Cristo, não existindo nesta remissão de almas o fundamento mítico e transcendente que o termo *conquista* no Oriente atribuía ao génio português. Daí que, em toda a nossa exposição sobre o significado de conquista, iremos procurar caracterizar cada um destes tipos, com a certeza, porém, de que culminaremos com um final grandioso e mito-histórico, em que o mito português e a mito-história do Mundo se confundem na expressão — *conquista sebástica*.

Contudo não se esgota na palavra «missionação» e nas variantes apresentadas o significado de conquista, pois a este significado ligam-se outros dois, tão importantes na nossa mito-história como os anteriores — os da conquista pelo amor e pela aculturação, que são dois significados de conquista geralmente esquecidos no ensino da nossa história.

Conquistar amando, conquistar odiando, conquistar falando, desenhando; conquistar, como ser humano, outros seres humanos, é o enorme significado que se soma ao significado puro da missionação. Amar é entregar-se. Entregar-se é porem-se todos os seres ao mesmo nível. O porem-se os seres ao mesmo nível é a verificação mais nítida de que os seres se consideram, no amor, iguais perante a natureza. Este significado é digno do mito português.

Por outro lado, encontra-se interligado a este o outro significado — o de aculturação. Amando e odiando e procurando conquistar

*Diu acompanha Goa na fidelidade ao título do rei de Portugal de senhor da «conquista, navegação e comércio». É um ponto comercial vital em relação à África e um pólo significativo da missionação portuguesa (em cima, a Igreja de S. Francisco). Não menos importante era a sua estrutura militar. Os muros de Diu eram os maiores baluartes do reino de Cambaia.*

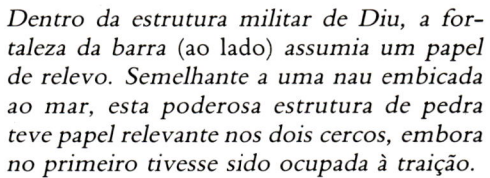

*Dentro da estrutura militar de Diu, a fortaleza da barra (ao lado) assumia um papel de relevo. Semelhante a uma nau embicada ao mar, esta poderosa estrutura de pedra teve papel relevante nos dois cercos, embora no primeiro tivesse sido ocupada à traição.*

*Em cima — Panorâmica da cidade de Diu, vista da Igreja de São Tomé.*

todas as gentes para Cristo conseguia-se uma identificação de culturas. O amor fazia com que se não impusessem culturas. Cristo fazia com que, dentro da sua lei, se tendesse para uma mistura total de costumes, línguas e obras. Claro que este significado de *conquista* trouxe atrás de si consequências que nunca foram, *a priori,* previsionadas pelo Português. Como se podia medir a acção do amor?

Portugal partiu puro do seu torrão europeu, mas regressou negro, índio, mulato, com todas as cores que as combinações de pele e raça puderam realizar; Portugal partiu puro, mas chegou miscigenado com todos os povos por onde passou e viveu. Se no Mundo prevaleciam raças mais ou menos puras, após a vivência conquistadora dos Portugueses passou a haver um caldeirão de misturas, de tons, de mentes, de culturas. O que se fundia ou tendia para se fundir era a nova arquitectura mental saída destes relacionamentos amorosos — o pensamento, a língua tendiam a ser os mesmos. As raças multiplicavam-se, as culturas fundiam-se. A língua e o amor comandavam toda esta complexa acção de missionação e conquista. Não esqueçamos. Portugal partiu para o mundo com a missão sagrada de missionar, logo de conquistar amando. Não que toda a conquista fosse feita sem o gládio, mas este destinava-se apenas a derrotar e conquistar o islamita. Nas outras paragens Portugal juntava o poder do gládio apenas como factor de complementaridade da conquista, do poder enorme da Cruz de Cristo, do missionário e do amor. Estes é que eram os seus agentes. O guerreiro, quando tinha que lutar, procurava sempre mitificar a sua acção de modo a confundi-la com a da missionação e do mito. Nunca se usava o gládio com a finalidade de se conseguir posições territoriais avantajadas só pelo prazer de as possuir. O gládio, como já o dissemos, era só para o islamita. Em todo o resto do Mundo o gládio transformava-se em amor, ou secundarizava-se em relação à cruz. O mito do gládio foi, de facto, uma mito-história menor na grande mito-história da conquista.

É claro que, com o passar dos anos, principalmente quando Portugal descobriu novas terras e gentes que não se enquadravam neste quadro de referências, estes conceitos evoluíram para outros significados mais complexos.

Quando se atingiu a China e o Japão, quando se descobriu o Brasil, Portugal teve de diversificar os significados iniciais de conquista e das gentes que a operavam. Se a princípio todo o português se considerava um guerreiro, um amante, um comerciante, um missionário; se no princípio todo o português se fundia com a iniciação templária e com o culto do Espírito Santo, com o passar dos séculos e com o encontro com gentes atípicas ao quadro de referências inicial, houve que fazer distinções significativas entre o guerreiro, o comerciante e o missionário.

No início, tudo se fundia no Português, considerado todo ele como um franciscano e um guerreiro do Templo; agora, principalmente durante o reinado de D. João III, dá-se a especialização e surge a grande família missionária — a dos Jesuítas —, bem como a grande defensora da pureza do cristianismo — a Inquisição.

Estes dois agentes têm papéis muito diferentes na composição semântica da palavra *conquista*.

Ao primeiro, dá-se o papel prioritário de guerreiro da fé em toda a sua dimensão transcendental e em todo o espaço da conquista. É ele a guarda avançada da conquista nas terras inóspitas do fim do Mundo. E se existem em campo as outras ordens religiosas, a cada uma caberá um quadro físico e mental de acção específica. Aos Jesuítas, porém, é-lhes dado o papel prioritário e fundamental de *guerreiros da fé*, de lutadores da primeira linha.

À segunda, era-lhe dada uma outra finalidade, dentro das finalidades globais do enquadramento de Portugal nos acontecimentos mundiais em que estava incluído — não esquecendo os europeus.

Desde o início do século XV, altura em que Portugal corporizou e executou os ditames de Ourique e dos seus iniciadores, a Europa alterara muito a sua filosofia e principalmente a sua identidade. Se toda a evolução do Mundo, fora da Europa, era cotejada diariamente por Portugal e Portugal era o seu agente evolucionista na Europa, a evolu-

*Hoje, a praça-forte de Damão, como muitas outras antigas cidades portuguesas da Índia, é simplesmente um conjunto romântico de ruínas saudosas do brilho dos passados séculos XVI, XVII e XVIII, mas ruínas e pedras que criam no visitante sonhos poéticos de profunda identidade cultural.*

Na página anterior — *As igrejas da cidade em ruínas.*

Em cima — *Interior da fortaleza de São Jerónimo; ao lado — um portal, bem no estilo indo-português, de uma das casas.*

ção europeia estava fora do controle e das preocupações políticas do nosso rei. A Europa estava longe de Portugal, não só espacialmente como cultural e politicamente.

Portugal, como Estado criado por Cristo e descoberto pelos Templários, apresentava um processo evolutivo diferente de todas as outras nações europeias. Toda a sua existência se justificava, em primeiro lugar, pela ânsia da reconquista das terras algarvias até ao Atlas; justifica-se, depois, pelo poder de uma força anímica, que o lança na missão última da evangelização do Oriente e de ferir de morte o Islão, definindo-se, por último, como o defensor mundial do seu Deus de Ourique nos novos mundos que ia descobrindo.

A Europa, pelo seu lado, não evoluíra neste sentido. Fechada sobre si própria, com o Mediterrâneo cheio de turcos, pensava em si, só em si, racionalizando os ideais, julgando-se e criticando-se continuamente. O sentido da fé ia lentamente passando para um racionalismo crítico, egoísta e individualista. Seitas e agrupamentos religiosos criticavam-se, julgavam as escrituras, interpretavam-nas com os pensamentos limitados que a razão local ou regional lhes atribuía. Dois grossos grupos se formaram então: o das nações católicas, obedientes ao dogma papal, e um outro grupo que se revoltara contra essa obediência e a criticava aberta e furiosamente. Entre estes dois grupos, havia um país que, obedecendo aos dogmas católicos e sem desobedecer ao Papa, tinha uma atitude nacionalista de superioridade, considerando que a sua fé estava em Cristo, porque Ele lhe aparecera e lhe apresentara um caminho e uma missão. Essa nação era Portugal.

Tal facto fez nascer dois problemas graves ao *divus* português. O rei sabia que a sua missão era a evangelização do Mundo mas que, para o fazer, necessitava de fundos financeiros que só podiam surgir do comércio que Portugal mantivesse com os países protestantes.

Por essa razão, Portugal tinha as portas abertas aos navios desses países. Deste modo, conseguia ainda que a Europa pudesse usufruir dos produtos trazidos, quer do Oriente, da África ou do Brasil, sem necessidade de interferir com o domínio português dos mares. Por outro lado, a aventura no mar não só era perigosa por ter de enfrentar a superioridade portuguesa, como era também dispendiosa, muito mais custosa do que vir aos portos de Portugal adquirir especiarias, negros, animais, etc. Daí os países protestantes preferirem, eles próprios, adquirir os produtos comerciais em Lisboa ou no Porto, do que correr o risco de serem mortos no mar.

Esta política portuguesa era, todavia, extremamente perigosa. Como evitar que o povo português se entranhasse dessas ideias hereges e críticas? Problema difícil para quem acreditava numa missão sagrada a

Nos pormenores arquitectónicos da construção em Damão são bem visíveis os traços do longo processo de aculturação aí vivido por portugueses e naturais. São esplendorosas as formas híbridas luso-indianas que os dois pormenores acima ilustram. Curvas, cores vivíssimas, figuras estranhas, decoram casas e igrejas de Damão. Ora em pedra ora em madeira, estes conjuntos decorativos são bem demonstrativos da capacidade de convivência das várias culturas que foram colocadas, ao longo dos séculos, em presença.

cumprir, de amplidão muito mais profunda do que as aventuras dos hereges da Europa Central.

Como vimos, abriram-se os portos aos hereges com duas finalidades. Não os entusiasmar a seguir as nossas rotas e conseguir fundos financeiros para a ampliação do poder militar e naval necessário à missão que o País tinha de cumprir desde Ourique.

D. João III encontrou na Inquisição o instrumento necessário que, despótica e quase irracionalmente, não permitia que fora dos portos se divulgassem as ideias protestantes. Os portos eram francos e abertos. Todos podiam ali trocar ideias, discutir e argumentar; mas, quando o comerciante ficava em terra e continuava essas conversas, a Inquisição imediatamente tomava conta do seu caso, não fossem essas conversas desviar a nação e o povo português da sua missão, até então vivencialmente sentida.

Surge, pois, a Inquisição em Portugal como uma barreira interna ao desenvolvimento das teorias protestantes no País que baseara todo o seu esforço e a sua definição na expansão da fé católica.

D. João III apoia, pois, e apoia-se nestes dois braços — a Companhia de Jesus e a Inquisição, esta entregue aos Dominicanos, para a defesa e ampliação da fé e do Império. A sua política tinha a lógica dos séculos.

Não iremos agora estudar o papel da Inquisição no desenrolar histórico da *conquista;* veremos, sim, como os Jesuítas e as outras Ordens se implantaram em todo o Padroado, quais as suas estruturas-base, e quais os homens que foram capazes de *conquistar* os infiéis e pagãos por todo o Mundo.

A partir dos meados do século XVI, cada Ordem arrancou para as regiões longínquas e desconhecidas do Império com um programa faseado do seguinte modo:

FASE A — Desenvolvimento de estruturas de comando, de educação e de formação nos centros vitais de actuação do Estado. Goa, Cochim, Cananor, Ceilão, Baçaim, foram locais eleitos. Goa, Cochim e Ceilão são os grandes centros de decisão e de planeamento da acção missionária em todo o Império.

FASE B — Fase de irradiação, acompanhando nas suas andanças os aventureiros do comércio, os guerreiros da guerra, os mercenários e os marinheiros. É a fase de implantação na Etiópia, em Bengala, Pegu, Arracão, Macau, Indonésia, Brasil, Ceilão e Tailândia.

FASE C — Fase de acção autónoma articulada ou não com o desenvolvimento coerente do Estado Português. É a fase mogólica, tibetana, japonesa, chinesa, brasileira, indonésia e da Conchinchina.

FASE D — Fase secreta de manutenção evangélica do Império. É a fase obscura de Ceilão, de Malaca, da Indonésia e das últimas fronteiras do Brasil e do Japão. Todas as acções desta fase são de expansão e consolidação do mito luso, mito que se mantém até aos dias de hoje. Mito insólito de uma cultura evangélica sem referências concretas, a não ser a do próprio mito. O ser português transmite-se, nestas paragens longínquas do Oriente, em algo mitológico, transcendente, inumano e celestial.

Aqui a figura do herói guerreiro e do missionário unem-se para a criação de uma verdadeira consciência cultural. Consciência sem relacionamento geográfico ou político, mas consciência solidificada pela lenda, pela reminiscência do mito, pela persistência do *Império Ecuménico*.

Esta conquista missionária é extraordinária. Passa sobre toda a vitória holandesa ou inglesa para se fundamentar, gloriosamente, no espaço celestial da mito-história. Não se julgue, todavia, que esta conquista evangélica não é planeada. Não. Ela procura identificar as diversas regiões com as diversas potencialidades das Ordens Religiosas.

Foi assim que a *conquista* da Etiópia, Arábia, Pérsia e Índia, para não dizer das Molucas, China, Japão, foi feita e conseguida, não somente por guerreiros de armaduras límpi-

Damão, Chaul, Baçaim, Bombaim, Agassim e muitas outras cidades formavam o rico território do Norte de Goa que foi o maior em área e riqueza. Toda esta região se manteve portuguesa até ao século XVIII, quando soçobrou aos ataques dos Maratas, auxiliados pelos Ingleses.

À esquerda — *Casa em Damão.*

Ao lado — *Relevo policromado na Igreja do Rosário;* em baixo — *muralhas de Baçaim e ruínas do antigo convento dos Dominicanos (ao fundo).*

das e cruas, mas por frades e padres, guerreiros do exército do Padroado do Rei de Portugal.

A conquista da China e do Japão é feita pelos Jesuítas. A conquista das Molucas pelos Dominicanos. A conquista da Etiópia é feita pelos padres seculares e pelos Jesuítas. A conquista da Pérsia e da Arábia é feita pelos Agostinhos. Isto para não falar da conquista de Bengala, igualmente feita pelos Agostinhos, e a do Brasil feita por Franciscanos e Jesuítas, bem como a de Ceilão.

Entendemos este significado de *conquista* quando vemos hoje as ruínas de Ayuthya no

101

Sião, ou nos lembramos da luta de dois irmãos, príncipes negros do Congo.

Mesmo ao lado do rio Mekong encontra-se a antiga capital do Sião, Ayuthya. Cidade que fora grande, populosa e muralhada. Fora dela, as ruínas dos aldeamentos dos povos que tinham relações comerciais com a corte de Sião eram colónias de japoneses, javaneses, chineses, holandeses, ingleses e portugueses. A existência de todos estes aldeamentos é confirmada pelas descrições literárias ou pela existência de mapas da época; só um deles, porém, se reconhece pela emblemática que ressalta das suas ruínas — o aldeamento português. É que, enquanto os povos de todos os aldeamentos só se preocuparam em comerciar, sem deixar qualquer sinal da sua presença, Portugal, nesta longínqua parte do Mundo, missionava ao mesmo tempo que comerciava, levava a palavra de Deus a todos os crentes.

As suas igrejas estão destruídas, é certo, mas as ruínas mantêm-se na actualidade. A cruz é um emblema permanente neste pedaço de terra de missão. As igrejas das três ordens da missão — a jesuíta, a franciscana e a dominicana — mantêm-se nesta terra de Ayuthya, enquanto os comerciantes e os guerreiros desapareceram, apagados pelo pó do tempo, como se não tivessem existido naquele local.

Hoje só se vê o rio, o lodo, o arrozal e as ruínas dessas igrejas. Nada mais.

Em S. Salvador, nos confins das terras africanas do Congo, uma luta tremenda e desigual ia-se dar. Dois irmãos lutavam por um trono. De um lado D. Álvaro, amigo dos Portugueses e católico. Do outro, Pango, senhor de imensas hostes bélicas.

A luta desenrolava-se de noite. Os corpos escuros, untados de óleo, entrelaçavam-se em combates titânicos. Abraços de morte, cutiladas sem medo, gritos de dor, golfadas de sangue, tudo fazia esquecer o urro do leão no mato. Toda a noite se lutou e berrou...

«Todavia, no dia seguinte, tornou o Pango a fazer assédio pelo mesmo sítio; e na mesma guiza foi rechassado e posto em fugida, conhecendo claramente que a sua perda era causada, não pelo valor dos inimigos mas por milagre. Os da cidade escarnecendo dos idólatras, gritando-lhes e cobrando alento das vitórias passadas, não os pouparam, antes queriam correr-lhes após; aos quais os contrários respondiam que não foram eles quem vencera, mas uma dama branca que com admirável esplendor os cegava; e um cavaleiro montado num palafrem branco e que tinha uma cruz vermelha ao peito, os combatia. O que ouvindo o rei, mandou dizer ao irmão que daqueles dois um era a Virgem Mãe de Deus, cuja fé ele recebera, e o outro Santiago, os quais eram enviados por Deus em seu socorro.»

Esta história é a mito-história da *con-*

*quista*. Conquista que se torna palpável por sinais mágicos e transcendentes. Toda a conquista era, pois, para o rei de Portugal, a demonstração do desenvolvimento das leis de Cristo, tão bem inculcadas nestes episódios; e ligavam-se a Ourique como Ourique se ligava a Constantino.

A *conquista* era a bendição do Mundo por Deus e em todo o local Deus caminhava ao lado do mensageiro da *conquista*. Hoje, apesar de todas as independências terrenas e políticas, ainda passeia em S. Salvador do Congo a história e a lenda desta luta, ganha pelo Deus dos Portugueses.

Foi este significado de *conquista* e de *padroado* que teve como consequência as guerras luso-holandesas, luso-inglesas e luso-dinamarquesas. Defendíamos o direito à missionação da igreja portuguesa contra as tentativas de a substituir por igrejas hereges. Foi uma luta terrível e sem tréguas. Mas luta que mostrou ao mundo a veracidade do termo português de *conquista*. Porque se holandeses e ingleses conquistaram muitos locais onde viviam portugueses — como Malaca, Ormuz, Cochim, Ceilão e algumas Molucas, eles foram obrigados a falar na língua dos missionários e comerciantes portugueses, para se fazer entender e comerciar.

Foi uma das maiores conquistas que Portugal conseguiu — impôr a sua língua em todas as Índias — Orientais e Ocidentais. Como exemplo desta significativa conquista, recordemos o que conta um viajante inglês que viveu no Sri Lanka durante a guerra entre os Portugueses e o rei local, aliado aos Holandeses. Este, lutando com todas as suas forças contra a influência por-

*Chaul cedo foi conhecida e lembrada dos Portugueses por aí ter morrido um dos heróis mitológicos da Índia — D. Lourenço de Almeida. Mais tarde, no tempo de D. Luís de Ataíde, sofre um dos maiores cercos de que há memória. A partir dos fins do século XVI transforma-se num pólo essencial ao comércio com África até ser abandonada no século XVIII. Parcialmente desabitada desde então, os seus grossos muros circundam hoje as ruínas mais encantadoras da Índia. Nelas é possível sonhar e reviver aquele tempo mítico.*

Na página anterior, em cima — *A entrada da cidadela de São Sebastião, na cidade de Baçaim.*

Na página anterior, em baixo, e nesta página em cima — *Aspectos das ruínas da fortaleza, no morro de Chaul.*

À direita — *Emblemas portugueses que encimam a porta da cidade de Chaul.*

tuguesa na ilha... só falava a sua língua materna e a língua portuguesa, que os holandeses e ingleses, que na corte assistiam à guerra, tiveram de aprender para saberem dos desígnios reais. Era a língua corrente, era, diz Robert Knox, «a língua com que os gentios nos entendiam».

Um almirante holandês, Peter Williamson Varhaef, quando desembarcou na ilha de Samatra, foi confrontado com uma situação semelhante. Todos os instrumentos escritos pelo rei do Achem para ele e para o príncipe de Nassau eram em português...

Outro viajante, este francês, que percorria a ilha Mohélia das Comores, ficou espantado quando verificou que «tanto o cunhado do rei da ilha como muitos dos seus habitantes falam suficientemente bem o português, pela qual razão eu pude ter uma larga conferência com eles».

Por outro lado, a língua do amor e do comércio igualmente se transformou em língua diplomática e podemos dizer, sem exagero, que mais de metade de todos os tratados celebrados entre os reis locais e holandeses ou ingleses foram, até ao fim do século XVIII, redigidos em português.

Os novos conquistadores tinham, assim, de aprender o português para conseguir viver no Oriente. Por vezes, os próprios missionários protestantes tinham, para catequizar, de usar a língua de Lisboa e no interior da capital da Companhia das Índias Orientais, Batávia, falava-se mais português do que holandês.

Em Tranguemar, na costa oriental da Índia, afirmava um missionário evangélico dinamarquês que «se não ensinassem a palavra de Deus em língua portuguesa fechariam as portas da igreja evangélica».

Foi um resultado cultural da *conquista*, pelo amor e pelo comércio, extremamente complexo, porque atinge todas as classes sociais dos povos orientais. Falar em português era o desejo da diplomacia oriental; falar em português era o querer do comerciante oriental; falar em português era também uma necessidade para os pobres e escravos no Oriente; falar em português era obrigação de todos aqueles milhares e milhares de homens e mulheres educados pelos Portugueses. E não esqueçamos que os criados, os escravos e os marinheiros nativos que viviam nas comunidades portuguesas por todo o Oriente também eram pontos de difusão dessa linguagem. Os criados, devido à sua mobilidade; os escravos porque sendo hoje escravos, eram amanhã homens livres; quanto aos marinheiros, porque corriam o Mundo, ora com os seus mestres, ora sós.

Assim, este cruzamento linguístico expande-se, não tanto pelo fervor jesuíta, procurando nas cortes do Mogol, da China ou do Japão pontos de penetração religiosa, mas muito mais pelo amor de homem para homem, de pobre para pobre, de escravo para escravo, de marinheiro para marinheiro. Não foi uma estratégia de absorção, foi antes a consequência de um *amor franciscano* espalhando-se pelo Mundo.

A língua não foi assim uma imposição do domínio político português.

*Por entre uma floresta de palmeiras e uma floresta de arruinadas pedras, ressurge em Chaul o eco de uma cidade lusa, outrora rica, nobre e senhorial. Por entre a vegetação que a afoga vislumbra-se, aqui e além, um claustro, uma igreja, um convento, lápides funerárias, velhas habitações, brasões de armas. Chaul, sob esse manto vegetal, vive ainda. E o curioso é que, entre essa floresta e essas pedras, lendas heróicas ainda hoje são contadas ao viajante.*

É certo que com o primeiro vice-rei vieram centenas de primeiras cartilhas para o ensino do português, mas todo o sentido da expansão linguística se baseou em dois fenómenos — o do apelo ao catolicismo e entendimento desse mesmo catolicismo e o do «amor» físico e o canto que o acompanhava noite e dia. Era por essa razão que a explosão do conhecimento da língua não se fazia por intermédio, ou visando, uma classe social. Pelo contrário, era a língua do amor de todas as classes sociais, das mais pobres e indigentes, às mais ricas e poderosas. Mas esta noção de *amor* é também uma noção de amor total, entre homens, mulheres, crianças e velhos. Era, pois, o resultado de uma *conquista* total.

O termo *conquista* não se esgota, porém, no de missionação ou no da aculturação linguística, mas engloba também o amor português. Ele prolonga-se ainda em dois outros significados — a *conquista*, sinónimo como vimos do amor, a *conquista*, sinónimo de posse e utilização da natureza e *con*-

*quista* como festa militar e guerreira, tendente a criar *conquistas políticas* a partir das festas iniciáticas e dos milagres divinos.

Para o rei de Portugal *conquistar,* como o dissemos já, era ser senhor de gentes e povos. Gentes e povos que, uma vez atingidas determinadas fases de desenvolvimento e compreensão, podiam ser integrados no amplo povo português.

Foi com este fito que se fez uma experiência de amor e miscigenação em S. Tomé, mas é a partir da Índia, da Mina e do Brasil que o *amor* toma o significado de *conquista.*

Em todos estes lugares, deixando livre de preconceitos uma raça deles livre, deu-se origem a novas raças e a novas cores.

A força desse amor ultrapassa a da compreensão racional dos factos para o elevar à dimensão profética da missão que a iniciação lhe atribuía.

Esta dimensão do «homem luso» foi talvez a maior de todas, pois viveu-a individualmente, por vezes no meio de povos hostis e amargos.

Mas o amor que surge no canto de Camões numa ilha, como se se tratasse do repouso do nauta cansado, não é o amor luso da *conquista;* é um amor grego ou latino, não luso. Este foi o amor entre indivíduos que, surgindo como povos e raças diferentes, se aproximam, despem-se dos complexos e dos tabus mútuos e, física e moralmente, riem para o céu e bamboleiam-se nas esteiras. O amor luso foi humano, real. Ele *conquistou,* não foi um amor de mito; foi, pelo contrário, bem real e bem saudável.

O rei de Portugal apoiou-o, tendo nesse sentido ecuménico de *conquista* uma dimensão que ultrapassava toda a noção do império. Consubstanciavam-se neste modelo os paradoxos do Espírito Santo — a inocência e a criação pelo amor.

Raças novas surgiram. No Brasil e em África surge o mulato; no Brasil surge também o mameluco; em outras partes do Mundo surgem outras raças das quais desconhecemos muitas vezes as origens, mas onde o amor português lá está, a marcar carácter e constância, de geração em geração.

Lendas e histórias consignam este sentido da *conquista* e confinam-no em todos os locais por onde Portugal andou.

Vejam-se as lendas de Diogo Álvares, João Ramalho, o Bacharel da Cananeia; relembre-se a história de Jerónimo de Albuquerque e a intuição política de Afonso de Albuquerque ao favorecer (quando não a impor) os casamentos entre portugueses e naturais em toda a Índia.

Falando principalmente da civilização brasileira, diz-nos Gilberto Freire: «sob o ponto de vista da miscigenação, foram aqueles povoadores (os portugueses) à toa que prepararam o campo para o único processo de colonização que teria sido possível no Brasil, o da formação, pela poligamia — já que era escasso o número de europeus — de uma sociedade híbrida. Dos Diogos Álvares, dos Joões Ramalhos, um tanto impropriamente de Jerónimo de Albuquerque, escreveu Paulo Pardo que proliferaram largamente, como que indicando a solução para o problema da colonização e formação da raça no nosso país».

Mais tarde os filhos destes filhos casaram entre si formando um universo de homens e mulheres novos e surpreendentes. Sem a escravatura muito pouco desta miscigenação existiria; com ela deu-se uma mistura máxima de raças, culturas, mentes e tipos de existência, mesclando-se o produto final com o sangue oculto lusitano, onde o árabe, o romano, o celta e o suevo coabitavam também.

Tudo isto devido à capacidade do homem português em amar, como amara os seus companheiros, como vivia na sua terra, como conversava e os entendia. O Português foi capaz de amar porque era fruto do amor de tantas e tantas raças justapostas numa acção profunda de conflitualidade amorosa. Este seu amor tem sido descrito em centenas de poemas verdadeiros, mas, o que se tornou, talvez, mais famoso foi a história, redescoberta no século passado e

-DA-CAMA
ANDED
HERE
PKADAVU
HE YEAR
1498.

À esquerda — *Um monumento simples marca o local da praia (em baixo) onde Vasco da Gama desembarcou, em Calecut, em 1498.*

Ao fundo — *A Sé de Cochim que foi a primeira capital portuguesa na Índia. Aí, Duarte Pacheco Pereira derrotou durante um ano os sucessivos ataques de Calecut e conseguiu levar a guerra de terra para o mar, onde o seu poder era maior. Reconhecido pela sua acção, o rei de Cochim cumulou-o de honrarias.*

transposta para uma ópera de Puccini, da *Madame Butterfly*. A inspiradora do poema foi uma japonesa do século XVI e o seu herói, herói muito mais poético, não foi um oficial de marinha americano, mas o capitão de uma nau portuguesa. Não B. F. Pinkerton mas António Zeimoto. Todo o enredo desta história — lenda e realidade — é contado tanto por escritores portugueses como por japoneses. No fim, a morte da heroína dá-se no mar, símbolo lusitano de morte e vida eterna, junto à escarpa ervosa da longínqua ilha de Kyuxu, onde quatro pequenas marcas de pés lembram a mãe e o filho que morreram porque nunca mais veriam o pai e o amante. Ao longe, já muito longe de Tenagaxima, o barco negro de velas ao vento corria despreocupado. O drama era dos homens e o barco era de Deus.

Ántes, contudo, lenda na lenda, outra se ensaiara tendo igualmente como autores portugueses e japoneses. *O daimio* local trocava a filha pelo segredo do fabrico da espingarda que António Zeimoto lhe apresentara. Daí para sempre, o amor — mulher e homem — e a morte — arma e homem — reúnem-se indissoluvelmente na mito-história luso-nipónica.

Mas não penetremos na magia da *conquista armada* sem contar um outro expoente da *conquista com amor*.

Numa pequena ilha de Flores, próximo de Timor, em todos os Natais os habitantes representam uma peça de teatro.

Já a representaram centenas de vezes, já a ensaiaram centenas de noites e de dias, mas sempre, como na vez inicial, actores e público irmanam-se num clamor subterrâneo, vindo de um passado perdido no tempo, quando duas raças se lançam nos braços uma da outra.

Um diplomata português contou-nos, num livro brilhante, algumas das versões dessa peça, acrescentando que, de tanto ser repetida e de tantos e tantos anos se terem passado em tradição oral, os actores e o público já não percebem o que dizem mas, se respeitam e controlam sons que para eles já não têm finalidade significativa, mantêm o sinal da pantomima e do gesto que tudo envolve e narra.

As histórias são sempre de amor, entre indonésias e portugueses, pondo em choque personagens femininas e masculinas que freneticamente pretendem amar-se e casar-se. A virgem indonésia, o fidalgo luso, o marinheiro, o padre ou o comerciante são personagens presentes em todas as versões.

A intriga acaba sempre em casamento, casamento que liga perpetuamente o segredo do amor luso com a raça indonésia. Um importante geógrafo português do século XVII foi um dos filhos de uma história que se podia contar como se fosse uma dessas peças de teatro. Godinho Herédia era filho do amor de um nobre português e de uma princesa de Macassar. Foi grande como cartógrafo e ficou na lenda por ter sido protagonista de uma ida à *Ilha do Ouro*. É mais um exemplo do amor português que encheu o Mundo nos séculos XV a XVII. E quantas vezes esse amor salvou a vida de tantos e tantos capitães. Bravos e rudes homens, peludos, sempre armados de couraças, deveram a sua vida não à aspereza com que se batiam mas ao modo como amaram. João Pereira Marramaque foi um deles. O potente conquistador de Amboíno era áspero, vivo e forte. Para ele o inimigo deveria ser sempre um derrotado morto. A sua valentia levara-o um dia a penetrar no interior de zona espa-

*Cochim manteve-se até aos finais do século XVI como o maior centro português de comércio, conquista e navegação. Já Goa era a sede do governo de Portugal, mas Cochim continuava a ser a primeira cidade em importância e, pela sua localização, constituía ponto de encontro de diferentes religiões.*

Templos cristãos, sinagogas, templos hindus e muçulmanos coexistiram pacificamente em Cochim.

Em cima — *Aspecto do palácio do rajá.*

Ao lado — *A sinagoga do século XVII.*

nhola das Filipinas. Sediado em Sunda, as suas coracoras corriam permanentemente entre Ternate, Tidore, Amboíno e Flores, acalmando aqui, dando alimentos ali, socorrendo jesuítas e dominicanos acolá, ou perseguindo seguidores do rei de Ternate.

Numa noite sem lua, de forte vento e chuva, Marramaque procurava dormir. Ao longe o trovão não o sossegava. Do alto do seu quarto na torre da fortaleza ele assistia à sucessão interminável de relâmpagos caindo no mar e nas montanhas. De súbito, algo lhe despertou a atenção para lá da varanda do seu quarto. Cauteloso, aproximou-se da janela. Lá fora, batida pelo vento e pela chuva, estava a sua querida amante indonésia, tiritando de frio. Espantado, Marramaque chama-a. A lareira estava acesa. Marramaque, pegando-lhe na mão, leva-a junto ao fogo. Foi naquele momento que soube que toda a tribo que, dias antes, se dizia sua amiga, preparava uma matança geral dos portugueses para o dia seguinte. Não sei se a história diz como acabou o discurso da nativa. Mas conta-se por aquelas paragens do Oriente longínquo que um enorme amor encheu aquela noite. No dia seguinte tudo tendia a passar-se como a nativa dissera, somente o final da história não foi o que os islamitas queriam. Morreram sob a avalancha de luta que lhes caiu em cima. Não longe, um vulto acocorado cantava baixinho o nome de Marramaque...

Esta era a primeira grande defesa dos Portugueses — o amor. Amor que se repete no Brasil, no Uruguai, em África ou na Pérsia.

Perto de Chaul, numa pequena embarcação, um grupo de heróis ouviam o maior de entre eles — Rui Freire de Andrade.

A alegria reinava. Vinham de sovar um potentado islamita que vivia paredes meias com os exércitos mogóis. O ruído da vitória embriagava o grupo lusitano. Em certo momento, Rui Freire mostra aos seus amigos a única peça que guardava dos despojos conseguidos — um véu azul de seda e ouro. Todos os olhares se tornaram cobiçosos. Rui Freire, sempre magnânino e amoroso, faz a seguinte proposta ao grupo: ele não precisava daquele véu, porque nenhum coração o esperava no cais. O véu iria ficar em algum cofre e estragar-se-ia. Estava disposto a oferecê-lo àquele que provasse amar o melhor amor, a melhor amante, a mais permanente, a que nunca negava um abraço, um beijo amigo e apaixonado.

Todos responderam contando dos seus amores, das suas amantes e das suas mulheres. Todos elogiaram aquela hindu que os esperava em Chaul ou em Bombaim. Todos mostravam que, naquele momento, naquele pequeno barco, um amor enorme abraçava todos aqueles heróis.

Galante, Rui Freire ofereceu o véu ao que mostrou ter a mais constante e amiga amante hindu. Comovidos, os heróis compreenderam que o amor os igualava.

*S. Tomé de Meliapor. No Monte Sagrado, cuja entrada vemos na página anterior, em cima, terá morrido S. Tomé. Cidade sem muralhas, foi, desde os tempos de D. Nuno da Cunha, um entreposto importante para a conquista do Oriente longínquo. O santuário, mandado construir por D. Nuno, para assinalar o local da morte do Apóstolo, haveria de transformar-se, dois séculos volvidos, em bastião utilizado pelos naturais contra a ocupação inglesa.*

Esta era a constante conquista de amor que se fazia no Mundo. Amor e morte, duas permanências deste mito lusitano no Oriente e no Ocidente.

Essas duas constantes estão presentes na mais brilhante façanha de amor e morte que o mundo viu até hoje.

Num dia do século XVII, Macau envia uma embaixada ao imperador do Japão.

Para trás, desde os finais do século XVI, o Japão matara e crucificara os católicos portugueses e japoneses. Desde 1597 até 1640, data da embaixada de que estamos a falar, foram massacrados milhares e milhares de católicos. Mortos por amor à cruz de Cristo. Em 1640 acreditou-se que a vingança cega dos japoneses e dos holandeses que os incitavam tinha passado. Envia-se uma embaixada formada por 69 membros, todos se dizendo portugueses mas todos de raças diferentes. Havia portugueses de Trás-os-Montes, de Macau, negros de Tete, chineses de Macau, da China e malaios. Raças irmanadas por dois enormes amores, a Cristo e ao rei. Raças que, numa grande ânsia de amar, acreditavam que o mito glorioso do amor os podia remir dos pecados e fazer com que o Japão e Portugal se pudessem amar e não matar. Assim pensavam os embaixadores. Triste, mas heróico, foi o resultado.

Recebida a embaixada, os Japoneses pretenderam dividi-la, propondo que não morreria todo aquele que renunciasse ao amor a Cristo. Estranha foi a resposta. Negros, amarelos, mulatos, brancos, todos se uniram numa resposta comum. Prefeririam morrer por Cristo e pelo rei do que viver na desonra e no desamor da memória dos companheiros. Dos 69, foram poupados 12 que voltaram a Macau. 57 morreram unidos. Morreram unidos num amor que desconheceu raças, pátrias, nações, tribos. Morreram, amando-se no abraço fatal da morte. Nenhum negou a sua origem básica de português e de cidadão do *Império Ecuménico de Cristo*. Não houve, nem haverá, maior exemplo. Morrerem homens, de raças completamente diferentes, por amarem uma ideia abstracta, cultural, foi o que fez a unidade criada pelo *Império Mítico e Ecuménico*.

O rei de Portugal, ao considerar-se *Senhor da Conquista,* considerava-se a si próprio Senhor do Mito Templário do Império que surgira em Ourique como missão a cumprir.

Por último, não podemos esquecer que o rei de Portugal se considerava igualmente *Senhor do Comércio.* Mas como se definia este termo *comércio?* O que queria o rei dizer com isto? Que era, como dizia Francisco I, *um rei mercantil,* um *rei do negócio?* Julgo que não, ou melhor, julgo que *comércio* tinha uma significação muito ampla, que ia desde o que acabamos de dizer ao que envolvia uma estratégia imperial de esmagamento do inimigo rácico e sagrado, o islamita, pelo corte de todas as vias usadas por caravanas e navios que transportavam mercadorias de todo o mundo oriental para o Mediterrâneo e enchiam os cofres do Turco.

Estes dois significados eram complementares. Se, por um lado, queríamos esmagar os meios financeiros conseguidos pelos infiéis, por outro, esse esmagamento transformava-se no modo prático do financiamento necessário para continuar a conquista do império global. Duas acções numa só. Duas acções não mercantis na essência, mas modos estratégicos de conquista e de destruição do inimigo. Meios para se conseguirem fins que nada tinham a ver com o puro comércio. Assim pode-se considerar que o comércio era uma forma de conquista e que, conquista, nos seus significados já estudados, era o fim a atingir por meio desse comércio.

Comércio expansivo, comércio de luta, mas igualmente comércio de amor e de lucro; comércio total, comércio envolvendo a grande navegação entre Portugal e o mundo; comércio envolvendo a troca local, a troca individual; comércio entre pólos estratégicos do império e o império em si. E comércio que trazia em si potencialidades extremas, que iam da evangelização à cultura e das quais a mais persistente foi a criação de uma linguagem única que todo o habitante das costas populosas do Oriente aprendera a falar.

Claro que essa fala se desenvolveu pela persistência e continuidade do comércio não só longínquo como costeiro. Poucos são os historiadores que têm estudado como este comércio costeiro, entre pólos importantes

Malaca era uma das mais preciosas possessões portuguesas no Oriente. Conquistada por Afonso de Albuquerque no século XVI, graças à sua esplêndida situação geográfica domina a passagem marítima obrigatória para quem fosse ou viesse às ilhas das especiarias ou ao Extremo Oriente, e daí procurasse atingir a Índia, Bengala ou a Turquia. Ponto-chave da nossa política imperial daí se expandiram os clans para todas as ilhas da Indonésia, como Macáçar ou Lurantuka. Viria a ser conquistada pelos Holandeses no século XVII.

À esquerda e em cima — *A Igreja de São Paulo*.

de desenvolvimento local, foi uma das fontes de riqueza financeira e de continuidade cultural. Poucos são os historiadores que compreenderam que estas pequenas metrópoles comerciais se transformavam com o tempo em *emporiuns* de miscigenação e de evangelização.

Não falamos aqui do comércio de Goa, Cochim ou Ormuz com Lisboa, mas do comércio que Hugolim, Satygong, Chatigão, Martavão, Ayuthya, Macassar, Larantuca, Macau ou Nagasáqui faziam entre si.

O guerreiro, o comerciante, o frade, são um e o mesmo homem neste universo de comércio. O curioso é que foi este comércio que deu a possibilidade ao *divus* português de arbitrar fronteiras, mobilizar raças e efectuar talvez um dos maiores movimentos ecológicos e científicos de todos os tempos. Porque, não nos esqueçamos, este comércio transportava, por todo o império, as raízes botânicas e os animais que, nascidos num local, eram experimentados ou instalados em outros e, nesses outros, alteravam completamente os sistemas de vida e de paisagem.

Para nós, hoje em dia, a costa brasileira é um palmeiral contínuo mas, no século XV, não existia uma única palmeira no Brasil. O café atravessou os mares; o açúcar alcançou longínquas paragens. O Mundo alterava-se com este comércio. Sem ele não se fundiam terras nem gentes.

Será à força deste intercâmbio a longa distância — Brasil e Goa, Macau e Baía, S. Tomé e Madeira — que cultural e ecologicamente se conseguirá criar o império de Cristo, universal e global.

O que tinha começado por uma dupla acção — desorganização das forças navais inimigas, e sua substituição pelo comércio luso — transformou-se, com o desenvolver do império, numa acção una, agregando todo o português, estivesse onde estivesse. Das grandes armadas de Francisco de Almeida ou Lopes Sequeira, passou-se à armada ou ao navio de comércio de costa. Navio infiltrante nas baías, nas praias. Navios que, sob um sinal abstracto de Cristo, cruzavam todos os mares e oceanos, comercializando com quem quisesse comercializar com ele.

Este comércio local, que envolvia o Pegu com Martavão, este com a China, esta com Timor e daqui para Macau, para Sofala e ainda para o Brasil, quando não para Portugal, é que manterá a supremacia portuguesa, enquanto as armadas holandesas e inglesas procuravam o lucro final em paragens mais fixas e constantes.

Este comércio, aliado ao amor muito mais português do que de Portugal, será a razão última e suprema da permanência linguística, cultural e material do génio do *Império Ecuménico* ainda hoje sentido, em abstracto, pelos povos desses mundos orientais.

Teremos por último que falar da conquista como demonstração da «festa guerreira», da «festa cavaleira», da «festa dos heróis». Este sentido de «festa» ou «espectáculo» no Império é uma das primeiras definições ou manifestações, por que se processou a *conquista*. Basta ler Zurara, para entendermos que este sentido de «festa» começou nos princípios do século XV, quando os heróis simularam ser cavaleiros da Távola Redonda. Com a reconquista de Ceuta, diz-nos Baltazar Osório, confirmando esta definição. «Anelavam os moços, filhos de D. João I, distinguir-se, não no ambiente polvilhado de oiro dos campos rasos dos torneios, sob um velário de púrpura, na atmosfera perfumada pelo sorriso das mulheres gentis, cujos olhos dizem como tumultuoso lhes palpita o coração.

«Príncipes nados e criados na meia-idade, tendo ouvido no berço o choque e embate das armas, queriam ser investidos cavaleiros onde tivessem praticado uma heroicidade sonorosa, queriam receber a pranchada do ritual depois de ter vencido, descarregando às mãos ambas o montante sobre inimigos valentes, ou depois de terem volteado no ar a acha e cortado o círculo de lanças entestadas para eles.

«A festa que El-Rei seu pai planeava e preparava há muito, e em que deviam sobressair os príncipes, filhos de um guerreiro ilustre, não lhes causava alvoroço.

«Era em demasiado afogado para as suas ambições o campo das justas; queriam mais aos actos de valor do que ao cingir das armas vistosas dos torneios, ao som de charamelas, vertendo alegrias, sob o sol dardejando fulgores de oiro entresachado a gemas de muito preço. A ideia da conquista de Ceuta, uma vez augerida enebriou-os, pois; mais ainda, deslumbrou-os.»

A empresa de Ceuta, como vamos provar, foi um «auto de cavaleiros». Auto repe-

*Malaca é uma cidade costeira, dividida por um rio que uma ponte atravessa. Esse rio e essa ponte foram as posições reitoras do ataque de Albuquerque.*

Na página anterior — *Os antigos armazéns* (godowns), *que constituíam o centro de comércio da cidade, ainda existem nos canais de Malaca.*

Nesta página, ao lado — *A praia de Malaca, onde São Francisco Xavier desembarcou; em cima* — *um canal, visto das ruínas de São Lourenço.*

tido até aos finais do século XVI. Torna-se mesmo muito curioso verificar que toda a luta pela independência de Portugal, desde 1385, em relação a Castela é banhada por um louvor clamoroso e crente das maravilhas querendo reavivar os Cavaleiros do Rei Artur. Quando D. João I atacou Cóia e foi rechaçado, comentou nessa noite, muito desagradado dos seus cavaleiros: «Gran míngua» testemunha-nos Fernão Lopes «nos fizeram hoje este dia aqui os bons cavaleiros da Távola Redonda, ca certamente se elles aqui foram nós tomaramos este logar.» Ao que responde Mem Rodrigues de Vasconcelos, com palavras fundamentadas na valentia que demonstrou em Aljubarrota: «Senhor, não fizeram aqui míngua os cavaleiros da Távola Redonda, que aqui está Martim Vasques da Cunha, que é tão bom como D. Galaaz, e Gonçalo Vasques Coutinho, que é tão bom como D. Tristão, e eis aqui João Fernandes Pacheco, que é tão bom quanto Lançarote, e assim doutros que viu estar acerca; e eis-me eu aqui que valho tanto como D. Queas; assim que não fizeram aqui míngua estes cavaleiros que vós dizeis mas faze-nos a nós aqui míngua o bom Rei Artur flor de lis, senhor deles, que conhecia os bons servidores fazendo-lhes muitas mercês porque haviam desejo de o bem servir.»

Não podem restar dúvidas de que no século XIV, em Portugal, a leitura dos romances da cavalaria tinha influído duma maneira apreciável na ideologia de alguns homens preponderantes nos destinos do povo. Foram as novelas do ciclo de Artur ou de Távola Redonda as mais lidas e as que mais decididamente actuaram na sociedade portuguesa.

A façanha heróica transformou-se, segundo este ideal de cavalaria, numa festa e numa pompa, na procura obstinada pela nobreza de actos heróicos, dentro e fora de Portugal. Conhecemos as aventuras do Magriço ou as de Martim Vasques da Cunha, que só com dezassete homens de batalha se bateu com quatrocentas lanças inimigas, derrotando-as.

Os fastos da festa heróica tornam-se a preocupação máxima dos cavaleiros portugueses. Ao som dos tambores, das bandeiras ao vento, ao som dos clarins trepidantes, a imaginação destes cavaleiros agiganta-se, transformando-os em míticos cavaleiros do Rei Artur.

Toda a vida de Pedro de Meneses, Duarte de Meneses, Nuno Fernandes Ataíde, João de Meneses ou Luís Loureiro foi feita entre estas festas heróicas e belas e a luta amarga mas gloriosa da luta sem regresso — a morte.

Se em Aljubarrota a festa da cavalaria e amizade é bem demonstrada pela existência da ala dos namorados, de armas, plumas e elmos ao vento, em Ceuta existia a «carreira dos namorados», onde em gritaria saudável, tocando clarins, os heróis dos Meneses ata-

*Conquistada Malaca, Afonso de Albuquerque envia armadas para todos os quadrantes do Extremo Oriente, para as Malucas, o Pegu, o Sião, Campar e Jaya, enquanto protege dos piratas os comerciantes chineses surtos no porto. E apesar das conquistas holandesa e inglesa, a presença portuguesa foi tão forte e vincada que ainda hoje se mantém um* portuguese settlement *num dos arrabaldes da cidade, com estrutura administrativa própria.*

Em cima — *A Igreja de São Pedro, onde frequentemente se celebra a missa no dialecto local, chamado* papiar cristang.

cavam, cantando e vivendo a festa plena da Cavalaria Sagrada, enquanto na Índia existia a armada dos aventureiros. É dentro deste ideal que, também na Índia mas no século XVIII, a nobreza de Portugal cria a «legião estrangeira» ou «legião dos aventureiros». Este espírito alegre, despreocupado, da festa da guerra justa, continua o espírito de aventura do cavaleiro-andante, como a de Gonçalo Rodrigues Ribeiro, ou Vasco Antão, ou de Fernandes Martins de Santarém, ou do Magriço, ou de Manuel de Távora Noronha, e tantos outros que mantiveram em Portugal, na heroicidade e na vontade de poder, uma estrutura mental medieval. Diz-nos Matoso, sobre este assunto: «os próprios termos com que se descrevem estes factos mostram que as aventuras maravilhosas de outrora se tinham como que virtualizado e enquadrado em justas e torneios...».

*A Igreja de São Paulo (ao centro e em baixo) foi começada a construir em 1521. Aqui foi depositado o corpo de S. Francisco Xavier, antes de ser transladado para Goa. São Paulo foi uma das igrejas-chaves dos Jesuítas nesta zona do Oriente e tão forte era a sua estrutura que os Holandeses, após a conquista da cidade, a transformaram em fortaleza.*

*Em cima — O antigo porto da cidade.*

«É este ambiente que se prolonga até ao século XV em que o ideal cavalheiresco parece até ressurgir, como sugerem as aventuras do Magriço dos Doze de Inglaterra, dos cavaleiros da Crónica da Guiné e dos participantes do Cerco de Arras e sobretudo dos muitos nobres em Ceuta»... «Dir-se-ia que a nobreza, renovada pelo acesso de muitos membros vindos de outras classes sociais, procura reproduzir com redobrado zelo os modelos propostos pela ideologia herdada na época anterior, e que nisto rivalizam os assimilados e os fidalgos da velha cepa.»

É espantoso verificar, por todo o império, como a festa, certo que sempre apoiada pelo sentir religioso do povo, toma um lugar preponderante.

Vejam-se só três exemplos, em três épocas diferentes. Todos eles demonstrando perfeitamente o conteúdo e a vertente de festa na *conquista*, mostrando que a «festa» se conecta com o fito guerreiro e este com a vitória do «herói». É assim que se renova a ideia da recepção triunfal do «herói» que, por essa razão, se transforma num mito. Recordaremos os triunfos de D. João de Castro, Paulo de Lima Pereira e Nuno Álvares de Botelho, respectivamente em Goa, o primeiro em Malaca os dois últimos.

Após a portentosa defesa de Diu feita por João de Mascarenhas, e após o ataque do governador da Índia D. João de Castro, conseguiu-se uma vitória decisiva sobre o rei de Cambaia e sobre o Turco. D. João de Castro, orgulhoso pela façanha, mas triste pela morte do filho, chega a Goa meses depois do último combate, mas oiçamos Gaspar Correia... «e chegou a Goa a dezanove de Abril de 1547, e se aposentou em Pangim enquanto a cidade se apercebia pera seu recebimento, que lá a Pangim lho forão os vereadores pedir, onde chegou a huma terça feyra e esteve até a quarta feyra. E à quinta se fez na cidade a procissão do corpo de Deus, que o fazem assy cedo porque no seu propio dia que se faz em Lisboa, então he inverno de muytas chuvas; e à sesta feyra, vinte e dous do mês, o Governador veo à cidade, que lhe fez o recebimento per esta maneira ordenado, *pelo mesmo Governador, que mandou que assy fosse.*

«Sobre o caez da porta de Santa Catarina, que era na entrada do começo da cidade, sobre o caez de pedra que fizerão hum caes de madeira até dentro d'ágoa, em que avia de desembarcar. E o Governador partio de Pangim com toda a fustalha, muy loução de bandeiras, toldos, estendartes, com muytos ramos, e n'ela toda a gente que com elle viera de Dio, que pera isso se forão todos a Pangim, que vinhão com suas armas e espingardaria, e seus pifaros e atambores, e os capitães com seus a guiões, e muytas trombetas, atabales e charamellas; com que vindo assy polo rio tirando artelharia das fustas e muyta espingardaria, tambem lhe respondião de algumas quintãs que estavão pola borda do rio, e per outros lugares de vista, onde estavão bandeiras e toldos e muyta gente...» «...O Governador no caes ordenou sua gente em azes, como procissão, com que foy até onde estavão os officiaes da

O Sri Lanka, ou Ceilão, constitui para Portugal uma mito-história específica dentro da nossa mito-história do Oriente. A persistência cultural portuguesa é tão forte que ainda hoje se fala um dialecto português em algumas zonas da ilha.

Na página anterior — *O Templo do Dente de Buda, em Candy, o santuário budista mais venerado da ilha. Foi sempre intenção dos Portugueses manter boas relações com o poderoso rei de Candy.*

Nesta página, ao lado — *A praia, perto de Colombo, onde desembarcou D. Lourenço de Almeida;* em baixo — *aspectos da fortaleza de Galle, construída pelos Portugueses no Sul da ilha.*

cidade com muyta gente, todos riqos e louçãos, com seu palio e arenga, onde lhe tinhão hum lanço de muro derrubado até o chão, per que entrou. E na torre que estava na porta, que tambem estava toldada de pannos, em cima das amêas estavão dous liões grandes, que tinhão nos peitos escudos das armas do Governador, e abaixo d'elles estava hum letreiro em papel, que todos podião ler, que dizia 'Bemaventurado e immortal triumfo, pola ley, por El-Rei e pola grey'.»

«E feyta sua arenga em louvor da sua vitoria, e o capitão lhe offerecendo as chaves segundo costume, veo Tristão de Paiva, honrado cidadão, com hum bacio de prata grande, dourado, em que lhe apresentou huma palma verde, e huma capella da mesma palma, que o mesmo Tristão de Paiva pôs na cabeça ao Governador, sobre huma gorra de veludo preto que trazia, e lhe meteo a palma na mão; mas o Governador tirou a gorra e a pôs no bacio, e pôs a capella na cabeça em cima dos cabellos, ao modo romano. O Governador estava armado em huma coyra de laminas de télla d'ouro e tinha vestida huma roupeta francesa de citim crimisim, forrada de tafetá encarnado, guarnecida de passamanes d'ouro, e calças de muslos do mesmo teor; que assy vestido e laureado bem mostrava ser vencedor de tamanho feyto...»

«Então o tomarão debaixo do paleo, que era de télla d'ouro, com seis varas que levavão os vereadores; então se pôs diante do Governador, pegado com o paleo, o padre comissairo de São Francisco, com a cruz alta assy como foy na batalha. E adiante do padre hia Duarte Barbudo, Alferes, com a bandeira real que foy na batalha; e adiante do alferes hia a bandeira da cidade, e diante d'ella hia hum guião do Governador, de damasco branco, quadrado, com a cruz de Christos de citim crimisim; e diante do guião hia hum homem com hum bacio de prata de mãos, em que levava huma peça de brocado feyta em três pedaços pera o Governador offertar...»

O governador passeou ao longo da Rua Direita, ajoelhou-se frente à Igreja dos Franciscanos, o povo cantou, tocou e dançou durante dias.

A vitória do herói transformava-se assim em festa, e esta procurava glorificar o homem, o herói, Deus e S. Francisco.

Longe de Goa, a cidade de Malaca estava cercada, trinta anos após a morte de D. João de Castro, por armadas dos reis de Achem e Johor. Os exércitos dos atacantes eram infindáveis. Malaca resistia com fome, dor e valentia.

Sabendo desta situação, D. Luís de Ataíde, vice-rei da Índia, envia duas armadas com ordem não só de conseguirem bater o inimigo como atacá-lo e derrotá-lo na sua própria terra. Uma das armadas era comandada por Paulo de Lima, de quem dizia Diogo Couto, num pequeno livro chamado *Vida de D. Paulo de Lima Pereira*, «Escreverei brevemente de um fidalgo, soldado e capitão, que neste estado da Índia, militou muitos anos, no qual encontrou sempre grandes e famosas vitórias, pelas quais lhe pudera eu pôr algum sobrenome grande; mas contento-me de lhe dar o de venturoso capitão, que é o mais importante, e o que os romães sobretudo estimavam.

Paulo de Lima era um verdadeiro herói mítico. Ele personificou, durante toda a sua vida, a capacidade heróica e transcendente que o Português teve ao saber vencer, ser popular e ser grande.

Comandou Paulo de Lima a armada contra Johor, soberano malaio do Sul da península da Malásia. Derrotou-o, tomou-lhe a armada, a capital, destruiu-lhe o reino e capturou os seus melhores capitães.

Malaca sentiu-se livre. Sentiu-se livre e pronta a festejar o herói que a salvara. Assim no dia marcado para o receber, ele «desembarcou com todos os seus capitães e soldados armados, assim e de maneira que na batalha se acharam e, pondo os pés em terra com a bandeira de Cristo diante e a dos inimigos arrastando-se por seus pés, disparando-se naquele tempo assim a armada como da cidade aquella tempestade de artilharia, que parecia tremer o mar e a terra e posto D. Paulo na borda do cais deixou desembarcar todos os capitães e mandou ordenar os esquadrões assim como entravam na batalha; D. João Pereira na dianteira, e logo Matheus Pereira de Sampayo e o capitão-mor na retaguarda. Ordenando tudo, foi o capitão-mor entrando pelo cais, no qual estavam todas as religiões e frades com suas cruzes, que começaram a cantar *Te-Deum laudamus;* e a meio estava uma alcatifa estendida com suas formosas almofadas, nas quais estava encostado um devoto crucifixo, e a seus pés uma formosa capella de rosas e boninas, o Bispo e os vereadores com todo o povo. Chegado aqui, D. Paulo prostrou-se no chão e adorou a figura do Senhor, e o Bispo tomou logo a capella e lhe pôs na cabeça e depois o abraçou, dizendo-lhe palavras de louvores, o mesmo fizeram os vencedores numa discreta cerimónia; depois estenderam um famoso e rico pálio e o meteram debaixo, e assim foi triunfando com a coroa na cabeça, os quais os romanos chamavam cívica ou moral, a qual se dava ao capitão que livrava ou descercava uma cidade»...

A seguir foi a festa, os torneios, os lanços, as cantigas, os bailes, o toque de pífaro, cornetas, etc.

A festa se cumpria. O herói era aclamado. É no entanto curioso verificar o que conta Paulo de Lima da sua aventura, numa carta

Na página anterior e ao lado — *Ayuthya. Durante séculos, a presença portuguesa na Tailândia foi obra dos diversos clans lusos que para aí se expandiram. Comerciantes, aventureiros, religiosos, formaram comunidades das quais a mais notória foi o arrabalde português de Ayuthya, cujas ruínas ainda são reconhecíveis. Ayuthya era a grande capital do reino do Sião até à sua destruição pelos Birmaneses. Aí são visíveis os restos das igrejas levantadas por jesuítas, franciscanos e dominicanos* (ao lado, *ruínas da igreja dominicana*) *bem como do cemitério português.*

Em cima — *O magnífico trabalho em laca, numa casa antiga de Banguecoque, representa a chegada dos primeiros europeus à Tailândia.*

que escreveu a uma dama da corte: «Dei na cidade de Jor com quatrocentos soldados; tendo oito mil homens de defesa e três reis de socorro a tomei e assolei com o favor Divino e com o esforço de valorosos capitães e soldados.»

Eram assim as festas da conquista, eram assim os heróis da conquista.

Mas não se julgue que esta exuberância da «festa» pela vitória, pela luta, foi só apanágio do Império do século XVI. Pelo contrário, em pleno século XVII, época à qual os historiadores chamam de decadência, nesta mesma Malaca, cerca de setenta anos mais tarde, fez-se outro enorme triunfo. Desta vez o herói será Nuno Álvaro de Botelho, triunfador de Malaca, dos holandeses, do Achem; à data de 1627... «entrou na cidade em triunfo, para o qual estava já preparado um solene recebimento, querendo aquela agradecida cidade as graças com que ele, pela ter livrado com seu esforço e armas de tantas conquistas e apertos, quantos eram os que seus inimigos a tinham posto; e juntamente pretendião os moradores malaquenses dar-lhe com festas e alegrias os parabéns d'aquela tão gloriosa victória que Deus lhe dera daquelles inimigos tão soberbos e tão poderosos».

... «Vestido de sua acustumada galla de chamelote verde se meteo no seu ballão a quem muytos outros lustrosa e vistosamente forão ao encontro algũas galeas que vinhão da fortaleza variados de lindos e alegres galhardetes, e assim acompanhado chegou ao cais da vitoriosa Cidade aonde estavão esperando o capitão António Pinto da Fonseca e o capitão da fortaleza Gaspar de Mello Sampayo, com todo o presidio della neste tempo despararão todos os baluartes da fortaleza muysta e muy grossa artelharia cujo boato vinha variada com os alegres respiques de toda a Cidade, sendo a todos tudo a milhor e mais alegre vista que jamais vio Malaca e por ventura o Oriente todo!»

Mas a «festa» da conquista não teve só a ver com a glorificação da vitória e dos seus capitães. Teve a ver com a própria luta. Quantas e quantas lutas não eram entrecortadas pelo canto da festa.

Quantas e quantas batalhas, como vimos já em Marrocos, eram paradas, ou eram intricadas de pequenas festas em que os heróis se glorificavam, ou se descontraíam enquanto (não nos podemos esquecer que o herói era sempre um profissional da guerra) à sua volta os exércitos se matavam.

D. Luís de Ataíde foi talvez o mais culto e um dos mais gloriosos vice-reis da Índia. Fora nomeado por D. Sebastião com um regimento que nos mostra quanto o rei se revia no seu capitão.

Enfrentou na Índia a mais cruenta revolta de todos os rajás e sultões islâmicos. Desde Cambaia a Achem, não houve rajá que não ordenasse às suas hostes que atacassem as feitorias, cidades e fortalezas de Portugal.

*As terras do actual Camboja não se furtaram à presença dos clans de portugueses. Encontravam-se alguns entre os primeiros europeus que visitaram o famoso complexo do Templo de Angkor Vat (em cima).*

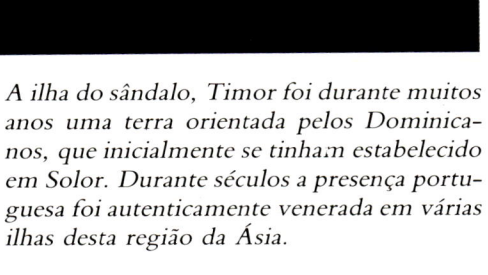

*A ilha do sândalo, Timor foi durante muitos anos uma terra orientada pelos Dominicanos, que inicialmente se tinham estabelecido em Solor. Durante séculos a presença portuguesa foi autenticamente venerada em várias ilhas desta região da Ásia.*

No meio desta campanha de morte, D. Luís de Ataíde ainda teve tempo para cercar e conquistar Barcelor. O que foi esta conquista, ou melhor, o que foi o ponto mais alto desta conquista foi-nos contado por Diogo Couto, numa página cheia de festa e glória... «Feito isto, partio-se o Viso-Rei para Barcelor; e chegando à sua barra, cometeo logo a entrada com todos os navios de remo, indo elle adiante de todos na sua manchuura sentado em huma cadeira de brocado, armado de plumas, e perto delle o Veiga tangendo em huma arpa e cantando aquelle Romance velho, que diz: *entram os Gregos em Tróya, três a três, quatro a quatro*. E chegando perto da fortaleza, começáram a vir zunindo, por sima das embarcações algumas bombardas, com que o Veiga, que hia cantando, se embaraçou; ao que o Viso-Rei muito seguro lhe disse: Oh ide por diante, não vos estorve nada. Luis de Mello da Silva hia junto do Viso-Rei e alguns outros Fidalgos e capitães perto de Luiz da Silva, os quais vendo as bombardas, disseram a Luis de Mello da Silva, que o Viso-Rei não ia bem, que aquillo era muito arriscar; ao que lhe respondeo: Deixai-o, senhores, ir; e se o matarem, aqui vou eu que governarei a Índia; e se me matarem a mi, ai vão vossas mercês. O Viso-Rei, ouvindo fallas sem perceber o quê, perguntou a Luis de Mello o que era, e elle disse tudo o que respondera, o que ele festejou e celebrou muito.»

Era esta a conquista do Oriente, conquista de festa e amor. Conquista que durará até ao século XVIII nas lendas do Mysore, de Hyde Raja, dos ingleses, franceses e dos portugueses.

Este foi o último século da lenda, que viu heróis como Albuquerque Coelho vencedor e pacificador de Johor, Macau, Timor e Patte; viu a dama de Pangim, ilustre guerreira sempre vestida de homem, vencedora dos marroquinos no Atlântico, dos Maratas e reconquistadora de Amboíno; viu o célebre Bispo de Halicarnasso, vencedor dos ingleses, nas mais fantásticas cargas de cavalaria que os séculos XVIII e XIX viram no Sul da Índia; viu Peixoto, capitão de hindus e dos franceses na sua luta sem tréguas com os ingleses; viu António de Noronha capitão da Primeira Legião Estrangeira acometendo heroicidades. Viu centenas e centenas de soldados, marinheiros e comerciantes portugueses lutando e trabalhando nas diversas cortes do Indostão, mantendo, indómitos, uma presença e uma cultura lusas que hoje não são suficientemente recordadas e veneradas. E esses heróis de lenda já surgem só em velhos alfarrábios que contam da sua vida e da sua morte. São heróis de glória, conquista, festa e orgulho, que a Pátria nunca reconheceu como tal, mas aos quais muito se deve, pelo que eles fizeram, na «Etiópia, Arábia, Pérsia e Índia»...

*Macau foi um dos locais onde os Portugueses se estabeleceram fora das estruturas do Estado. O receio chinês, ante as notícias que lhes chegavam dos actos guerreiros do Português, só lentamente se foi desvanecendo, sob o peso da convivência e dos interesses económicos.*
*À esquerda — Uma casa do século XVIII, em Macau, que revela uma interessante mistura de estilos.*

*O Japão foi a última grande aventura cultural dos Portugueses no Extremo Oriente. Aqui tudo confluiu. A cultura jesuítica, a tenacidade e o arrojo do comerciante, a heroicidade dos marinheiros e, acima de tudo, o sangue dos mártires.*
*Em cima — Pormenor de um biombo nambam, a chegada dos Portugueses.*

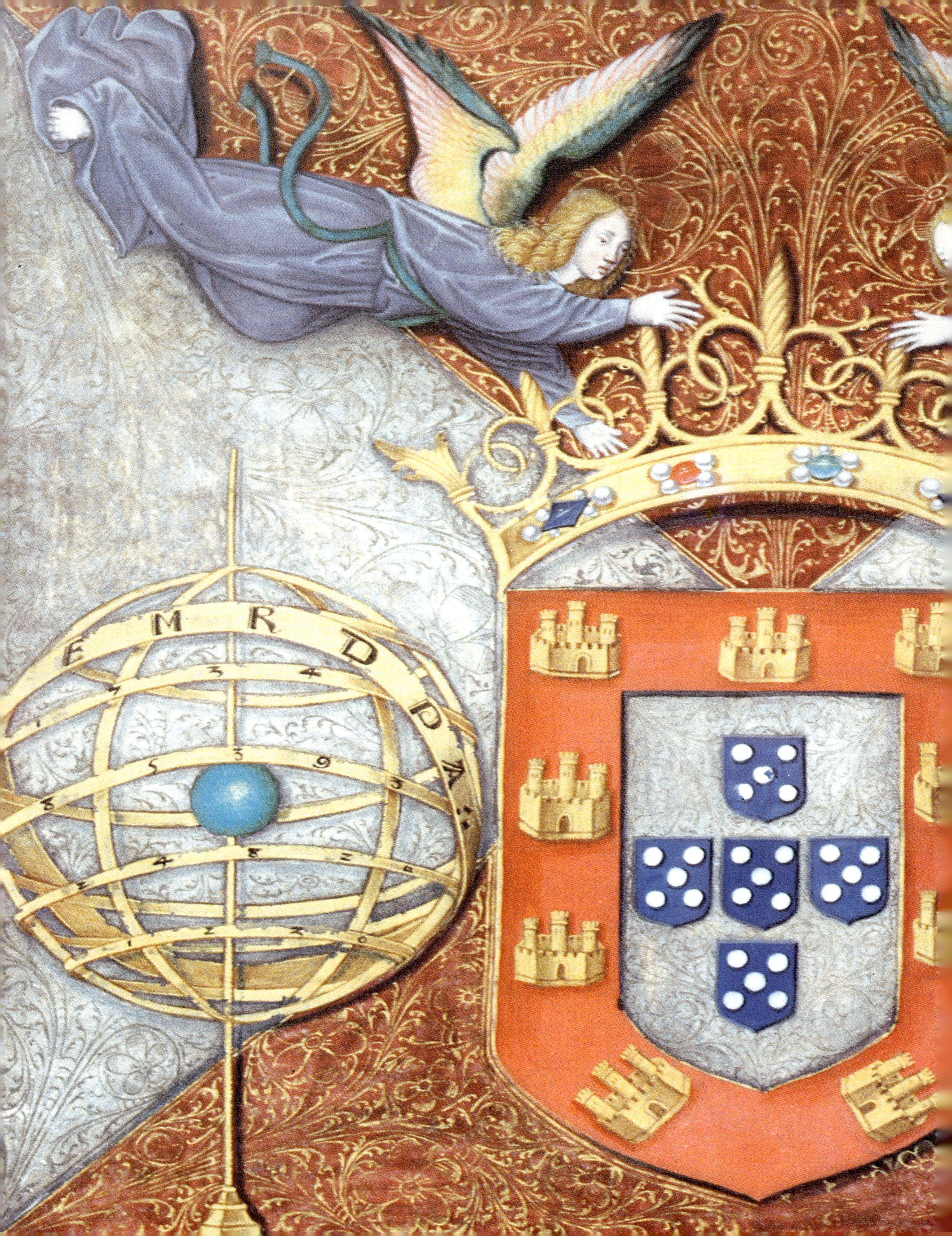

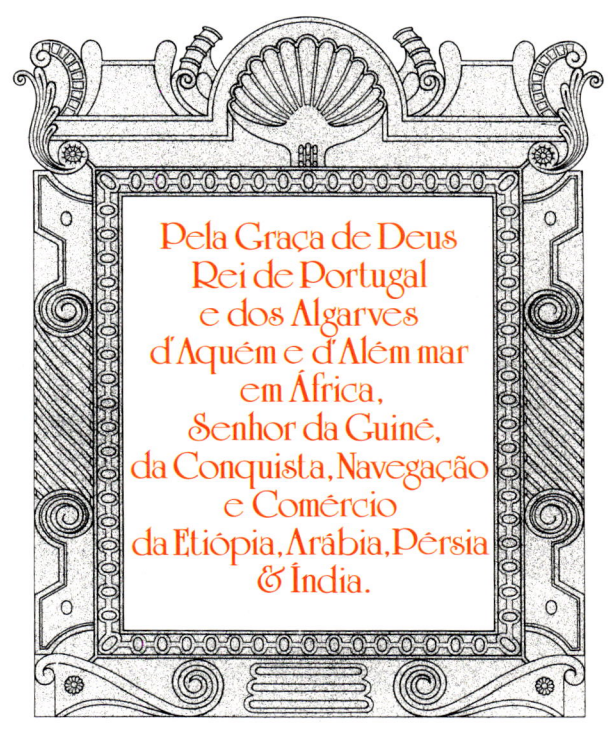

Pela Graça de Deus
Rei de Portugal
e dos Algarves
d'Aquém e d'Além mar
em África,
Senhor da Guiné,
da Conquista, Navegação
e Comércio
da Etiópia, Arábia, Pérsia
& Índia.

A história dos Portugueses e de Portugal, em todas estas paragens, encontra-se por fazer sob o olhar presciente da mito-história, e nada nos mostra melhor essa ignorância do que a análise da vida quotidiana do Império. Essa mito-história vai sendo cada vez mais ignorada, a todos os níveis, quanto mais nos aproximamos do nosso século. Podemos, a nível político, verificar como toda a história da Índia está por fazer no século XVIII.

Julgamos que nesse século a importância do sentido mítico, ideológico e guerreiro do Português ajudou a definir as fronteiras terrestres entre os diversos países do Oriente; ajudou a escolher as suas capitais e a revivificar, sempre pela força do mito, as políticas religiosas de quase todos os estados dessa região, à excepção da China e do Japão. No outro lado do Mundo, também o Brasil se apresenta num contexto de humanidade lusa puríssima, remontado aos primórdios das características identificadoras da raça portuguesa. No Oriente, o povo transforma-se em mito; no Ocidente continua a ser povo, sendo a sua maneira de actuar a mesma que usava em Portugal. No Ocidente, o Português é um agricultor, um conquistador de espaços, um lutador para atingir grandes planícies, grandes horizontes, montanhas, prados e rios. No Oriente, nada destas características existem. No Oriente ressurge, ano após ano, o mito de um renascer contínuo do *Império Universal* construído por meio do mar e da luta com ele e por ele. A terra existia para se fazer a luta ou louvar o herói. A diferença entre as duas Índias é que, enquanto uma é marítima a outra é terrestre; enquanto uma nasce de uma estratégia universal para se conseguir destruir a linha comercial e naval do Islão, a outra nasce do eterno retorno ao lar, à terra, à planície. Para o Luso, o Brasil continuava Portugal, a Índia transcendia-o e fazia-o viver como um ser sem terra; vivia no mar, no êxtase, na memória do nauta. Em resumo, pode-se concluir que a grande diferença entre as duas Índias é que para se chegar a uma era preciso dobrar o Boa Esperança e isto criava novas gentes, novas mentalidades, criava heróis, mesmo que eles morressem dias depois em Moçambique. Ultrapassar o limite de África e entrar no Índico era o êxtase e a obediência máxima a Ourique e ao *divus* português. Era ultrapassar-se, era ser-se herói.

O Brasil, pelo contrário, nascera de uma necessidade estratégica de domínio do Atlântico Sul, nunca fora *a terra prometida*, a terra que, por existir, faria cumprir Portugal e a sua mito-história. O Brasil nunca teve mito-história ou, se a teve, ela foi pontual. Foi Sacramento, foi o Amazonas, foram as Bandeiras.

Isto não quer dizer que as Índias Ocidentais não tivessem heróis e santos. Tiveram-nos, mas tiveram-nos numa repescagem dos heróis e santos do Oriente ou entre aquelas instituições que tinham surgido para a conversão das almas nesse mesmo Oriente. Veja-se, por exemplo, que os donatários das terras brasileiras eram, na sua maioria, nomes vindos do Oriente, heróis de dimensão gigantesca que, cansados de o ser, sonham em ter um fim de vida em terra e pela terra. Duarte Coelho é uma das grandes figuras de Malaca, China, Birmânia, Bengala, Tailândia e Costa de Malagueta. Passa a sua reforma activa criando cidadãos em Olinda, no Brasil. Martim Afonso Sousa, capitão das armadas do Oriente, vencedor dos Mogóis, conquistador de Diu, vice-rei da Índia, nunca teve coragem para ocupar o lugar dos seus domínios no Brasil. Pedro Lopes de Sousa, almirante das armadas do Índico, marinheiro inaudito, preferiu morrer a viver nas lindas terras do Brasil que o rei lhe outorgara. Vasco Fernandes Coutinho, outro herói do Extremo Oriente, companheiro de Afonso de Albuquerque, morre no tédio da tertúlia mesquinha do Brasil. Aires da Cunha, que fora, com Duarte Coelho, um dos lutadores de Malaca e dos mares das Molucas, não sabendo viver de outro modo, morre como herói e santo no mar do norte brasileiro. O próprio João de Barros, que sonhava amealhar e conseguir fortuna maior no Brasil, nunca se imaginou na floresta do Amazonas; imaginava-se, sim, a viver sempre ao lado dos heróis do Oriente; ele que, como donatário, poderia ajudar a criar o Brasil, nunca o fará, preferindo o convívio dos papéis da Casa da Índia e da Mina. O Brasil era o desterro e assim se manteve, sem poesia, sem poetas e sem mitos até ao século XVII.

Nas páginas que se seguem iremos narrar dez histórias, que pela sua grandeza bem merecem o nome de lendas, nas quais se consubstancia o evoluir da mito-história dos portugueses do Oriente para o Ocidente, para isso tendo sido, porém, necessário que entre eles se entrepusesse o enorme mito sebástico.

*A Índia foi uma lenda constante da nossa história. O mito e a lenda correm todo o Oriente de mãos dadas.*

Em baixo — *Vista aérea da fortaleza de Diu;* na página seguinte — *uma imagem de São Domingos ornamenta um dos muros exteriores da fortaleza.*

S. DOMINGOS

## A fúria do iniciado perante a morte do semideus

D. Manuel, como muitos outros nomes célebres de portugueses, tinha sido iniciado por um dos grandes construtores da mito--história de Portugal — D. João II — na arquitectura do futuro, segundo o franciscanismo, o Graal, os Templários e na glória do Espírito Santo. A obediência aos juramentos secretos ia-se concretizando à medida que Cristo se expandia por meio das nossas velas.

Se todos os iniciados tinham as mesmas visões, as mesmas tendências e a mesma doutrina, não é de estranhar que D. Manuel escolhesse Francisco de Almeida para governar o mito oriental. D. Francisco conhecia o seu regimento, pois tinha-o aprendido com D. João II: ampliar o universo de Cristo, derrotar o Islão, destruindo as suas rotas comerciais, fazendo amizade com as gentes dos pólos terrestres considerados necessários ao abastecimento das armadas e fomentar o enriquecimento do Reino de tal modo que permitisse o ataque decisivo ao Suez, a Meca, ao Cairo e à Turquia.

O destino do Oriente ficava assim modelado na mito-história que iria surgir. D. Francisco de Almeida cumpre o plano aprendido quando se iniciara, e cumpre-o brilhantemente. Desenvolve amizade com os reis amigos, de Cananor, Coulão, Cochim e Melinde. Nos territórios amigos de Cochim e Cananor constrói a fortaleza e a igreja, após autorização pedida e concedida; combate os islamitas na costa africana e da Índia e manda descobrir as rotas marítimas por onde estes comerciavam com Bassorá ou Suez. Envia nessa descoberta o seu filho, D. Lourenço de Almeida, alma grandiosa, devotada e dotada da consciência específica que o *homem-mito* tem de si próprio. Nele, tudo é revestido e concebido como se de uma cerimónia litúrgica e heróica se tratasse. Todo o seu acto era pensado como acto a Cristo, acto ao rei, acto ao seu pai. Todo ele se confundia com a lenda, se confundia com Portugal.

D. Lourenço, seguindo o regimento feito pelo pai, parte, pois, para as Maldivas, porque era por ali, por entre aquelas mil ilhas, que o renegado islamita se escoava e ia engrandecer os cofres do sultão do Cairo ou do paxá de Constantinopla (ou ainda dos *doges* de Veneza...).

D. Lourenço parte ao amanhecer. Os seus cabelos e barba de ouro confundem-se com os reflexos da sua armadura de aço puro. Era a configuração da lenda. Pela tarde, uma tempestade atira-o para o cabo Comorim e dias depois encontra-se frente a Ceilão. Aqui dá-se o primeiro «milagre» que o transformou em *herói-santo* para os povos de Ceilão e de toda a Índia.

Era meio-dia quando desembarcou numa praia, próximo de Galle. E desembarcou como o emboscado, cabelos e barbas de ouro ao vento, armadura resplandecente sob a luz solar. A neblina da rebentação do mar dava-lhe uma configuração etérea, inumana.

Por detrás, a armada, de velas ainda desfraldadas, estandartes de cores múltiplas ao vento. O povo acorreu à praia, maravilhando-se. Uma velha lenda de Ceilão contava--lhes que um deus faiscante havia de vir, voando sobre o incêndio dos raios do Sol. Esse deus era o Deus Salvador, o que mataria o «animal» que aterrorizava as gentes e salvaria o povo de Ceilão da morte e de um destino maléfico.

O povo interrogava-se: Seria esse deus

*Cochim constitui o primeiro ponto de apoio dos Portugueses na Índia. Os seus reis foram durante séculos amigos de Portugal. Daqui partiu D. Lourenço de Almeida com a missão de atacar as armadas islamitas nas Maldivas. Desviado, contudo, da sua rota, aporta ao Ceilão, nas proximidades da cidade de Galle (em baixo), e tão marcada ficou a chegada aí dos Portugueses que ainda hoje os turistas são convidados a visitar aquele local histórico da costa. Nas escavações em curso em Colombo (1990), segundo local visitado por D. Lourenço, têm-se descoberto vestígios da antiga fortaleza portuguesa.*

*À esquerda — Em Cochim, uma procissão entra numa igreja de traça evidentemente indo--portuguesa, com um pórtico em estilo manuelino.*

aquele vulto que surgia da bruma do mar? Seria o seu salvador?

D. Lourenço aproximou-se da praia, saltou da barca e os marinheiros levaram-no para terra. O povo não acreditava. Que deus estranho. Homem não era. Nenhum homem era loiro, nenhum homem tinha aquelas barbas loiras, nenhum homem faiscava ao Sol como aquele. De interrogação em interrogação, a população da praia de Galle aproximava-se lentamente. Nenhum homem podia aproximar-se de um deus se não com o respeito que este merece...

Célere, a notícia chega a Colombo e sobe

*Chaul. Foi no rio que separa as duas fortalezas — a de Chaul e a do morro —, que se deu o combate naval entre os portugueses comandados por D. Lourenço de Almeida, e as forças combinadas do Islão. A morte que D. Lourenço aí encontra é a expressão nítida de como um homem pode viver e morrer em pleno mito.*

*Ao lado — Entrada para a fortaleza do morro; em baixo — uma pequena capela em ruínas, dentro da fortaleza; ao fundo — as muralhas da cidade de Diu.*

*Na página seguinte — A fortaleza, mostrando a sua proximidade com o mar.*

aos reinos de Candia e Cotta. O rei de Ceilão espantou-se. Seria verdade que chegara o deus da lenda? Seria verdade que ele iria salvar as donzelas do «animal» que todos os anos lhe levava e devorava as mais belas virgens?

Os conselheiros cingaleses murmuravam. Talvez fosse um impostor, um daqueles corsários que infestavam o mar das Índias... Sua Majestade o pusesse à prova...

Mas como?, perguntava o rei. É fácil: o deus da lenda não era o que salvava o povo cingalês do «animal»? Que o mandasse matar o bicho...

Ao rei pareceu então aconselhável pedir ao deus que o fizesse. Mandou enviados que lhe fossem pedir que matasse o «animal», só depois falaria com ele.

Os emissários partiram. Qual não foi o seu espanto quando viram o deus em pessoa, orgulhoso e loiro, beber sangue (o bom vinho tinto português) e comer carne humana (a carne de porco trazida da Índia...). Era o máximo. O espanto fundiu-se em horror.

O medo tolhia-lhes os movimentos. Mas pediram-lhe: — Lá no alto, na casa imunda do inferno de Ceilão, vivia um animal tremendo, fosse matá-lo.

D. Lourenço ria divertido com a história. O povo espanta-se: ele não tinha medo, ria-se... D. Lourenço pediu a três marinheiros que trouxessem duas espingardas e uma colibrina, e os quatro treparam ao monte. Passaram por palmares imensos, onde, por detrás de cada palmeira, um cingalês espreitava e apontava o buraco do bicho. O que se passou depois não nos conta Gaspar Correia, mas podemos concluir que D. Lourenço matou o «animal» a tiro. O estrondo, ecoando pelos vales e encostas do Sri Lanka, mais transcendente tornava a sua morte.

D. Lourenço era, pois, o deus esperado, mas não o deus benigno que aguardavam. Era um deus temeroso, comia carne humana e bebia sangue, não tinha pele humana, era de aço; o seu braço, quando queria, era enorme e com ele matava à distância.

A lenda estava feita. Um deus, em 1505, chegava a Ceilão, matava o feroz animal e deixava companheiros na ilha.

D. Lourenço, a partir desse momento, não era mais um herói, mas sim um deus, e um deus não morre.

Toda a Índia se maravilhou e se espantou com a história vinda de Ceilão. Os Portugueses tinham um deus consigo.

Os islamitas opunham-no ao profeta Maomet. Tinham que matar esse deus, porque com ele os Portugueses venceriam sempre. Recados são trocados entre Cambaia e o Cairo e uma poderosa armada turca aproximou-se da Índia.

Na embocadura do rio de Chaul, esplendorosa embocadura, algumas naus e caravelas, comandadas por Lourenço de Almeida, baloiçavam. O vento era pouco. Os sentidos distraídos com o jogo não viram ou não quiseram ver as armadas, a turca e a de Diu, que se aproximavam.

Deu-se o combate. Durante um dia inteiro troaram os canhões das duas armadas. Durante um dia, estandartes, velas, mastros e remos foram sendo sucessivamente penetrados pelas bombardas. O fumo da pólvora dava à embocadura do rio o aspecto de um vulcão prestes a explodir. Entretanto, a noite chegou e as armadas separaram-se. No dia seguinte tudo se reiniciou e, por ordem do comandante português, algumas naus saíram do combate e partiram para o alto mar.

O peso da luta processa-se então entre toda a força inimiga e a nau de Lourenço de Almeida que, encalhada, vomitava fogo por todos os canhões que possuía.

O herói é duas vezes trespassado por balas. A agonia estava próxima, mas era um deus, era um símbolo, e como tal não podia dar a entender ao inimigo que podia morrer. Pede então que o escondam nos fundos da nau, que, lenta mas inexoravelmente, ia sendo engolida pelo lodo. Dois grumetes, loucos, obedecem à ordem e D. Lourenço desaparecia da história.

Durante dias, turcos e cambaios procuraram sem êxito o seu corpo, procuraram alguma coisa que lhes indicasse que ele morrera, enquanto a população de Chaul e das terras próximas murmurava: Como é que um deus morre? O seu barco não estivera sempre envolvido em fumo, em nevoeiro? Ele desaparecera para mais tarde voltar e vingar-se de quem o derrotara...

Os prognósticos da população estavam certos. Ele voltaria, mas fundido no corpo do seu pai.

D. Francisco de Almeida, quando soube da morte do filho, não só chorou e gritou vingança como compreendeu a grandiosa dívida que tinha de vingar — a morte do filho. Como outro personagem lendário, junta uma armada importante; envia prisioneiro para Cananor Afonso de Albuquerque, vindo de Ormuz para o substituir no Governo da Índia e que nada percebia da lenda que se estava formando; e ataca o turco.

Foi decisiva a vitória. D. Francisco, encarnando D. Lourenço, alcança uma vitória tão grandiosa que nunca mais o turco enviou armadas para combater com as de Portugal.

A lenda ampliava-se. De um deus, passou o povo da Índia a acreditar em dois: D. Lourenço e D. Francisco de Almeida, ambos iniciados por D. Manuel nos segredos e mistérios da Ordem de Cristo.

Várias conclusões se tiram desta história, mas a principal é que o Português dos séculos posteriores pouco compreendeu quanto a grandeza e prestígio de Portugal foram acrescidos com a morte e a ressurreição do deus que transformara a derrota de Chaul na vitória raivosa de Diu. Os portugueses futuros vão preferir Afonso de Albuquerque, homem do Renascimento, senhor da guerra, capitão valoroso mas que nunca percebeu a mito-história em que Portugal vivia, transformando-a, durante sete ou oito anos, na história naval de um conquistador com visão de génio, mas puro conquistador de impérios terrestres.

Note-se, como em contraponto, que nunca Francisco de Almeida, Lopo Soares de Albergaria ou Diogo Lopes Sequeira, só para apontar três dominadores do Oriente, conquistaram. Todos eles procuravam, como mandava o rei e as determinações templárias lhes indicavam, combater o Islão, procurando amizade com os povos não islamitas, cristianizando-os ou preparando-os para a evangelização. Se fosse preciso reforçar defesas, que o fizessem, mas sempre com a autorização do rei local. Nunca impondo contra ele a superioridade bélica que tinham.

Fazer guerra total ao Islão, sim; conquistar, só Adém; tudo o resto — Malaca, Ormuz, Colombo — deveria ser defendido com a ajuda de fortalezas que se pudessem construir com o acordo de cada rei local. Os potentados de cada lugar eram, para D. Manuel, reis, na grelha de suserania que o *Império de Cristo* criara.

Afonso de Albuquerque veio transformar toda esta estratégia. Goa foi conquistada, Ormuz conquistada foi, Malaca foi arrasada, tudo contra as ordens do rei e contra a vontade dos homens que o rei mandava à Índia com funções definidas.

O rumo das armadas reais era alterado, comandantes foram presos, hindus foram mortos e ainda, vinte ou trinta anos depois, a China, por causa de Albuquerque, apontava o português como um bárbaro, um corsário, um sanguinário.

A conquista de Goa foi discutida em Portugal pelos teólogos, pelo rei e pela corte. Que poderia argumentar Portugal quando, negando a sua visão histórica e o seu poder profético, fazia guerras não santas, ou guerras não justas? Como é que Portugal encararia a sua própria iniciação por Cristo em Ourique, quando conquistava por estratégia de construção de impérios que não podiam ser de Cristo? Para D. Manuel, Afonso de Albuquerque era um homem a abater. Não porque não fosse competente, audaz, mas porque era um aventureiro, fazia a guerra pela guerra, sem se lembrar que era a Cristo que tinha que justificar a sua luta. E Cristo só admitia a guerra contra o Islão, só permitia a guerra justa.

D. Manuel não queria que o seu império fosse o bárbaro império dos espanhóis; ele exigia que o seu império fosse um império justo, o *Império Universal de Cristo,* pois fora a si que D. João II transmitira a iniciação recebida de D. João I e esta já lhe viera de D. Dinis, que de D. Afonso Henriques a recebera.

Albuquerque, aos olhos de D. Manuel, falhava como português, desobedecera-lhe como capitão e quase deitava por terra o sonho do Suez, a conquista do ventre do Islão, ao não conseguir a conquista de Adém. Para D. Manuel, Afonso de Albuquerque não era um homem cristão. E se aprovava e mandava que se continuasse com a política de miscigenação iniciada por Albuquerque, não poderia apoiar nunca as outras acções do Grande Capitão.

Assim se compreende a «carta testamento» de Afonso de Albuquerque. Ele nunca tinha percebido o Portugal mítico, nunca actuara como português na construção do mito luso. Executava o plano de *conquista,* mas fazia-o a seu modo, sem o lendário fundamento que deveria existir para que esses lugares se transformassem em locais da mito-história de Portugal. Só o futuro, que outros construíram, é que integrou Malaca, Goa e Ormuz na luminosa lenda lusa.

*Após o embate naval em Chaul, o vice-rei D. Francisco de Almeida desafia e derrota a armada da coligação turco-cambaia. Este combate foi decisivo para o domínio dos mares, pois nunca mais uma armada turca ou cairota se atreveu a desafiar no mar os Portugueses. Só a partir do século XVII é que o poder árabe de Mascate procura vingar as derrotas marítimas do Islão.*

Na página anterior — *Fortaleza em Mascate.*

Nesta página — *fortaleza de Diu* (em cima), *e a Igreja de São Francisco* (ao lado).

## A tristeza do semideus ante a realidade histórica

Estêvão da Gama, filho do grande iniciado Vasco da Gama, entrou para a nau empavezada. As velas enfunadas rumaram ao Suez. Com ele iam os iniciados na mito-história de Portugal, D. João de Castro, Luís de Ataíde, Cristóvão da Gama e muitos outros.

De há muito que o rei ordenara que se rumasse ao mar Vermelho e que se procurasse atingir duas finalidades — destruir toda a armada islâmica que se encontrasse e contactar com o Preste João a fim de se combinar a táctica para o ataque ao Cairo.

A armada de Estêvão da Gama, após ter atravessado uma tempestade ao largo de Socotorá, passou por Adém e foi ancorar à ilha Maçuá.

Daí em diante só os catures a remos poderiam seguir.

Escolhidos os homens mais nobres e aguerridos, chega-se, após várias peripécias, à cidade de Toro.

Toro era uma cidade importante e era um local histórico para o cristão, pois muito próximo, para o interior, encontrava-se o Monte Sinai e o seu velho convento.

Estêvão da Gama desembarca, forte e feroz, destrói e mata em Toro. O combate estava no auge quando dois monges se lhe dirigiram pedindo que não atacasse o Sinai, pois eles também pertenciam a Cristo.

Estêvão da Gama sorriu e, a meio do ronco da luta, sossegou os monges e disse-lhes que gostaria de visitar tão venerável convento.

A batalha, se bem que áspera, foi breve. O grupo subiu, em fila indiana, ao Monte onde, depois de ouvir missa, alguns mancebos, fidalgos de Portugal, foram armados cavaleiros.

Compreende-se a emoção, o choro, a alegria daquele grupo que entrou na lenda. Ser-se armado cavaleiro no Monte Sinai era a maior honra que se podia dar a guerreiros de Cristo. Quantos séculos se tinham escoado desde que algum guerreiro de Cristo tivera tamanha honra? Ninguém o sabia ou saberá.

D. Estêvão, olhando em volta, sentia que nesse momento ele criava história e lenda. Todos os que entravam na ordem da cavalaria sentiam o mesmo. No meio do pequeno grupo, dois dos mais novos, Cristóvão da Gama e Luís Ataíde, extasiados pela força do ambiente criado, sonharam com o Graal e com a glória de virem a tornar-se eles próprios lendas humanas.

A armada corre ao Suez. Alguns desembarcam mas, ante os milhares de árabes e turcos que os esperavam, tiveram de retirar. Apesar disso, todos estavam eufóricos pelo significado do feito, que consideravam muito maior do que aquele que fizera Nuno Fernandes de Ataíde ou António de Ataíde quando insultaram o rei de Marrocos na sua cidade santa. O Monte Sinai e o Suez eram o coração do inimigo. Lutarem e matarem nesse coração era a máxima glória a que um cavaleiro cristão podia aspirar.

A pequena armada retorna a Maçuá e aí tem a notícia de que o Preste João lhes pedia ajuda contra os islamitas que o atacavam. Cristóvão da Gama foi escolhido para comandar os 400 portugueses que iriam tentar juntar-se às hordas do Preste João e atacar os seguidores de Mafoma.

A marcha para o interior da Etiópia foi penosíssima. Às montanhas seguiam-se montanhas. À temperatura tórrida dos vales seguiam-se os gelados topos das serras. Às florestas seguiam-se as estepes áridas, quase desertas.

D. Cristóvão a todos acorria. Puxava canhões, empurrava carros, ajudava os que fraquejavam, mantendo sempre ao Sol o seu estandarte e o do seu rei.

Os dias passavam. A penetração na Etiópia ia já longa. D. Cristóvão nada via que se comparasse à lenda que durante anos lhe tinham contado. Só via pobreza, cabras, pe-

*A costa oriental de África transformou-se com o tempo num campo de batalha entre portugueses e islamitas. Ficaram célebres as pugnas pela posse de Mombaça. Ao longo de toda a costa dezenas de pequenas ilhas constituíam postos avançados ou baluartes de Portugal — Patte, Lamu, Zanzibar, Pemba, Quirimba (na página anterior, em cima — interior da fortaleza de Jesus, em Mombaça). O marco mais mítico de Portugal naquela região é, porém, a Etiópia. Terra lendária do Preste João, foi o primeiro local sagrado para a missão portuguesa da criação de um Império Ecuménico. Durante todo o século XVI é a fronteira entre o cristianismo e o islamismo.*

*Nesta página e na anterior, em baixo — Aspectos do palácio real de Gondar, construído pelos jesuítas para o imperador Facílidas no século XVII.*

quenos mosteiros, tendas, muitas tendas. O povo era magro, escondendo «as suas partes» com trapos. Onde estariam as hostes do Preste João?

Um dia dizem-lhe a verdade, o Preste João encontrava-se fugido, a centenas de quilómetros, com medo do furacão islamita. Cristóvão da Gama fecha os olhos. Compreendia agora que não existia o Preste João sonhado. A lenda era lenda, só lenda, não continha a mais pequena parcela de realidade.

Cristóvão da Gama levanta os olhos ao céu e interroga: — Porquê, meu Deus, porquê todo este sonho? Porquê lutar por pedras e por um cobarde que se escondia nalgum topo de algum monte com medo do árabe e do turco? Porquê, meu Deus? Qual o sentido do destino que Ele lhe tinha dado? Porquê?

Cristóvão encosta-se a uma rocha. A noite chega. As estrelas rompem. O negro manto aproxima-se. Cristóvão fala com Ele, interrogando-o continuamente. Lentamente ia-lhe passando o terror de se sentir só, entra no momento que antecede o sono. As estrelas brilhavam cada vez mais, longínquas cabras berravam, talvez de fome. Nesse meio tempo vê sobre si, recortado pelas chamas da fogueira, o seu estandarte e o do seu rei, com o sinal de Cristo.

A ira e o medo que tivera desapareceram de súbito. Cristóvão da Gama compreendera agora que Deus o tinha escolhido para defender a Fé, não para defender o Preste João. Este não existia. O que havia era os inimigos de Deus, esses é que tinham de ser derrotados e Deus mandara-o para os travar, não para ajudar aquilo que não existia — o Preste João.

Cristóvão falou então aos companheiros, fazendo ressaltar a enorme responsabilidade que tinham aquirido por terem sido escolhidos por Deus para uma missão de amor e de terror; para uma missão que talvez só terminasse quando O encontrassem no Céu.

O que se seguiu foram as lutas, o matar e o morrer até uma glória final, mas quando esse momento chegou, Cristóvão da Gama jazia morto e, no local onde fora enterrada a sua cabeça, jorrava água pura, cristalina e cantante.

Deus acolhera-o. Ele tinha cumprido a sua missão sem ódios, mas com a força hercúlea do *semideus* que encontrou no seu Deus, a força que lhe faltava como homem.

O Preste João não era nada. Não existia na portentosa mito-história de Portugal. O Preste João pertencia simplesmente à História, era mortal, e como mortal morrera antes de nascer. O seu papel já acabara há muitos anos.

O que ficara fora a fonte pura nunca tocada por nenhum turco ou árabe. A sombra enorme do herói morto impedia-os de lá chegar. A África estava salva pela existência dessa sombra.

*Gondar, complexo muralhado (em cima), e outro aspecto do palácio real (na página seguinte, em baixo). Cristóvão da Gama foi o campeão da luta entre Portugal e o Islão em terras da Etiópia. A partir desta epopeia a acção missionária desenvolveu-se extraordinariamente. Aos jesuítas estabelecidos em Gondar se deve a construção de todo o complexo do palácio real, assim como das numerosas pontes e de uma igreja magnífica, hoje em ruínas, no lago Tana.*

Em cima, à direita — *O velho porto de Mombaça. A história de Mombaça liga-se à história da Etiópia, como se liga à história da Índia. Antes do fim do século XVI mudou de mãos frequentemente.*

## O criador do mito ou o entendedor da história como mito-história

Muito novo, João Filipe Nicote desembarcou na Índia. Era filho de um Nicote, embaixador de França em Lisboa, a quem se deve não só a palavra «nicotina», como o contrabando de mapas portugueses para França e Itália. Os mapas de Dieppe têm a sua assinatura como espia.

João Filipe é um exemplo de entre milhares de portugueses que, amando a aventura, o poder, o negócio, partiram para Goa, expandindo o poder individual dos Portugueses em terras longínquas.

Podia-se mesmo dizer que, nas Índias Orientais e Ocidentais, existiram dois tipos de império — o primeiro é o *Império de Portugal,* totalmente ligado à estrutura criada pela coroa sagrada de Portugal e que se fundamentava na existência de uma organização política e administrativa subordinada ao ditame directo do rei de Portugal.

Neste império a obediência cívica e moral ao rei era um imperativo a que todo o português, sentindo-se seu representante nas terras longínquas, se obriga, por ditame próprio a obedecer.

Esta obediência tornava-se, assim, não só uma obediência colectiva, como um imperativo moral de obediência individual. Ora esse imperativo de obediência individual, tão bem descrito por Fernando Pessoa no «Mostrengo», é o que forma um império dentro doutro.

O que distingue este segundo tipo de império é que ele, mantendo-se português, é formado por seres isolados, ou grupos, que penetram no interior das terras das Índias Ocidentais e Orientais, formando uma cadeia não interligada por qualquer tipo organizacional, mas sim pelo conhecimento pessoal, pela língua que falavam, pela religião que professavam e pela ambição que tinham.

Era um império estranho. Um império, diríamos hoje, de franco-atiradores, guerrilheiros ou emigrantes, mas, no nosso caso, um império cultural, obedecendo sempre e em última instância ao rei, mas profundamente independente nos actos que se praticavam. Pode-se mesmo dizer que este «império» tinha quase uma dimensão dupla da do império organizado. E é esta capacidade

As fachadas das igrejas de Goa estão decoradas numa grande variedade de estilos. A Igreja de Nossa Senhora do Espírito Santo, em Margão (à esquerda), é um exemplo bastante elucidativo.

Em cima — A torre em ruínas da Igreja dos Agostinhos apresenta uma silhueta magnífica à luz do crepúsculo.

de dispersão, por um lado, e de organização própria, por outro, que permite que o Português permaneça e aumente a sua capacidade de penetração e de influência precisamente nos momentos em que a Holanda, a Inglaterra, a França e a Dinamarca derrotavam militarmente o império estruturado de Portugal.

O mais espantoso, todavia, é que é precisamente nesses momentos que a força da expansão portuguesa ganha novamente os contornos franciscanos e de tal modo consegue penetrar em todo o *hinterland* asiático e americano que se torna responsável por duas acções importantíssimas da História Universal e particularmente da mito-história de Portugal. São eles:

— a marcação quase que definitiva das fronteiras de diversos Estados;

— e a definição das zonas de influência dos diversos credos e raças.

Para compreendermos estes factos, bastará analisar a história do Brasil e perguntar se não foram os bandeirantes, organizados localmente e fora das estruturas do Estado Português, que conseguiram, em actos de bravura quase olímpicos, afastar a influência espanhola, lenta mas progressivamente, para oeste da linha de Tordesilhas.

Bastará ver como foi à custa destas hostes heróicas entregues a si próprias que a Birmânia definiu a sua fronteira com Bengala (o actual Bangladesh) e com a Tailândia; que Ceilão viu a sua independência limitada à ilha e que as raças e os credos da Índia se uniram preferencialmente em determinados locais e zonas.

Esta mito-história portuguesa é toda aquela história secreta que envolve os séculos XVII e XVIII e mesmo o início do XIX. É esta mito-história que regista a criação da primeira Legião Estrangeira na Índia, comandada por um general português, um dos muitos Noronhas que, ao lado dos franceses e de forças muçulmanas, impõe regras de convivência e de fronteira aos ingleses e aos hindus. É esta mito-história que nos mostra a acção heróica, profundamente mitificada pelos muçulmanos da Índia, do bispo de Halicarnasso, que, comandando as maiores cargas de cavalaria que até então se tinham presenciado na Índia, derrota e faz parar a penetração inglesa, pondo um limite à acção dos hindus. É esta mito-história que nos levanta o véu da força lendária de dúzia e meia de soldados e de sacerdotes que, em luta religiosa e em luta física, impedem o alastramento da influência de outros países europeus em acção na Índia, Birmânia, Conchinchina, Camboja e mesmo na China.

É esta mito-história, agora nas Índias Ocidentais, que envolve o local sagrado da colónia do Sacramento, ponto estratégico único na América do Sul, cuja existência provocou consequências enormes para a geografia política daquela região. Criou um país, o Uruguai, influenciou de lusitanismo todo esse Uruguai, o Norte da Argentina e recriou Buenos Aires. Transformou e deu peso estratégico à formação do Rio Grande do Sul, do Mato Grosso e do grande *hinterland* do Amazonas. A colónia do Sacramento foi a moeda de troca política pela qual Portugal conseguiu fixar as fronteiras do Brasil para ocidente da linha marcada em Tordesilhas.

Mas não se limita aqui a acção da colónia do Sacramento, que será um pólo de irradiação cultural por toda a América do Sul — basta ver como se festejou um grande herói lendário, António Pedro de Vasconcelos, tão hábil na espada, como nas letras.

Na colónia se organizaram as primeiras representações teatrais e os primeiros concertos musicais que toda a América do Sul presenciou. A colónia não era somente um reduto militar, pólo estratégico no Rio da Prata e fronteira a Buenos Aires, mas um centro de irradiação cultural potente e dinâmico. Diz sobre esta época um ilustre uruguaiano, o Prof. Fernando Assunção:

«Em 1722 ocorre um feito capital; toma posse do governo da Colónia António Pedro de Vasconcelos, que será grande governador e o verdadeiro arquitecto, o autêntico transformador da feitoria, na cidade mais rica, progressista e o baluarte militar maior e melhor defendido da região do Rio da Prata, através dos vinte e sete anos que durará o seu governo.»

Ora, este segundo tipo de dinâmica do império luso só existiu pela enorme capacidade individual do Português que, de camponês na sua terra, se transformava num *eleito* quando atingia um dos muitos pólos do *Império Ecuménico de Cristo* e daí partia para se cumprir, para viver a sua aventura.

João Filipe Nicote é um dos extremos a

*A Goa chegavam, vindos de Portugal, todos os aventureiros que buscavam a Índia e daí partiam para todos os locais do Oriente. Aí regressavam mais tarde — os que regressavam — após uma vida de intensa presença comercial e cultural. Com eles partiam, com eles regressavam os missionários que iam criando uma mito-história sagrada naquelas paragens. Deste modo Goa e Pangim ficaram para sempre como locais excelsos de um intercâmbio cultural que se manifesta na arquitectura, na língua, nos cantares, nas festas e nos trajes (em cima).*

*Na página anterior — Pormenor do Arco dos Vice-Reis, na Velha Goa.*

*À esquerda — Seminário de Rachol, Goa.*

que pode chegar este gosto pela aventura e esta noção de que, mesmo isolado, o Português surge e representa na vida o senhor da lenda, o senhor do mito.

João Filipe Nicote chega, como dissemos, a Goa muito novo. Goa era nesse tempo a cidade santa do Oriente cristão. Esplendorosa nos seus palácios, conventos, igrejas, seminários, ainda hoje os goeses se orgulham da miscigenação que se vivia nas suas ruas. Milhares e milhares de gentes de todas as raças e credos vendiam toda a quinquilharia que possuíam. Era um linguajar contínuo, um grito constante de amor e de comércio que varria os dias de Goa.

Nicote pouco tempo está em Goa e o pouco tempo que lá esteve preparou-se para a aventura que destinava a si próprio, a de ser um dos paladinos portugueses na zona de Bengala. Estudou a história, as lendas, os usos e costumes dos diversos povos desta região e verificou que todos os povos de Bengala tinham conceitos religiosos ligados à mesma mitologia. É que todos eles acreditavam que a sua bem-aventurança só se daria quando chegasse do Ocidente, do mar, um ser estranho, que após efectuar várias façanhas tipificadas na lenda, como demonstrativas da sua capacidade divina, salvaria os diversos reinos das pressões e das guerras tidas com outros povos.

João Filipe viu a possibilidade que se lhe oferecia de encarnar esse mito. Sentia-se, como todo o português, um herói. Compreendia que os povos locais se espantavam com o poder, e o aspecto físico que o europeu — o Português — tinha. Sabia perfeitamente que as lendas do mar eram, para os reinos costeiros, uma fonte contínua de maravilhoso, de esperas em milagres... E jogou, identificando-se com a personagem que a lenda do Arracão criara nas mentes do povo arraconense.

A lenda que iremos agora narrar é tirada das próprias lendas do Arracão e brilhantemente contada pelo Padre Manuel Teixeira: «O que hoje se sabe de Filipe Nicote é, por tradição, em parte inacreditável, mas em grande parte verdadeiro. Não se sabe como conseguiu chegar a Arracão. Sabe-se sim que chegou teatralmente à frente de uma pequena frota de velas ao vento, bandeiras tremulando, trombetas tocando, e desembarcando revestido de armas «tão brilhantes que cegavam quem olhasse para ele». Ao vê--lo, o rei de Arracão ficou admirado com a sua aparência quase divina.

— Que homem é este? — perguntou; mas Filipe Nicote falava uma língua estranha que ninguém percebia.

O mito formava-se lentamente, pois o rei, depois de se admirar com o aspecto físico, com a audácia daquele homem, desembarcado só e com uma armada como pano de fundo, exclama: — «Deve ser um homem sobrenatural.»

Filipe Nicote explorava com rara habili-

*Todas as igrejas de Goa revelam uma grande riqueza estilística.*

Em cima — *Uma estátua de Santa Mónica, que está colocada num nicho por cima da entrada do convento a ela dedicado, na Velha Goa.*

Na página seguinte — *A igreja matriz de Pangim.*

dade o impacte. «O povo via-o com admiração e as mulheres desfaziam-se em louvores ao seu formoso e nobre aspecto; mas Filipe ficava indiferente ao silêncio dos homens e ao entusiasmo das mulheres. O tinir das suas armas soava como um trovão longínquo.

Perguntou-lhe o rei quem era e porque viera. Filipe respondeu: — Senhor, sou dessa nação que fica além dos mares; no meu país todo o homem é combatente e tem espada à cinta e, por isso, estando agora a minha nação em paz, eu e estes poucos companheiros meus vimos oferecer a Vossa Majestade os nossos serviços.

Replicou o soberano:
— Ó poltrão, também nós somos uma nação de guerreiros e se soubéssemos o caminho do vosso país conquistá-lo-íamos de maneira a fazê-lo desaparecer.

Isto, continua a lenda, fez irritar extremamente o estrangeiro. — Por S. Tomé, chamais-me poltrão? Façamos então uma experiência em que eu só tenha que combater convosco, ou com vinte dos vossos homens.»

O rei mandou preparar vinte dos seus melhores homens. A população afastou-se deixando uma arena para a luta. As mulheres choravam pelo herói que já amavam.

João Filipe pede aos seus companheiros na armada que lhe mandem o seu cavalo de guerra... e, montando-o, aguarda a vinda dos combatentes.

«Rufaram os tambores e os soldados de Arracão arremeteram, dando vivas e fazendo grande alarido para intimidar o adver-

*Missionários no Sirião, Arracão e Pegu, os Agostinhos construíram em Goa, em 1572, a sua casa-mãe. Essa casa, de que acima se vêem as ruínas da torre conventual, incluía uma igreja, um colégio e um noviciado. Um viajante célebre descreve este conjunto como «um dos mais nobres palácios do mundo». A sua incomparável igreja está hoje a ser restaurada.*

sário. Este não esperou que o inimigo chegasse ao pé de si.

«Esporeando o enorme cavalo encoberto, racha a meio alguns dos inimigos. Corta a cabeça a outros. Espesinha outros e brandindo a sua longa espada em todos os sentidos, fazendo um círculo dentro de cujo raio ninguém ficava vivo, arremeteu contra os restantes, talhando-os como se ceifa uma seara.»

O mito resplandecia. Homem e cavalo permaneciam parados gozando a estupefacção dos que viam a cena. Filipe Nicote tornara-se um homem sagrado. Como sagrados se tornavam todos os que com ele conviviam.

O que sucedeu a seguir é um contínuo maravilhoso. Nicote domina todos os reinos da Birmânia. Conquista o Pegu, o Sirião e consegue fazer a paz entre Ava, Pegu e Tangu. A sua voz aplainava diferendos, impunha pazes, fazia guerras. Nicote era de facto um deus e como um deus foi tratado e como um deus dominou os inimigos do rei de Arracão. Sabia como manobrar os vários reinos de Bengala; sabia o que podia conquistar. Conhecia também o valor enorme e verdadeiro dos seus companheiros.

Num período de paz, deixando o comando a outro grande herói, Salvador Correia Ribeiro, Filipe Nicote vai a Goa, casa com uma sobrinha do vice-rei Aires de Saldanha, mulher mestiça de uma beleza estonteante. O vice-rei não só lhe dá a mão da sobrinha, como também lhe entrega a capitania-mor das conquistas no Pegu.

Enquanto Filipe Nicote negoceia em Goa a sua posição, Salvador Correia Ribeiro enfrenta sedições e bate-se nos mares, nos rios e nos deltas de Bengala contra senhores e reis locais. Um punhado de heróis a combaterem em todas as frentes de Bengala e da Birmânia. Salvador Correia Ribeiro, Sebastião Serrão de Anaia, Jorge de Barros de Azevedo, João Pereira, Simão Barbosa Aranha, são exemplos desse punhado de gentes que perseverantemente e heroicamente destruíam armadas e exércitos, cercavam fortalezas defendidas por milhares de soldados.

Verificando a situação a que tinham chegado, os reis do que hoje se chama Birmânia, rendem-se e entregam o poder a Salvador Correia Ribeiro com o título do Rei de Narsinga.

Correia Ribeiro constrói uma fortaleza no Sirião e aguarda o retorno de Filipe Nicote. Estava-se no ano de graça de 1608 e o rei de Portugal aceita ser senhor do Pegu.

Filipe Nicote, logo que regressa, constrói a cidade do Sirião, dominada por uma fortaleza. Todavia, as vicissitudes da guerra, a cobiça dos homens e a beleza da sua mulher levantam contra ele todos os grandes da Birmânia.

Ao fim de meses de luta, quase sem homens, e sem pólvora, Nicote é obrigado a render-se ao rei de Ava, que lhe cobiçava a esposa. A morte e o amor, como em todas as histórias de Portugal, consubstanciavam-se em Nicote e sua mulher. Ambos são torturados e mortos. Ambos se amam até morrer.

Devíamos poder concluir que, acabada a lenda física de Nicote, Portugal e o Sirião desapareciam da Birmânia. Puro engano. Hoje, e após algumas campanhas arqueológicas, não só se encontraram restos de uma igreja de jesuítas do século XVIII, como se acharam pedras tumulares de portugueses falecidos por volta de 1750.

Na Birmânia e por todo o Sudoeste Asiático; nas profundezas dos deltas da Tailândia, nas fronteiras do Camboja ou nos arrozais da Indochina, povos transanguíneos transmitem às culturas locais as sombras da herança portuguesa. Algumas palavras, alguns hábitos, certas tendências telúricas vindas de um passado longínquo são inexplicáveis se não levarmos em conta os fantasmas de Portugal. Em pequenos e grandes testemunhos, Portugal vive ainda naquelas distantes paragens; testemunhos que vão do doce mais vendido na Tailândia, ao enorme peso religioso em Malaca, à própria mitologia do Bangladesh.

Se Filipe Nicote encarnou uma lenda e criou o seu mito, consubstancia também o mito mais lato do *Império Ecuménico*, pois ainda em algumas paragens da Birmânia os camponeses se consideram portugueses, tendo em suas casas quadros da Virgem, de Cristo e do que consideram o *terceiro santo* — Filipe Nicote. Isto vimos nós em 1983. Isto se vê ainda na Birmânia.

*Goa era um mundo de cores e sons estranhos. Aí confluíam, consoante as monções, portugueses, javos, hindus, malaios, chins, cingaleses. Em Goa ficavam e aí construíam as suas casas.*

Na página anterior e ao lado — *Antigas casas indo-portuguesas em Goa demonstram um estilo interessante e um desenho e construção muito originais.*

Em cima — *Dia da festa do Menino Jesus na igreja de Colva, um acontecimento anual muito concorrido. A descrição da vida em Goa feita pelo viajante francês Pierre de Laval mostra até que ponto era impressionante a convivência entre raças e povos das mais díspares mentalidades e costumes.*

## Da história de derrota à mito-história de vitória

Um historiador inglês considerou a acção civilizadora de Portugal no Japão como a mais importante feita por qualquer nação ou raça no Mundo — dando ao Japão o nome de *última Thule,* a mais recôndita parcela do Mundo e a mais cobiçada.

Vimos já que o começo da nossa mito-história no Japão se iniciou com duas histórias de amor — o amor do homem pela mulher e o amor do homem pela espingarda. Iremos desenvolver nesta lenda a terceira vertente do amor entre os Portugueses e os Japoneses. Referimo-nos ao amor social, ao amor de Cristo, ao amor das classes sociais entre si.

Quando Portugal chegou ao Japão, a vida social era equilibrada entre dois pólos — o dos poderosos e o dos humildes.

O primeiro pólo, o dos samurais, era o que fazia a história. Toda a vida histórica se formava das grandezas, amuos, mortes, amores e ódios entre os diversos grupos ou famílias do Japão. Quase se pode dizer que, até à chegada dos Portugueses, o que se conhece do Japão, logo o que se sabe da sua história, é o resultado do tipo de existência política que estas famílias tinham entre si.

Havia períodos de luta quando os grandes senhores se zangavam, havia períodos calmos quando os grandes senhores se entendiam.

Ao humilde era-lhe negado o qualificativo de homem. O humilde vivia sem história, sem amor e sem ódios. Vivia como um animal amestrado, pronto a odiar quando o mestre lhe ordenava, pronto a amar quando o senhor o obrigava. E a semelhança entre o humilde (não dizemos pobre) e o animal era total, pois que ele só tinha razão de existir enquanto o senhor podia tirar partido, físico ou mental, das suas capacidades. Quando envelhecia ou adoecia via-se sozinho perante as divindades distantes, aguardando a esmola duvidosa que lhe poderia chegar pela mão do senhor. Em resumo, a vida social era esta: existência de uma classe omnipotente e suprema, plena de códigos de honra e de invulnerabilidades, vivendo à distância do animalismo humano que o circundava, o humilde sempre à espera do açoite ou do prémio dessa classe que vivia fora da sua adjacência geográfica.

Os ritos dominavam a existência dos que tinham nome. Os ritos eram os símbolos que distinguiam os grandes dos outros. Esses ritos necessitavam de espaços, de ambiente. Espaços e ambiente que impediam o servil de se aproximar dos senhores. Estes eram, pois, donos totais dos rebanhos humanos que os seguiam e que de longe pensavam que toda a sua vida era regulada por esses rituais.

Esta era, em resumo, a existência nipónica quando os Portugueses chegaram às ilhas do *último Thule.*

Com os Portugueses vieram três factores ideológicos que afectaram muitíssimo a existência nipónica, minando a sua cultura social. O primeiro foi o da consciência de que todo o homem era um ser humano e que, quanto mais frágil, pequeno e humilde, mais um Deus supremo o amava e o ajudava a caminhar. O segundo factor era mais pragmático, pois que nascia da concepção de que a existência humana era uma existência global, obrigando o homem a tratar do seu companheiro, pobre ou rico, sempre que ele necessitasse. O rico e o pobre eram formados do mesmo suporte físico e este devia ser sempre tratado quando entrasse em rotura.

O terceiro factor consistiu na capacidade em conviver com as crianças, ajudando-as a superar as dificuldades culturais, mentais e físicas que elas apresentavam na sua pequena existência. Enfim, os Portugueses levaram o sentido do amor pelo próximo, procurando no exemplo de amor fazer com que o próximo sentisse o mesmo pelo seu semelhante.

Francisco Xavier, desde a sua primeira visita ao Japão, sentiu que aquela era a conquista do seu rei e do seu Deus. Sentiu as duras realidades da existência social japonesa e actuou. Actuou de modo muito diferente do que fizera na Índia mogólica, ou na África, em Sofala ou em Tete.

Xavier sentia a angústia daquele povo de extremos e procurava transmitir-lhe não só as palavras de Cristo como os meios práticos, para a cura das doenças, para as feridas do corpo.

Se, pela palavra, Xavier e os seus companheiros jesuítas convenciam as almas, Luís de Almeida, com outros companheiros, tratava os corpos mirrados pela fome. Convenciam os pobres de que mereciam ser tratados como seres humanos, mereciam a estima do próximo e convenciam as crianças de que o seu mundo era um mundo próprio e que aí deveriam ser compreendidas.

Luís de Almeida foi, pois, o complemento de Xavier ao criar um hospital para pobres e um orfanato para crianças. Em cartas de ânua os Jesuítas falam do projecto de Luís de Almeida para recolher as crianças abandonadas. E em outras cartas do mesmo ano (1555) Almeida pede que lhe enviem drogas

*Nada foi tão sagrado como a mito-história do Português no Japão. Aí chegado no século XVI, logo procura chamar o Nipónico ao império de Cristo. Os Jesuítas foram os grandes conquistadores da alma e do espírito dos Japoneses, foram a vontade e o instrumento da alteração do sistema de vida no Japão.*

*Cenas em biombos nambam; na página anterior — padres jesuítas juntam-se a comerciantes portugueses e japoneses, no porto de Nagasáqui; nesta página — a chegada anual da Grande Nau de Amacon (Macau) era sempre motivo de enorme excitação.*

«de que esta terra está muito faminta, bem como um caixão de unguentos, coisa de que carecem muito».

Foi assim que a medicina e a cirurgia portuguesas entraram no Japão. Luís de Almeida diz-nos em outra carta: «A obra do hospital é um sinal não pequeno para toda esta terra do Japão...» e continua: «os japoneses não têm modos de curar, principalmente por meio da cirurgia, considerando assim incuráveis males que as nossas mesinhas, pela bondade do Senhor, obram maravilhosas sobre eles.» Estava lançado o desafio da conquista missionária de Cristo no Japão.

Os grandes senhores compreenderam então que outras verdades estavam a ser patenteadas à inteligência e à fé. Os pequenos entenderam, pela primeira vez, que podiam ser homens, e não somente animais. Entenderam que o seu corpo, bem como a alma, era igual à alma e ao corpo dos grandes senhores.

A conquista prossegue. Atrás dos Jesuítas, vieram os comerciantes. Estes fizeram criar riqueza no Japão e fora dele. Jesuítas e comerciantes uniram-se na conquista. Fora-lhes entregue uma cidade, Nagasáqui, cidade que em trinta anos passou de quatrocentos habitantes a mais de quinze mil.

Morto Xavier na China, Luís Almeida, João Rodrigues, Luís Torres, António Gago, João Vilela e centenas de outros jesuítas catequizavam por todas as ilhas do Japão. E o seu sonho, correspondendo aos sonhos do povo e de alguns grandes senhores, tornou-se num barril de pólvora que rebenta quando o senhor do Bungo — o *dáimio* D. Francisco O Tomo Soorim, planeia, com Almeida, talvez a maior empresa que nem os combatentes de Ourique sonharam fazer — construir no Japão a *cidade mítica de Deus*. Cidade-piloto, no dizer de um estudioso, «que servisse de modelo para ulteriores planos e cuja fama chegasse à longínqua Roma».

O Tomo Soorim acampa na longínqua planura de Tshuchinochi e sonha com a sua «utopia». Todavia a estrutura hierárquica do Japão não permitiria nunca que a ideia de Cristo surgisse e que se instalasse no seu solo aquela utopia cristã onde todos os homens seriam iguais entre si. O Tomo é derrotado. Os cristãos começam a ser perseguidos. Os jesuítas, franciscanos e dominicanos são mortos, crucificados, e milhares de japoneses cristãos fogem pelo mar. Macau é o seu porto e a fachada de S. Paulo o seu sinal.

Nesse mesmo momento outro facto importante sucedia no Japão — a chegada da primeira barca holandesa, cujo piloto inglês, William Adam, se transformou no maior perseguidor dos católicos. Para os holandeses, bem como para o inglês, o único império que lhes interessava desenvolver era o do comércio. Lenta e inexoravelmente as igrejas jesuítas são arrasadas e 1597 foi o ano do primeiro massacre organizado. Cerca de 20 000 cristãos nativos e a quase totalidade dos franciscanos são mortos em condições

*Após a expulsão dos Portugueses do Japão e o martírio horrendo da embaixada seiscentista recordada nas pinturas da arca (na página anterior) feita com madeira do último barco que efectuou a viagem entre Macau e Nagasáqui, bem como no monumento contemporâneo erigido nesta cidade aos mártires critãos (em baixo), deu-se uma verdadeira diáspora de cristãos nipónicos que se dispersaram pelos mais longínquos locais do império de Cristo. Há conhecimento da sua existência em Macau, Tailândia, Birmânia, Índia, África e Portugal. Alguns motivos decorativos (ao lado e ao fundo) da fachada de S. Paulo, em Macau, recordam essa presença.*

horrorosas, queimados em águas sulfurosas. Em 1635 quase um milhão de cristãos desaparecem torturados, martirizados, mas invocando a Cristo. Em 1636 os jesuítas abandonam Nagasáqui. Em 1640 é trucidada a embaixada que Macau mandava ao Japão, embaixada que é o cume da glória do *Império Ecuménico de Cristo*. Porquê? Porque era formada por raças completamente diferentes, mas a quem o império do amor conciliara na mais completa união de espírito, que nem a presença da morte consegue separar. E a força era tanta que, nas montanhas do centro do Japão, pequenas comunidades católicas se mantiveram fiéis até aos dias de hoje. Que maior vitória poderá ter tamanho império?

O Japão fechava-se ao mundo. Matava Cristo, matava a milícia que o acompanhava, mas, na alma nipónica, o mito de Portugal ficou e é recordado na língua, nos hábitos, na humanidade com que hoje em dia o Japonês trata o seu companheiro.

## Do império cristão do rei e de Deus ao império dos portugueses e de Deus

Já expusemos atrás uma teoria que se consubstanciava nesta ideia: em qualquer das partes do Império Luso existiram dois tipos de desenvolvimento extremamente curiosos e que mostram bem como o Império nasceu de um imperativo criado no preciso momento em que Portugal nascia. Vimos que esse imperativo conviveu com outros profundos esforços advindos de duas gestas complementares — a dos Templários e a dos Franciscanos — que formaram um tipo de indivíduo que se chamou de português.

Este tipo de homem refulgia e sentia-se não só senhor pleno de uma agressividade advinda da missão que a sua história lhe indicava — a de ser participante da guerra santa contra o islamita, como senhor simultaneamente de uma força pletórica de amor universal, traduzida em termos mito-históricos como força de *conquista*. Por outro lado, não podemos esquecer que aliadas a estas forças formativas de um tipo de indivíduo, temos outras forças mais profundas, as advindas das florestas da Germânia e das costas da Cornualha que o atiravam para o sonho, para a lenda, para o mito e fundamentalmente para o mar e para a amizade. O mar transcendia-o e o único modo de ultrapassar essa transcendência era a da amizade pelos companheiros. Daí o tipo rácico português se fundamentar também neste conceito de amizade e de família. Esta última característica liga-o à mitologia grega, onde a amizade, o pequeno clã, se sistematizava na consciência da interligação de pequenos grupos unidos por interesses e por amizades íntimas. Desde muito cedo esta ideia social foi acrescentada pela atracção marítima e pelo conceito da guerra de guerrilha contra o invasor. São duas acções que parecem nada ter em comum, mas que iniciam um processo de vivência e amizade, triunfantes nos recontros guerreiros míticos dos *doze* de Arcos de Valdevez, dos *doze* da Inglaterra e dos *doze* da Flandres, assim como na mítica dos grupos de amantes de donzelas a que poeticamente se dava o nome de «ala dos namorados», como sucedeu em Aljubarrota, ou «armada dos aventureiros», como sucedia no Oriente.

Foi o Índico o grande mar dos Portugueses. As rotas que ligavam as diversas partes do império foram cruzadas vezes sem conta por marinheiros, guerreiros, missionários, comerciantes e puros aventureiros.

Em cima — *Em Melinde, na costa oriental africana, Vasco da Gama recolheu o piloto árabe que o guiou na última etapa da sua viagem épica até à Índia. Num promontório, de onde se avista todo o porto, colocou um padrão que ainda hoje pode ser visto.*

Em cima, à direita — *Entrada de um mosteiro copta em Gondar, na Etiópia, que tem na porta uma pintura de S. Miguel.*

Ao lado — *A bonita decoração manuelina da Capela de Nossa Senhora do Baluarte, na ilha de Moçambique.*

153

A amizade ao clã e aos companheiros fundamentou muito da mitologia com que se formou o *Império Sagrado de Cristo*, fazendo com que a unidade desse império pudesse sofrer alterações, dissabores, derrotas, vitórias, que o seu processo natural de aglutinação e de fusão entre os Portugueses e outros povos deixasse de se recompor e apresentasse sempre alternativas de superação das crises.

Portugal nunca conseguiu congregar, numa mesma finalidade imediata, uma grande massa de gente. Portugal actuou sempre tomando como base o pequeno grupo que, de acção em acção, de luta em luta, de conquista em conquista, estreitava os laços de amizade, fazendo confluir finalidades e objectivos comuns.

Durante o longo período a que os historiadores dão o nome de «decadência» — lutas com a Holanda, a Espanha, a Inglaterra —, Portugal superou-se por meio desta consciência de relacionamento em pequenos grupos, e, como uma amiba, o que perdia aqui conseguia ganhar ali; se era dizimado além, conseguia vitórias espantosas aquém. Tudo isto porque Portugal nunca tentara actuar como uma unidade compacta: todo o seu passado mostrava o contrário. Claro que estes clãs podiam, em determinados momentos vitais da história, congregar esforços e surgir como uma frente unida para a superação de crises violentas. Estes momentos, todavia, eram sempre de resposta a factos que poderiam ser trágicos para toda a comunidade imperial. Este factor de agregação deu--se, por exemplo, nos casos dos dois cercos de Diu, no grande cerco de Mazagão, nos cercos de Colombo, no de Malaca, no da colónia do Sacramento, no da defesa do Brasil e na reconquista de São Paulo de Luanda. Mas esses momentos de unificação nacional eram raros. Ao longo de toda a história do Império conseguiu-se fundamentar a filosofia da amizade no clã, com uma expressão de tal modo violenta e egoísta que, considerando obedecer às ordens do rei, cada clã as interpretava da maneira que melhor lhe convinha. É um fenómeno estranho, que parece não se conciliar com o da obediência ao *divus*, à bandeira da Cruz e à filosofia do *Império Ecuménico de Cristo*. Mas supomos que nunca um clã pôs em causa qualquer destes princípios fundamentais. O que sucedia é que os interpretava com uma riqueza de meios e de acção que a ordem do mando centralizado era por vezes ultrapassada localmente em saltos fantásticos, para possibilitar futuros que só aí se podiam prever.

Assim o Império, sendo um único império solidamente estruturado à sombra do Rei e da Cruz, ultrapassava muito esta estruturação e na maioria das vezes atingia dimensões imprevisíveis. Basta notar que D. João III ordenara que nunca se penetrasse no Brasil mais do que umas dezenas de quilómetros, mas a força dos clãs bandeirantes e dos clãs religiosos forçaram a ordem régia e lenta e pachorrentamente penetraram em pequenos grupos para o interior, até atingirem e dominarem todo um continente natural. Quem ultrapassou as ordens do rei? Todos e ninguém. Todos como acompanhantes de amigos e clientes, ninguém por vontade própria e exclusiva. Em África o mesmo se dava. Não de modo tão sistemático e não em clãs ou «famílias» tão numerosos, mas por meio de pequenas unidades móveis que penetraram profundamente no continente africano. Neste caso deve-se muitas vezes às ordens religiosas a execução dessa penetração, que transformou Muxima num local sagrado, num local de veneração, ou que criou uma Tete intransponível, ou presidiu à conquista da *Mãe do Ouro* por Cisnando Baião, ou levou Rui Freire de Andrade e os seus capitães às máximas loucuras de glória.

Mas onde esta coerência demonstrou uma capacidade operativa notável foi na conquista do golfo de Bengala, de Macau, das ilhas de Sunda, na conquista do interior do Brasil, principalmente na conquista do Amazonas e na defesa das fortalezas estruturais ao longo das costas, desde Marrocos à

China, desde Belém do Pará à colónia do Sacramento.

Ao império criado por estes clãs daremos e nome de *Império dos Portugueses*, em oposição ao império estruturado centralmente a que chamaremos *Império de Portugal*, ambos sob a designação mítica de *Império Ecuménico* e ambos com uma raiz comum, que nascia na Pátria longínqua e se prolongava em cada armada saída do Tejo. Logo aqui, os capitães, vice-reis ou governadores apadrinhavam comitivas de amigos leais, de familiares interessados, de clãs mais ou menos organizados na defesa dos seus próprios interesses. O clã de amigos formava-se, pois, em Portugal. Tinha até bandeira e divisa quando o seu chefe era nobre, ou lhe era entregue um lugar de comando. O clã partia e, de duas uma, ou ficava impregnando as linhas estruturadas de comando ou de administração do Império de Portugal, ou então, quais aventureiros puros, iam procurando, de aventura em aventura, de conquista em conquista, aumentar a capacidade de manobra dos Portugueses. Já vimos que essa aventura feita pelo clã foi a chave da penetração e da descoberta do interior dos continentes, mas iremos ver que foi ela igualmente que deu azo ao desenvolvimento do comércio, ao engrandecimento de cidades, à criação de uma geografia política em qualquer das duas Índias. Bengala, Angola, Brasil e Indonésia, como já dissemos, são bem o exemplo deste império paralelo.

A estratégia do *divus* português foi a de liquidar os caminhos marítimos do Islão.

*Baçaim (na página anterior e em cima) e Damão (ao lado). Locais onde os fidalgos e os luso-indianos melhor criaram um mundo específico. Como é curioso verificar que próximo de Goa, nas «terras do norte», um pedaço de Portugal surge assim na Índia, pedaço de Portugal foreiro e quase independente de toda a estrutura estatal sediada em Goa.*

Logo, o desenvolvimento da nossa conquista e comércio baseou-se na estruturação de pólos que servissem de dois modos a esta política — conseguir portos onde as nossas armadas pudessem descansar e abastecer-se, conseguindo simultaneamente que as armadas islamitas tivessem de correr ao longo do mar sem poderem reabastecer-se nos locais normais.

Esta política de domínio dos mares foi a correcta, mas deixou grandes porções de territórios, de semicontinentes fora da acção da nossa marinha e do nosso poder.

Toda a política real se baseou, pois, na identificação das rotas árabes e a elas sobrepôs as rotas portuguesas. Sabia-se que os Árabes partiam das ilhas das especiarias para o estreito de Malaca, daqui passavam o golfão de Bengala, aportavam ou passavam não longe de Galle e daí, ou seguiam a costa da Índia Ocidental ou penetravam nas Maldivas, indo entregar os seus produtos comerciais ao Suez ou a Bassorá.

Portugal estruturou o seu império sobrepondo-se completamente a esta rede comercial, destruindo-a ao longo de todo o caminho, desde a Indonésia até ao Suez.

Ao rei pouco lhe importava descobrir o golfão de Bengala, porque ele cairia lenta e inexoravelmente no seu poder. Mas se pensava assim, diversos clãs de aventureiros não pensavam do mesmo modo. Eles não tinham uma visão estratégica da descoberta, tinham era a vontade da aventura e do comércio costeiro. Assim, todo o golfão de Bengala foi um enorme caldeirão onde o clã imperou durante séculos, sobrepondo-se a toda a rede oficial de comércio que nele penetrava. Resistiu aos holandeses, aos franceses e mesmo aos ingleses. Toda esta rede aventureira de clãs conciliava em si as grandes definições que o *Império Ecuménico* obrigava a seguir.

O clã amava perdulariamente, efectuava trocas culturais, principalmente linguísticas e arquitectónicas, como nunca o império estruturado pôde fazer o clã catequizava, missionava com um fervor e uma capacidade de penetração nunca realizada por esse mesmo império. Isso se deveu à facilidade com que estes clãs se misturavam, se caldeavam, com a população local. Com eles vinha sempre um frade, ou vários, que não só os apoiava, como catequizava o povo local que com eles coabitava. Durante os primeiros anos, estes grupos eram móveis, permaneciam brevemente aqui ou além. Não se radicavam. Compravam produtos aqui, vendiam acolá, seguindo sempre as indicações das monções. Mas, lentamente, começaram a fixar-se e a criar raízes em locais estratégicos. Na foz do Ganges criou-se Hugolim, na fronteira entre Bengala e Arracão criou-se Chitagong e Dianga, entre Bengala e Orixá criou-se Satgong; fundou-se o Sirião, desenvolveu-se Martavão e Patane, iniciou-se São Tomé de Maliapor e conquistou-se Sandwip. Mais

Em cima — *As muralhas, em ruínas, da cidade de Chaul parecem crescer da praia de uma forma extraordinária.*

*Cidade rica, pólo comercial de tecidos, era, com Diu, um empório riquíssimo do comércio local que pouco tinha a ver com a Metrópole. Separado de Chaul pelo rio, o morro surge-nos como uma fortaleza de conto de fadas. Espinho apontado à foz do rio, a fortaleza trepa pela encosta do monte, terminando num reduto impressionante de força.*

Em cima, à direita — *A Igreja de São Tomé, em Diu.*

Ao lado — *A torre da igreja matriz de Baçaim. O plano de Baçaim foi claramente transposto de uma cidade da Europa medieval para o Oriente.*

longe, muito mais longe, criaram-se duas cidades nas costas da China — Liampo e Chincheu —, ambas destruídas mais tarde e ambas substituídas por Macau. Muito mais longe, o clã jesuíta criou Nagasáqui e os dominicanos criaram Solor.

Todos estes portos permaneceram até aos dias de hoje, e não raro é vermos, na paisagem híbrida de floresta e água, o pináculo de uma igreja ou o baluarte de uma fortificação de origem portuguesa. Mas se ainda vemos na paisagem restos arqueológicos, muito mais directamente vemos a memória desta presença no tipo de linguagem e no orgulho de famílias inteiras, quer da actual Birmânia quer do actual Bangladesh, que ostentam nomes portugueses e se expressam numa linguagem em que a palavra lusa aparece aqui e acolá.

Não iremos, contudo, seguir passo a passo a história deste império paralelo de Cristo, iremos somente, como símbolo, seguir a vida e a morte de algumas destas aventuras e de alguns destes lugares. Iremos assim seguir a aventura portuguesa na Birmânia e na Tailândia, na China e no Brasil, e iremos paralelamente descrever os locais predestinados à missão desta aventura — Hugolim, Sandwip, Chatigão, Macau.

Hugolim talvez seja, com Macau, dos mais mitológicos lugares desta aventura portuguesa. E dizemos isto porque começou a edificar-se entre a luta agreste entre mogóis e bengalas, transformando-se numa cidade importante nos princípios do século XVII e acabando por causa de uma aventura de amor. Começa pela existência do comércio, consolida-se pela capacidade adaptativa do aventureiro e termina no amor e na morte de almas distantes das suas pátrias.

Um frade agostinho, Manrique, célebre pela sua vida de aventura, conta-nos num livro a história de Hugolim, em palavras vividas e santificadas pelo espírito de acção sacerdotal com que cumpria o seu sacerdócio.

Para ele «o Mosteiro (agostinho) de Hugolim era uma luz brilhante no meio do vasto paganismo de Bengala» (1628). Hugolim constituía uma aventura comercial dos Portugueses fora da Ásia de Portugal. Viviam ali cerca de 300 portugueses cujas mulheres ou amantes eram, em certos casos, europeias, mas na sua maioria mestiças ou indianas. O resto da população, talvez uns dez mil, eram mercadores hindus, mogóis e bengalas, comerciantes, marinheiros e escravos, quase todos católicos. Hugolim era assim um povoado de aculturação rácica, de dependência de costumes e de interacção de usos e culturas.

A cidade absorvia ensinamentos de três ordens religiosas, a dos Agostinhos, que ali tinham um mosteiro de grande reputação; a dos Jesuítas e a dos Franciscanos.

Daqui se estendia a acção desses aventureiros portugueses para todo o Norte de Bengala, dominando com outras quatro posições o mar do Norte do golfão. Eram elas Dianga, Chitagong, Satgong e, no meio, a ilha de Sandwip, onde Sebastião Tibau reinava e arbitrava a política local.

Numa escura noite de Inverno um pequeno grupo deste grande clã português, por ter feito uma aposta entre si de que era capaz de cativar a escrava mais bela do vice-rei mogol em Dacca, penetra nesta cidade e rouba a mais formosa e distinta dama da corte local. Frei Manrique conta-nos esta tragédia de amor em páginas únicas. Páginas tão verdadeiras que nos mostram o frade agostinho como um homem frágil que, conseguindo resgatar a bela prisioneira, se sente atraído a amá-la. Era tão linda e tão ingénua que Manrique a esconde, a preserva e mais tarde a entrega novamente. Não sem a ter amado platonicamente.

Esta incursão dos portugueses foi sentida como uma afronta ao poder de Deli e em 1632 caiu sobre Hugolim todo o peso do exército mogol comandado pelo vice-rei de Bengala. A aparição do exército do Grão Mogol causou grande impressão aos portugueses. Ao princípio houve enorme confusão, mas, ao cair da noite, o comandante Manuel de Azevedo restabeleceu a ordem e começou a barricar as ruas. Distribuíram-se mosquetes e nomearam-se capitães.

Nos dias seguintes os Mogóis atacaram com todo o seu exército, mas, como nos diz outro agostinho, Frei Cabral, «ficaram grandemente desanimados com as perdas». Entre eles murmurava-se que o melhor era conseguir um compromisso e retirar porque, continua Frei Cabral, «alguns deles in-

A Porta de Santiago (na página anterior e em cima) é a única porta que resta da fortaleza portuguesa de Malaca. Não fazia parte da «famosa» fortificação construída por Afonso de Albuquerque, mas foi por ela que, durante mais de um século, passaram os aventureiros portugueses que partiam para a sua epopeia no Extremo Oriente. Em oposição a Santiago, e no alto do monte sagrado, encontra-se a igreja jesuítica de S. Paulo (ao lado). Da sua porta vê-se todo o estreito de Malaca, por onde passavam as armadas lusas que dela recebiam uma última bênção, antes de penetrarem nos mares lendários do Extremo Oriente.

sistiram com Inaiatulá, seu comandante, para desistir da empresa. Se os portugueses levassem a melhor, declaravam, toda a Bengala ou, pelo menos, todas as regiões adjacentes se levantarão com eles». Isto mostra o poder de *conquista* ainda detido, nos meados do século XVII, pelo português na Índia.

A capacidade de reacção, a capacidade de penetração, a capacidade de aculturar e de amar eram ainda totais. Os portugueses eram ainda, no século XVII, por mais que a historiografia portuguesa se queira opor a esta ideia, os grandes senhores do Oriente.

Fracassados os intentos dos que aconselhavam um compromisso, renovam-se os ataques e aumenta-se a pressão sobre os portugueses. Manuel de Azevedo concebe então um plano de retirada, pois ele compreende que não se conseguiriam manter por muito mais tempo e que nos braços do rio estaria a salvação daqueles milhares de pessoas. E, numa noite, a armada que acostara ao longo do rio levanta ferro, transportando todos os habitantes de Hugolim. Esta fuga é digna das melhores narrativas da mitologia grega. Tem todos os factores da tragédia clássica — a existência do destino perverso, o traidor (neste caso um certo Martim de Melo), a capacidade de defesa, a habilidade de manobrar, a resistência pletórica e sempre, e sobre tudo isto, a mão do destino inexorável. Conta-nos um dos sobreviventes que, de madrugada, o seu barco estava cercado por forças inimigas. «O barco era tripulado por três portugueses e um negro. Um dos portugueses tinha as pernas cortadas pelo eixo de uma peça. Os camaradas puseram-no à proa, onde ele se conservou a atacar todos os inimigos com dois bacamartes que uma das mulheres indígenas ia carregando.» Não nos interessa desenvolver a história, que só nos conta mortes, gritos, honras e desonras. Não nos interessa historiar o pesadelo da prisão, o horroroso de marcha dos prisioneiros até Deli; o que queremos concluir é que nesta última frase de Frei Cabral está concentrada toda a pujança da *conquista* — o amor. Um homem sem pernas, atacando o inimigo e defendendo o único tesouro que possuía, a mulher mestiça que, com um amor inaudito, lhe carregava a espingarda.

Poucos são os povos que podem contar casos deste género, como poucos são os povos que conseguiram criar verdadeiros impérios, que viram no amor a grande palavra de acção.

O que sucedeu em Hugolim iria acontecendo um pouco por todo o lado. Entretanto não se julgue que, desde esse momento, Hugolim ficou desabitado, pelo contrário; vendo o Mogol que a sua própria riqueza dependia do comércio que os portugueses faziam, foi lentamente enchendo de novo Hugolim de gentes portuguesas, que aí se mantiveram até ao século XIX, embora cada vez mais miscigenados.

A história do outro padrão português no

Encontramos em Macau o mesmo simbolismo cultural que se acha em Malaca. Os símbolos da presença lusa são os mesmos, a fortaleza (à esquerda) vigiando os mares e a igreja (em cima, a fachada de S. Paulo). De Macau se abriam as fronteiras gigantescas da China e do Japão.

Oriente, Macau, foi sensivelmente idêntica. Somente, aqui, a capacidade negocial e principalmente a lenta substituição que se foi dando entre o *Império dos Portugueses* pelo *Império de Portugal,* se manteve a soberania até ao fim deste século, impediu que a difusão e a aculturação se desse do mesmo modo e com a mesma intensidade que se deu em outras partes do Mundo. É que o *Império de Portugal* criava, por mais que se quisesse, fronteiras entre o meu e o dele, enquanto que no *Império dos Portugueses* nada disso existia. Só havia aculturação sistemática e contínua.

Macau começou como uma aventura de autênticos clãs que se iam estabelecendo um pouco por toda a parte, na maioria das vezes às escondidas do poder central chinês, até conseguirem fixar-se num local chamado Liampó. Liampó foi, como Hugolim ou Chatigong, transformando-se num local de carácter nitidamente português, com as suas igrejas, câmara municipal, terreiro, casa do capitão e cadeias. Vestígios desta cidade foram recentemente descobertos próximo de Ningpó. Era um pólo importante para o comércio e para a acção portuguesa local, chegando a ter uma população lusa de 800 habitantes e cerca de 12 000 cristãos. Um dia, contudo, o seu capitão, Lançarote Pereira, confundindo os habitantes de outra cidade chinesa com os piratas, ataca-os e destrói-os. As represálias são rápidas, uma enorme esquadra chinesa e um grande exército caem sobre Liampó destruindo-a e expulsando os portugueses. Estes vão então de ilha em ilha, fixando-se aqui e acolá. Pequenos clãs de amigos e amantes fixam-se consoante a monção, fazem o comércio proibido com os chineses locais. Nasce Chincheu. Rápido se desenvolve. Rápida é a sua queda. De Chincheu os clãs procuram as boas graças da população. Aliam-se com ela contra os piratas. Começam a libertar o mar da China da pirataria crónica. Sanchuan é o seu santuário, onde tinham em tempos colocado um padrão com as armas de Cristo e do rei e onde tinha sido enterrado S. Francisco Xavier. Daqui se evangeliza, se conquista, se enriquecem os clãs. Só esperavam que um destino benéfico lhes entregasse um local para habitarem e esse destino veio com a armada de Leonel de Sousa. Este ajuda-os na luta contra os piratas (1554), luta cruenta que termina com a cedência de Macau pelos chineses de Cantão.

Macau cedo se transforma no santuário católico da China. Em 1575, D. Sebastião, usando as prerrogativas do Padroado, cria a Sé Episcopal de Macau e Japão. Em 1588, o Japão é separado, criando-se então uma diocese própria.

Cedo, os clãs iniciais são substituídos por outros, ao mesmo tempo que o rei atribui a Macau a categoria de cidade portuguesa — de «república portuguesa», com câmara municipal, pelourinho e todos os instrumentos, administrativos e políticos, de governo próprio. Somente uma vez por ano Macau se ligava ao Império de Portugal, por intermédio do «barco do Japão».

Macau transforma-se no padrão mais

*Macau (na página anterior e ao fundo) é hoje ainda uma porta ocidental de entrada na China, enquanto Timor (em baixo e ao lado) foi, até há relativamente poucos anos, um posto avançado quase esquecido, onde persistiam tradições nativas e onde a influência da Igreja era o factor português dominante.*

dilecto do rei de Portugal. Só dele depende e dos Jesuítas.

Macau era, por excelência, o pólo de evangelização e conquista nas terras do Extremo Oriente, da China, Conchinchina e Japão; Macau é, assim, o *Império de Cristo* nestes locais. A vitória da mito-história acontece: São Paulo é construída.

São Paulo é o símbolo deste enorme sistema de evangelização e de amor dos Portugueses. Nela trabalharão todas as raças do Extremo Oriente. Raças unidas pela vontade de Cristo, pelo amor de Cristo, por amor a Portugal. São os repatriados do Japão — cristãos nipónicos; são chineses católicos, malaios católicos, negros católicos; portugueses de Macau, da India e de Portugal. São Paulo é o enorme frontispício da vitória de Ourique às portas da China. Em São Paulo os símbolos gentílicos contam a história da Igreja Católica, elevando-se a uma altura nunca entendida até então. Defronte ficava a China. China que se tendia a fechar à argúcia portuguesa para fugir a ser incluída na sua conquista imperial e ecuménica.

Portugal e os Portugueses tudo faziam para penetrar no interior daquele mundo que o símbolo ecuménico de São Paulo enfrentava. A mito-história destas tentativas de portugueses e de Portugal é enorme e gigantesca. Tentativas que se iniciaram naturalmente em Macau, mas que partem também de outras zonas da costa ou avançam desde o interior do continente asiático.

É bem demonstrativa destas últimas tentativas o gigantesco feito do jesuíta Pedro Góis. É-lhe pedido que conhecesse e revelasse ao Mundo o caminho de ligação da Índia à China que estudasse o percurso das caravanas da seda, que revelasse a geografia da China. Pedro Góis matou-se para cumprir essa tarefa. Passou fome e frio; chegou a gelar partes do corpo. Atravessou o planalto do Pamir, seguiu caravanas de mercadores, para morrer quando penetrava na China; e esperava notícias do P.e Matteo Ricci. Morre na China após ter realizado uma das maiores viagens terrestres da mito-história de Portugal.

No outro lado do Mundo, no universo das Índias Ocidentais, no Brasil, tudo se processava do mesmo modo, ou melhor, tudo se conjugava para a consolidação da cultura e civilização do *Império Sagrado do Português*, que aqui também só se estabeleceu pela existência do clã, mas com estrutura diferente daquela que existia no Oriente.

Aqui no Brasil, o clã era já uma tertúlia inter-rácica. Tinha um ou dois portugueses, alguns mestiços e alguns mamelucos.

Eram já clãs locais, cientes de que trabalhavam e operavam para o bem da sua terra e do seu rei, formando-se por todo o lado. Em São Paulo nascem grupos organizados, subordinados à bandeira de Cristo e do rei; na Baía, igualmente outros surgem; em Belém do Pará, em São Luís ainda outros e nas terras do Sul outros ainda. São grupos diferentes, não homogéneos, visando atingir finalidades muito diferenciadas.

Alguns procuram escravos, tentando ao mesmo tempo entravar o avanço que o jesuíta espanhol fazia nos territórios que esses grupos consideravam ser seu património. Não se pode criticar a acção destas gentes saídas de São Paulo, pois foi à custa do seu esforço contra o rigor jesuítico que se conseguiu colocar as fronteiras brasileiras onde elas hoje estão — eles foram, pois, agentes de conquista territorial.

Outros grupos penetravam pela floresta, pelos rios, pelas serras, passando horrores com animais estranhos, com índios ainda canibais, em busca do ouro e das pedras preciosas. Outros grupos ainda penetravam no interior por pura acção de catequização e missionação.

O esforço, a aventura desta conquista é, talvez, a maior que um povo pôde realizar. Pequenos grupos caminhando por florestas,

Em cima — *Esta pequena casa em Olinda, perto de Recife, supõe-se ser a mais antiga ainda existente no Brasil e constitui um belo exemplo de mistura de estilos. Na varanda de madeira esculpida e nas pesadas portas está patente um certo elemento indiano. De facto, Olinda era a sede da capitania de Duarte Coelho, um herói que viera das Índias Orientais para as Ocidentais. Capturada pelos Holandeses no século XVII, a cidade tem conservado até aos nossos dias uma extraordinária atmosfera do passado.*

Em cima, à direita, e ao lado — *Outra mistura de estilos pode ser vista na Igreja de Nossa Senhora do Ó, em Sabará, no estado de Minas Gerais. A pequena igreja, construída no início do século XVIII, é de inspiração chinesa, tanto no exterior como no interior ricamente trabalhado.*

muitas vezes nunca trilhadas, contam o que viam, descrevem o que sentiam, assenhoreando-se, por meio de padrões, de milhares e milhares de quilómetros quadrados de território. De todos estes clãs, alguns ficaram na história da humanidade, outros perderam-se, foram esquecidos, mas a sua acção foi tão grandiosa como a dos primeiros.

No Brasil deu-se um nome a estes grupos, o de *bandeirantes*. As bandeiras partiram de todas as cidades costeiras e, pela sua acção, em 1750 foi possível estabelecer a fronteira que o Brasil tem hoje. Apontaremos alguns nomes de chefes dessas bandeiras que, por meio de correrias sem medo, transformaram todo o Brasil. Só no século XVII temos as bandeiras de Diogo Quadros, Manuel Preto, Clemente Álvares, Cristóvão de Aguiar, Brás Gonçalves, Pedro Vaz de Barros, Sebastião Preto, Lázaro Costa, Raposo Tavares, Salvador Pires de Medeiros, Ascenso Ribeiro, André Fernandes e Afonso Sardinha. Partiam de todas as capitanias, fosse da Baía ou de Sergipe, Ceará, Espírito Santo, São Paulo, ou Belém do Pará. No século XVIII dão-se novas infiltrações; são as bandeiras de António Pires de Campos, de Cabral Leme, de Bueno da Silva e de Pedro Teixeira enquanto, simultaneamente, os jesuítas portugueses iam seguindo estes clãs, numa política de enquadramento dos índios e de criação de novas povoações. O Brasil ia-se formando pelo esforço das bandeiras. Algumas ficaram célebres pela conquista que fizeram, pelo espaço que descobriram e pelo tempo que demoraram. Não se pode esquecer a gesta de António Raposo Tavares que, partindo de São Paulo, atinge o Madeira, o Amazonas, cruza o Mato Grosso, demorando três anos nesta penetração.

As minas descobertas no século XVIII vêm completar e vêm pôr um ponto final neste tipo de aventura. O rei de Portugal considerava, desde esse momento, que o seu império do Ocidente estava definido e, assim, em 1750, pode não só concluir um tratado com a Espanha, fixando fronteiras, como enviar ao Brasil grande número de geógrafos e cientistas que fossem estudar e demarcar correctamente essas fronteiras.

Podemos, pois, concluir que, se a Índia Ocidental não conteve na sua formação o espírito do mito, o senso mitológico do herói ou do semideus que existiu nas Índias Orientais, ela consegue, talvez pela negação à mitologia sagrada, um padrão de convivência humana bem característico dos tempos iniciais do *Império Ecuménico de Cristo* e de Portugal. Ourique é o antecedente directo do Rio de Janeiro ou da Baía; como o fora de Cochim ou de Macau. Numa palavra, todo o Brasil é herdeiro de Portugal, como a Ásia e da África. Por intermédio do homem português aquele enorme país de trópicos sonhou e consolidou uma mesma poética, uma mesma cultura, transposta de continente a continente como se o mar não existisse.

À esquerda — *Tal como Alcântara assinalava uma das fronteiras mais setentrionais, as missões jesuítas do Sul contavam-se entre os postos mais a sul do Império.*

Em cima — *Uma imagem de madeira, oriunda da missão de São Miguel, no Rio Grande do Sul.*

# As "Índias" como unidade do Império de Cristo

Várias foram as lendas que continuaram a vida de D. Sebastião para além de Alcácer Quibir. Algumas delas chegaram até aos nossos dias. Uma liga dois territórios eleitos da nossa mito-história, Marrocos e Brasil. Conta esta história que D. Sebastião, após a derrota de Quibir, ficou em Ceuta, onde viveu com uma bela moura que conhecera quando estivera pela primeira vez em Marrocos. Daqui partira para o Brasil, onde teria morrido.

Se a história é verdadeira ou falsa não o sei. O que sei é que após a derrota de Quibir o espírito luso, galvanizado pela esperança do Graal, dominou a juventude, o rei de Portugal e o seu Império, passando ao Brasil e criando, neste continente, algo de semelhante ao que existia miticamente no Oriente.

A lenda do rei atravessando o Atlântico numa barca fantasma e vivendo nas fronteiras do Amazonas transformou poderosamente a mente sacrossanta do português brasileiro. E se a juventude imperial tinha atravessado o Golfão para ajudar o seu rei e *divus* em Quibir — como os irmãos Albuquerque Coelho e muitos outros — não nos resta dúvida de que essa juventude voltou ao Império Ocidental encarnando o espírito singular do seu rei simbolizando em si a criação do espírito sebástico. Claro que esse espírito não se estabelecerá no Brasil após Quibir, somente após a pretensa morte de D. Sebastião. Já durante o reinado deste monarca surgem actos e figuras sublimes neste lado do Império que se identificam totalmente com o mito sebástico.

Um dos exemplos mais estranhos desta proliferação da alma imperial, por todo o Império, é a figura de Vasco Fernandes Coutinho. Ele tinha sido um herói no Oriente, companheiro de Afonso de Albuquerque, companheiro de Jorge Álvares, para não dizer companheiro de Martim Mello Coutinho nos mares da China. Com Afonso de Albuquerque estivera na conquista de Goa, Malaca e Ormuz. Chegada a velhice, pensou que poderia gastar o tempo que lhe restava da vida vivendo a sua riqueza no enorme mito do Brasil. De lá, chegavam-lhe estranhas e espantosas histórias, de tesouros imensos escondidos nas florestas, montanhas de ouro e de esmeraldas, em que o ouro forrava as encostas transformando-as em muralhas deliciosas.

Vasco Fernandes Coutinho ouvia encantado essas lendas. Amigo de João de Barros, de Pêro Góis e companheiro nos mares da Índia de Aires da Cunha, de Jorge de Meneses e Simão Castelo Branco, entusiasmava-se com as conversas que tinha com todos eles. João de Barros conhecia as histórias que os marinheiros contavam. Sabia dos documentos que Martim Afonso de Sousa e seu irmão tinham escrito. Sabia de cor o nome daqueles primeiros bandeirantes que o capitão-mor do mar do Brasil enviara para o interior, em busca de ouro e pedras preciosas. Sabia de uma estranha lenda, que se contava, da aventura espantosa de um português estranho que penetrara nos Andes vindo de Santa Catarina. Aleixo Garcia, bem conhecedor dos Índios, espantoso andarilho que, em 1524, partindo de Santa Catarina, atravessou toda a planura do Rio Grande do Sul, investe os Andes; ataca, com muitos índios, explorações espanholas do Peru e volta das zonas auríferas dos Incas com uma fortuna imensa. Somente que essa fortuna foi a sua perda, e miticamente ele desaparece no meio do ouro que possuía, talvez assassinado pelos seus índios amigos, talvez trespassado pelos deuses que avidamente escondiam os seus tesouros. Foi enorme essa aventura. Aleixo Garcia percorrera milhares de quilómetros, subira aos cumes dos Andes, quase conversara com os deuses que desses cumes andinos aconchegavam quem procurasse os seus tesouros. João de Barros sabia de todas estas histórias, mais aquelas contadas pelos

Olinda foi a primeira capitania a subsistir como capitania soberana. Sofreu as agruras da luta e da incompreensão existentes, por vezes, entre povos diferentes. Lentamente, porém, consolidou uma presença híbrida, de culturas e mentalidades plurifacetadas.

Na página anterior — *Duas das muitas igrejas de Olinda* (em baixo, *a Sé Catedral*).

Em cima — *A Igreja de São Francisco e os elegantes edifícios adjacentes dão para uma grande praça.*
Ao lado — *A Igreja de Nossa Senhora do Carmo foi uma das primeiras igrejas a ser construída em Olinda.*

Índios, trazidos pela armada de 1513, e que tinham maravilhado D. Manuel, mostrando como se atirava com arcos e flechas enormes. João de Barros, tal como Vasco Coutinho, não se esquecia do que eles tinham contado falando de montanhas de esmeraldas que um enorme rio, atravessando florestas sem fim, escondia nas suas profundidades. Vasco Coutinho e Aires da Cunha ouviam maravilhados essas lendas. Na sua mente de heróis sublimes, elas transformavam-se no grande mito a descobrir do continente brasileiro. Todo o Brasil era para eles uma lenda fechada à iniciativa maravilhosa do Português. Estou a imaginá-los convencendo João de Barros a conseguir que D. João III lhes entregasse uma das capitanias em que o rei dividira o território brasileiro.

João de Barros acabava de escrever as primeiras doações de el-rei aos seus bravos amigos Martim Afonso de Sousa e Pêro Lopes de Sousa. Ao primeiro entregava as porções de terra onde se situavam a cidade de São Vicente e o cabo Frio; ao segundo eram-lhe entregues três zonas da costa brasileira — a de Santo Amaro, Sant'Ana e Santa Itamarica.

Por este meio, el-rei «concedia aos donatários um certo número de léguas de terra com a respectiva jurisdição civil e criminal; dava-se ao objecto da doação o nome de capitania e governança; ao donatário, o de governador ou capitão. A capitania era inalienável, indivisível e taxativamente sujeita a regras de sucessão que a aproximavam dos morgadios, com exclusão expressa das restrições da Lei Mental. O capitão era obrigado a repartir as terras de sesmaria, isentas de todo o foro ou direito que não o dízimo de Deus à Ordem de Cristo, por pessoas que professassem a religião católica. A estas ficava pertencendo a terra sesmada para si e seus sucessores, com a obrigação de aproveitá-la dentro do prazo fixado na carta, em geral um quinquénio, sob a pena de multa ou de lhe ser retirada. Quanto aos engenhos, moendas de água ou marinhas, que por doação da capitania pertenciam ao respectivo governador, podia este exigir do sesmeiro um tributo pela licença respectiva. Os concessionários das sesmarias podiam por sua vez conceder terras a novos povoadores.

«Para si era permitido ao governador guardar um certo número de léguas, em geral 10 a 16, como terra sua livre e isenta, a escolher num prazo de vinte anos, e com a condição de que a terra fosse repartida em quatro ou cinco lotes, distantes uns dos outros duas léguas pelo menos. Ao capitão proibia-se também conceder a qualquer parente seu maior porção de terra de sesmaria do que as distribuídas ou a distribuir aos estranhos.

«Atribuições excepcionais de direito público eram concedidas aos capitães: podiam elevar a vila quaisquer povoações, conforme o

*Olinda e Recife constituíram o fulcro de dois tipos de acção: a agrícola (do açúcar) e a religiosa. À sua volta, pelo sertão começado a civilizar, foram surgindo dezenas de engenhos de açúcar, ao mesmo tempo que, no interior das suas ruelas, dezenas de igrejas consolidavam a Fé.*

Em cima — *A Igreja de Santo António de Iguaraçu, que data do século XVI.*

Em cima, à direita — *O Mosteiro de São Bento, em Olinda; ao lado — as elegantes e coloridas casas e lojas que rodeiam a praça em frente de São Pedro das Clérigos, em Recife.*

foro e costumes do reino, apenas com as restrições aconselhadas pela natureza e vastidão do território; outorgava-se-lhes o poder de nomear os respectivos alcaides-mores, a quem podiam exigir menagem; e era-lhes permitido nomear ouvidores, meirinhos, e criar e dar aos tabeliados tanto de notas como judiciais. Por sua vez, a concessão de sesmarias importava igualmente a de direitos importantes de soberania, constituindo assim o contrato entre o capitão e o concessionário uma espécie de subenfeudação — ou melhor de subdoação, se assim nos é lícito dizer — com analogias evidentes com a doação primária da capitania.»

Os limites entre as capitanias fixavam-se por linhas geográficas de leste a oeste, que repartiam o território em faixas paralelas de largura diferente. Como nem sempre houve o cuidado ou a possibilidade de fixar com precisão o ponto da costa onde começava a capitania, por vezes indicado apenas pelo número de léguas a contar dos limites duma outra, os pleitos de posse multiplicaram-se e arrastaram-se mais tarde infindamente. Pelo que diz respeito ao interior, como era inevitável, as cartas mostravam-se ainda menos precisas, limitando-se a declarar que as léguas medidas na costa «entrarão pelo sertão e terra firme adentro quanto podem entrar e for da minha conquista», quer dizer, até ao meridiano limite de Tordesilhas. As ilhas que se achassem até à distância de dez léguas da costa ficavam compreendidas na doação.

Vasco Coutinho bem pleitou as suas mercês e no mesmo ano (1535) consegue que el-rei lhe faça a doação da região do Espírito Santo. Fernandes Coutinho, não podemos esquecer, era um dos mitos vivos do Oriente. No Brasil funda a povoação do Espírito Santo, desenvolve a cultura da cana-do--açúcar, distribui sesmarias. Mas o Oriente não o largava. Ele nunca imaginara que o continente brasileiro fosse tão lento, tão lindo, tão bravo e tão imenso. A sua convivência com os Índios atingia os dois extremos — amava-os e odiava-os. Sentia pena de não ser livre como eles, ao mesmo tempo que os odiava porque não lutavam nem combatiam como inimigos leais. Vasco Fernandes entristecera. Sonhava com o pôr do Sol em Malaca, recordava as aventuras estrondosas que tivera nos mares da China. As imensas folias de prazer após a batalha. Ali todo o inimigo estava escondido entre capins e árvores. Não existia mar para se viver nele. A vida era, pelo contrário, a contemplação permanente da terra, mesmo que ela estivesse frente ao mar.

Entristecia, e mais triste ficou quando soube que Aires da Cunha morrera no santo mundo do mar, quando comandava a armada que João de Barros e Fernão Aleixo de Andrade tinham enviado não só para ocupar o Maranhão, como caminhar para o interior e substituir a história de Pizarro pela sua na busca do ouro sonhado.

Vasco Fernandes Coutinho, sentado à porta da sua pequena fortaleza do Espírito Santo, olhava o mar sem fim à sua frente. Da sua boca saíam bufadas de fumo. Ele aprendera com os indígenas a fumar, o que então era condenado pela Igreja. Mas fumava, era a única coisa que o fazia sentir-se livre, o fazia sentir-se na sua estonteante Índia do Oriente. Nesse dia, enquanto fumava e olhava o mar, viu ao longe uma vela aproximar-se. Vinha da capitania de Pêro Góis, outro amigo da Índia. Teria sucedido alguma coisa?

O barco aproximava-se. Dele fazem-lhe sinal. Vasco Fernandes Coutinho sente o sangue do mito do Oriente correr-lhe pelas veias. Sentia o cheiro da luta, do álcool, do sangue. Armou-se. O barco chegou. Vinha pedir socorro. Os Índios tinham atacado em massa a Paraíba do Sul. Pediam ao velho chefe das Índias Orientais que os ajudasse. Vasco Fernandes endireita o seu corpo já cansado. A luta chamava-o. O Oriente chegava de novo.

Depressa acabou de se armar. Pêro Góis, seu amigo, chamava-o, e ele partiu. A luta foi terrível. Uma imensidão de índios rodeava a capital da Paraíba do Sul, enquanto os

As capitanias eram muito pequenas perante a imensidão do continente que as cercava. Foi por essa razão que D. João III criou e centralizou um poder forte e real em São Salvador da Baía, a primeira capital do Brasil unido.

À esquerda — A fachada, ricamente ornamentada, da Igreja da Ordem Terceira de S. Francisco, na Baía, construída em 1703.

Ao lado — A câmara municipal possui todas as fortes qualidades da arquitectura dos primeiros tempos coloniais, assim como o forte de Montserrat, construído em 1586 (em baixo).

Ao fundo — O pequeno porto de Parati, que se desenvolveu devido à descoberta da riqueza mineira do interior.

portugueses, assustados, procuravam fugir de barco.

Vasco Fernandes Coutinho sentia-se forte e terrível. As suas hostes, aliadas às de Pêro Góis, capitão da Paraíba, descercam a cidade e penetram profundamente pela floresta. A cidade estava salva. Até quando? Ninguém o sabia.

Vasco Fernandes puxou do seu cachimbo e fumou. Era a sua única alegria. Fumar. Fumo que lhe valeu ser excomungado.

Pobre, como todo o herói do Oriente, morreu rodeado pelos seus amigos que pagaram a mortalha que envolvia aquele corpo

173

de herói. Julgava que no Brasil passaria a sua velhice no paraíso terrestre, entre mulheres, ouro e aventuras. Pensara que merecia o seu repouso na terra, merecia amar a vida enquanto preparava a morte. Em vez disso, o *mito* do continente brasileiro agarrava-o fortemente. Lutara contra ele e a luta destes dois mitos despedaçara-o. O mito oriental morria perante a imensidão do segredo mítico continental que se apercebia diariamente, mas que diariamente se escondia. Era uma luta desigual. De um lado o herói humano, soberbo na sua heroicidade sem limites; do outro a imensidão do continente desconhecido, cheio de traições mesquinhas. E elas o herói não pode vencer.

O Brasil surge assim na mito-história de Portugal como um mito em si. Ele é o próprio mito intangível, cheio de segredos, de imensidões, de tesouros, mortes e maldades sem conta. Continente imenso, pleno de lendas que os Índios, durante as noites quentes, enebriados pelo álcool da palmeira, cantavam aos espantados Portugueses.

O Português no Brasil sentia-se pequeno. Aprendera a mitificar-se na luta e no entendimento das mitologias do mar e das gentes orientais. O Brasil era um universo antagónico. Continente que se fechava a todo e qualquer entendimento. Continente que só surgia ao homem português mesclado em milhares e milhares de histórias e lendas, cada uma mais brilhante, mais esplendorosa, mas ao mesmo tempo mais temerosa.

Para estes heróis do Oriente, estas sucessivas lendas transformavam-se, por um lado, na máxima obsessão, por outro no máximo medo porque não se podiam esquecer que esses índios que, durante as noites quentes, contavam as histórias das fortunas sem fim da lagoa do Ouro ou da serra das Esmeraldas, eram os mesmos que, em ataques traiçoeiros, sem moral e sem ética, os comiam e trituravam como animais ferozes.

Não se podiam esquecer que o Sr. Bispo Pêro Sardinha, o mesmo que excomungara Vasco Fernandes Coutinho por «beber fumo», fora morto e comido por estes Índios. O Brasil era, pois, não só o enorme mito do ouro, das pedras preciosas, dos grandes espaços fechados pelas florestas, dos rios sem fim, das enormes lagoas perdidas nas montanhas, como também o mundo dos canibais, dos fumos, dos feiticeiros, das belezas e dos maridos tolerantes. Era, em resumo, o maior mito que ao herói português se opunha.

Desta luta entre os dois mitos irá nascer algo espantoso, algo que pretenderá manter o duplo mito — os bandeirantes. Eles expressam no Brasil a ideia do *clan* do Oriente. Não eram também «bandeirantes» os aventureiros que percorreram os mares do Índico e do Pacífico, dilatando a fronteira marítima que envolvia a China, o Japão, a Austrália, o cabo da Boa Esperança e novamente o Atlântico?

Não eram já «bandeirantes» aqueles que, como Fernão Mendes Pinto, percorriam as costas e o interior dos continentes?

Em cima — *A consolidação dos territórios costeiros e a sua defesa contra intrusos estrangeiros foram conseguidas através de fortes estrategicamente colocados, como a fortaleza da Barra, em São Salvador.*

Ao lado e na página anterior — *A descoberta de ouro e diamantes em Minas Gerais, no século XVIII, conduziu ao desenvolvimento de cidades costeiras como Parati, que ainda hoje conserva uma atraente atmosfera evocadora do passado.*

## Do signo da bandeira à unidade dos Brasis

Todo este entrechocar de lendas e mitos processava-se ao longo da costa. As doze capitanias em que tinha sido dividido o Brasil procuravam sobreviver no meio de lutas no combate diário e cruel contra o Índio. Combate de vida ou morte. O português perdedor era imediatamente comido pelo triunfador, tupi ou tamoio.

Foi uma luta de morte, dura e cruel. Luta que pôs ao de cima a estratégia manhosa e traiçoeira entre o caçador furtivo e a caça em rebanho. Luta que estrangulou capitanias, enviuvou mulheres, atacou a própria Igreja benfazeja. Deste modo a vida nas capitanias procurava, por um lado, seguir a vida rural portuguesa — abertura de campos para a lavoura, feitura de engenhos de açúcar, domação da floresta, domingos de missa, festas com canas, festejos em dias santos; por outro era a vida da fortaleza cercada permanentemente. Mas cercada de modo especial: cercada por índios que actuavam como lobos, que ora cercavam em alcateia, ora atacavam furtivamente. Nada existia que se assemelhasse ao fausto do Oriente, nem na morte nem na glória. Nada se assemelhava ao brandir da arma, ou do remo no combate. Tudo era furtivo. Tudo era medo. Os tambores da noite, as cantigas longínquas penetrando nas casas ainda pobres, o uivo dos animais bravos, tudo ressoava nos milhares de árvores da floresta.

Simultaneamente, esse medo encontrava na alma do Português um peito cheio de vontade em ultrapassá-lo, em vencê-lo, em conviver com esse uivo, com essa gente meio animal, esse selvagem. Vernhagem, na sua magistral *História Geral do Brasil,* retrata-nos essa vida:

«Os hábitos religiosos presidiam à vida dos moradores, especialmente nas colónias que mais prosperavam, como São Vicente, Porto Seguro e Pernambuco. Os colonos, como quando estavam a bordo, se reuniam todas as noites para rezar o terço; e introduziam a saudação do "louvado seja Nosso Senhor Cristo" que ainda hoje se usa proferir, ao render os quartos, em alguns dos nossos navios, e que veio a ser a que geralmente diziam nas diferentes províncias os africanos cativos.

Em cima e à esquerda — *Ruínas da missão jesuíta de São Miguel, no Rio Grande do Sul, uma das muitas missões fundadas pelos jesuítas no Paraguai, Argentina e Brasil, e que constituem parte de um período fascinante da História. O estilo desta missão, contudo, é mais colonial espanhol do que português.*

«Durante o ano, as festas do calendário romano celebravam-se com o maior escrúpulo, ainda naqueles usos em que a diferença dos climas e dos produtos do solo pediriam menos rigorosa observância. Esta, porém, parecia aos colonos que os conchegava aos seus parentes no além-mar. O dia de ano bom era festejado com o banquete que lhes permitia sua pobreza; no Entrudo arremedavam-se, perante os gentios, as loucas saturnais de outros gentios antigos. Nem aqueles podiam entender donde vinham aos hóspedes, de um dia para outro, e sem beberem vinhos, tanta embriaguez; — nem por que se ofendiam os amigos mais íntimos, lançando-se água, ovos e farinhas; que então não eram tais acometimentos feitos como depois com limõesinhos de cera e águas de cheiro. Vinham as endoenças e suas consoadas de confeitos, e as igrejas juncadas de plantas balsâmicas. Seguia a festa de Maio, com flores, e a do Espírito Santo, com a doçaina e a competente gaita de fole e o imperador de um só dia. As fogueiras e os foguetes de Santo Antônio, São João e São Pedro, e do padroeiro ou padroeira de lugar, eram indispensáveis. Finalmente vinha cerrar o ano o Natal, com seus presépios, seus autos sacros representados, sua missa do galo e seu bacorinho morto.

«Nas cerimónias religiosas consistia a principal parte da vida doméstica desde o berço. — O batizado do recém-nascido fazia-se com a possível pompa; o dia da primeira comunhão era de grande festa na família, como precursor do matrimônio, sacramento este ao qual os pais procuravam encaminhar seus filhos apenas entravam na puberdade.

«Os trajes, entre a gente de prez, eram idênticos aos que se usavam na metrópole, e as modas variavam como lá.

«Não se envergonhavam os cristãos de roçar mato ou de cavar com a enxada, ao lado dos índios, seus amigos, ou de algum escravo que destes adquiriam. No cativar o gentio da própria capitania foram os donatários mui parcos, e só consideravam legitimamente seus os que haviam sido aprisionados na guerra. E devemos confessar que esta prática, fundada no chamado direito dos vencedores, tinha tendências civilizadoras, e em alguns pontos chegou a produzir o influxo benéfico de poupar muitas vidas, fazendo que os mesmos vencedores guardassem, para resgatar com os nossos, os prisioneiros que segundo seus hábitos deviam matar.

«Quanto a nós, tem-se clamado demasiado injustamente contra as tendências dos primeiros colonos de levarem a ferro e fogo os Bárbaros da terra, agrilhoando-os, matando-os ou escravizando-os. Não sejamos tão injustos com os nossos antepassados, nem tampouco generosos com os que da mudez dos sepulcros não se podem defender. Para provar a humanal fraqueza, os nossos instintos de vingança, não necessitamos ir contender com os ossos dos antepassados, para os quais só nos cumpre pedir paz e comiseração, quando até alguns (os dos devorados pelos Bárbaros) nem sepultura tiveram. Houve sim, como adiante veremos, quem abusasse, quem sem caridade pretendesse conculcar as leis divinas e humanas, e introduzir, com piratarias e crueldades, a anarquia e a dissolução nas primeiras povoações que o cristianismo fundava no Brasil. Mas tais monstros da sociedade eram a exceção, e muitos deles tiveram o merecido castigo.

«Por via de regra, para com os índios, os donatários conduziram-se ao princípio do melhor modo que lhes era possível. À frente de um limitadíssimo número de colonos, contando entre eles alguns escravos de Guiné, ou criminosos, senão inimigos figadais, por castigos que se tinham visto obrigados a aplicar-lhes ainda durante a viagem, passando em revista, ao porem os pés em terra, o maior número de gentios que se reuniam de todos os contornos, para admirar aquelas canoas colossais (igara-açu), que os haviam transportado, e para tratar de obter alguns cascavéis e outras frioleiras de resgate; e vendo diante de si guerreiros tão fortes e tão destros, que nunca deixavam o arco e a frecha, que acertavam com esta, a grande distância, no pássaro que voava, e no peixe que rapidamente fendia as águas, os donatários não podiam, excepto em caso de demência, deixar de conhecer que a melhor e mais segura política era a de atrair a si, pelos meios da persuasão, tais elementos de força.

«Neste intento, começaram em geral a obsequiar e presentear os índios, seguindo a prática que aos primeiros exploradores era recomendada pelo próprio soberano. Passavam depois aos contratos; e da falta da execução destes, entre os particulares, procediam motivos de desinteligência. O Bárbaro, vaidoso e independente, desconhecendo os direitos da razão e a supremacia da consciência, nem sequer admitia a admoestação que alguma vez, de parte de um ou outro colono e do próprio donatário, provinha de verdadeira caridade evangélica. Demais, dissimulado sempre, e tendo para si que é ardil de ataque e de desafronta o que, à nossa razoável maneira de ver, é traição e aleivosia, aproveitava-se da primeira ocasião para cometer um assassinato, crime que o nosso direito pune com a pena de Talião.

«Por outro lado, os mesmos Bárbaros reputavam como a maior prova de covardia de um homem o não saber ser activo e insultante contra os que o iam matar. Entre eles, como já vimos, o prisioneiro, seguro de que tinha de morrer, era obrigado a fazê-lo a sangue-frio, indo para o sacrifício de fronte levantada, como para o combate. Antes de sucumbir lhe cumpria, com ameaças, vingar-se dos que o matavam: devia dizer-lhes

*As reduções jesuítas não eram construções pequenas, nem tão-pouco aldeamentos pobres. Eram, sim, exemplos sólidos de um poder que se queria estabelecer e constituir fronteira. As missões também produziram grande número de exemplos de arte religiosa, alguns dos quais podem ser hoje vistos no pequeno museu existente na missão de São Miguel.*

como os seus companheiros o haviam algum dia de vingar, matando-os a eles todos, e como a ele próprio não o privavam da vida, senão quando já lhes tinha feito todo o mal que podia.»

Alguns dos donatários, como Duarte Coelho, homem hábil, brilhante dialogador, experimentado guerreiro e diplomata, mais ainda extraordinário condutor de homens, conseguiam, dentro de planos cuidadosos de acção de domínio e pacificação, desenvolver paulatinamente a sua donataria. Foi assim que a pequena fortaleza de madeira de Olinda se transformou num centro urbano, onde a bandeira de Cristo, do rei e do donatário tremulavam ao vento. O seu nome, Nova Lusitânia, era bem o símbolo dessa confiança e orgulho onde se executavam «obras de tritão», ainda que muitas vezes «tumultuária e formidavelmente». Oliveira Lima fala-nos com orgulho dessa capitania dizendo-nos: «Como entre as cidades da velha Grécia, flutua sobre o berço de Olinda uma lenda graciosa que dá o donatário por enamorado da colina coberta de vegetação verde-escura, a contrastar com um buliçoso mar verde-claro, de cujos furores resguardaria a navegação o ancoradouro natural dos arrecifes, ligado por um istmo arenoso, a meio do qual se construiu mais de um século depois o forte do Buraco. A situação não era portanto somente aprazível; era também prática, além de correspondente à clássica preferência peninsular de edificarem-se as vilas sôbre elevações, de mais fácil defesa contra assaltos, com a orla dos muros de cunho mourisco descendo as encostas.

«Os índios cahetés, senhores do território desde o rio S. Francisco até Itamaracá, souberam defender sua aldeia — Marim — com o denôdo que lhes era peculiar e parecido com o dos araucanos na costa do Pacífico. É bem possível que a feitoria de Iguaraçú continuasse a servir de abrigo à esposa do donatário, a dama do paço com quém êle se casara quarentão e que se arriscara a uma tal lua de mel, e às outras senhoras da expedição, composta de várias famílias, enquanto em Olinda se derrubavam as matas e se preparavam as palhoças, que num curto espaço de tempo seriam substituídas pelas casas de taipa e por bastantes de pedra e cal, algumas até de sobrado, «com sacadas sobre cães de pedra», que o invasor holandês veio encontrar e queimou.

«A emprêsa não foi de rosas. Os assédios do gentio tinham semeado o pavor e feito durante sofrer os colonos; a fome tinha-os por vezes torturado; as certeiras flexas inimigas tinham produzido baixas, sendo ferido o próprio Duarte Coelho que da sua tôrre quadrada, sòlidamente edificada, dirigia com acêrto a defensiva entremeada de sortidas. Sua constância estava, porém, ao par do seu valor. Sobrava-lhe a experiência das lutas, pois que muito jóven começara para êle no Oriente a vida estrénua.»

Foram anos tumultuosos. Anos em que, num minuto, se perdia totalmente o que se fizera, com tenacidade, em dez anos.

Longe, na corte, D. João III, dentro da sua política de reforma da mente e da educação

*A política da Coroa era a de consolidar a posse ao longo da costa, deixando a exploração do interior para os mais aventureiros. São Salvador da Baía depressa se tornou uma cidade imponente.*

*Ao lado — O claustro da Igreja de São Francisco de Assis; em baixo — antigos armazéns na zona do porto; ao fundo — o forte de Santa Maria, construído segundo a tradição portuguesa.*

portuguesa, vê que é o momento de iniciar uma nova etapa no domínio da costa brasileira. Ele entendia que os «fumos da Índia» não podiam proliferar no Brasil e que seria necessário encontrar um agente real local que ordenasse, erguesse e planificasse um plano de ocupação da costa brasileira.

Verificava-se que o acto audaz e temeroso na Índia era um acto sem validade histórica no Brasil. O Brasil, neste entendimento, era o mito a descobrir e assenhorear, e que o «homem-mito» só esporadicamente encontrava no Brasil a compreensão cultural que lhe permitisse actuar como mito. No Brasil o mito era o continente a descobrir.

D. João III apercebia-se desta situação. Todos os anos lhe chegavam notícias esplendorosas, ou notícias degradantes, mesmo ultrajantes. Num ano, uma capitania se enobrecia ou produzia açúcar; no outro ano tudo desaparecia na voragem não só do Índio, como da própria revolta dos Portugueses.

Num pequeno texto da sua admirável

obra *Orbe Seraphico*, Jaboatão constata, sem contudo compreender a razão, estes factos: «Não sey por que princípio, ou que razão pode haver entre as conquistas destas duas índias Orientaes e Occidentaes, que o prémio que se deo aos Conquistadores de humas, foy o trabalho de conquistar as outras. A muitos d'aquelles famosos Heroes, que na conquista da índia Oriental mais se assignalarão em feitos, derão os Reys, por prémio condigno, ou paga equivalente aos taes, o serem o reparo, que excepto huns, ou outros, dos que vieram ao Brasil fundar capitanias, depois que o merecerão, por serviços na índia quasi todos, vindo de lá tão abastados de bens e haveres, acabarão nas conquistas de cá objectos de pobreza e espectáculos de fortuna»...

D. João, vendo assim perder-se lentamente o Brasil, concebeu, com visão ampla, julgo mesmo que foi o único momento em que a sua visão foi ampla (talvez por imitar a visão de Carlos V), uma nova estratégia de ocupação e domínio territorial do Brasil. Até esse momento, todos os reis de Portugal tinham fundado as suas amplas estratégias de domínio mundial, no domínio do mar, e no domínio de pontos estratégicos em terra, baseando sempre esse domínio do mar em duas grandes vertentes: a luta contra o Islão e o domínio, pela persuasão, das civilizações terrestres que com o mar conviviam e se encontravam no seu caminho. Para isso, o Português encontrou, num arrojo secular de tendências inatas e culturais — templárias, culto do Espírito Santo, franciscano, etc. — as molas propulsoras do *ser-mito* no cumprimento de uma *missão mito-histórica*.

No Brasil toda esta estratégia e meios se fundia em nada.

D. João planifica, assim, a ocupação do Brasil, pondo em prática os seguintes princípios reitores: criação de um governador que centralizasse toda a acção no Brasil; ocupação do resto da costa brasileira, por meio de uma imigração controlada centralmente; luta ao corsário e a todo o estrangeiro que procurasse esconder-se nessa imensidão da costa, para aí se fixar; conseguir que os Jesuítas, como sua milícia heróica, conseguissem pela persuasão na fé e na educação domar os impulsos canibais e feiticistas dos Índios.

Era um plano impecável. O seu primeiro cometimento foi encontrar alguém que pudesse seguir a sua orientação, ao mesmo tempo que compreendesse o papel que ele, rei, atribuía a milícia de Cristo que com esse alguém havia de seguir. Papel não idêntico ao dos Franciscanos, que seguiram Francisco de Almeida ou Afonso de Albuquerque, mas antes papel de apaziguamento, de contemporização, propagueamento da fé, apresentando e cumprindo simultaneamente um plano educativo para o selvagem e o colono. Ao governador e ao jesuíta pedia-se uma total unidade de acção, compreensão e estratégia. E se para o Oriente D. João enviara Francisco Xavier, teve a sorte igual de enviar Manuel da Nóbrega para Ocidente — grande político, psicólogo e campeão do entendimento missionário. Esta ligação entre o governador e capitão-general e o jesuíta dá--nos a dimensão estrutural da política universal do rei em relação ao Brasil.

Entre a nobreza, D. João procura alguém que apresentasse como folha de serviço esta tríplice capacidade: a organizativa, a militar e a diplomática. Recaiu a escolha em Tomé de Sousa, que servira às ordens de D. João Coutinho e D. António da Silveira em África, e na Índia capitaneara a nau *Conceição* quando da ida da armada de Fernão Peres de Andrade à China. Parecia, *a priori*, ter, como veio a demonstrar, a capacidade em amparar o senso realista e desenvolver a política de reorganização do Brasil.

Parte para Vera Cruz em 1549, comandando uma armada onde seguiam funcionários, oficiais, colonos, degredados, jesuítas e antigos donatários, todos necessários ao desenvolvimento político do Brasil.

Com ele, transportava um «Regimento» que começa assim:

«Querendo el-rei conservar e enobrecer as terras do Brasil, e dar ordem a sua povoação, tanto para exaltação da fé, como para proveito do reino resolve mandar uma armada com gente, artilharia, munições e tudo o mais necessário para se fundar uma fortaleza e povoação na Baía de Todos-os--Santos, donde se possa dar favor e ajuda às mais povoações, e prover nas coisas de justiça, direito das partes e negócios da real fazenda, e há por bem nomear a Tomé de

*O desenvolvimento do interior foi espectacular, principalmente nos centros mineiros de Minas Gerais, onde se explorava o ouro e os diamantes. Foi aqui que a arquitectura barroca luso-brasileira atingiu o seu apogeu.*

Na página anterior, em cima — *Uma janela da Igreja de São Francisco de Assis, em São João del Rei;* em baixo — *um chafariz, em Ouro Preto.*

Nesta página, em cima — *Aspecto de Ouro Preto, que chegou a ser considerada uma das cidades mais ricas do mundo;* ao lado — *na igreja matriz de Sabará encontra-se esta magnífica porta em estilo chinês, importada de Macau.*

Sousa, pela muita confiança que faz da sua pessoa, para governador-geral do Brasil, e capitão da fortaleza, em cujos cargos observará as disposições seguintes:

«Irá diretamente à Bahia, e logo que chegue, deve apossar-se da cêrca ou fortificação que havia feito o donatário Francisco Pereira Coutinho, e onde consta que ainda há povoadores cristãos, empregando para isso a fôrça, se fôr mister, e o mais a seus salvo que lhe fôr possível. Todavia, como consta que êste local não é dos mais apropriados, o estabelecimento que fizer nêle será de natureza provisória — e deve escolher outro mais pela baía dentro, tendo atenção à capacidade do ancoradouro, a bondade dos ares e águas, e abundância dos provimentos, com que pelo tempo adiante venha a povoação a ser cabeça de tôdas as capitanias. Para isso leva o governador pedreiros, carpinteiros e várias achegas.

«O principal fim por que se manda povoar o Brasil é a redução do gentio à fé católica. Êste assunto deve o governador praticá-lo muito com os demais capitães. Cumpre que os gentios sejam bem tratados e que no caso de se lhe fazer dano e moléstia se lhes dê tôda a reparação, castigando os delinqüentes.

«Consta que algumas pessoas, que têm navios e caravelas no Brasil, e navegam de umas para outras capitanias, costumavam saltear e roubar os gentios de paz por diversos modos, atraindo-os enganosamente a bordo, e indo depois vendê-los a outras partes, e até a seus próprios inimigos, donde resultava levantarem-se os mesmos gentios, e fazerem guerra aos cristãos, sendo esta a principal causa das desordens que tinha havido. Pelo que fica de ora em diante proibido saltear e fazer guerra ao gentio por mar ou por terra, inda que estejam levantados, sem licença do governador ou dos capitães, que só darão a pessoas de confiança... Aos contraventores, pena de morte e perda de tôda a sua fazenda.»

Mudara-se a política nacional, como se mudara a compreensão do rei pelo Império. Teremos que esperar por D. Sebastião, para que de novo Império e Portugal caminhem na política criada por D. Dinis ou D. João II. Veja-se por exemplo, como ainda hoje, em Parati, se mantêm os ditames do culto do Espírito Santo, cerimónia que une política e religiosamente todo o Império. O culto do *Império Ecuménico*, se bem que não compreendido inicialmente no Brasil, deixou nele profundas raízes. Mas não deixemos a armada de Tomé de Sousa. Ele chega ao Brasil, à antiga capitania do malogrado Francisco Pereira Coutinho. Desembarca em Vila Velha e logo começa a erguer a nova capital do Brasil. Era não só um plano arrojado, como era a primeira vez que o rei dava todas as indicações de como construir uma cidade. Nasce daqui uma ordenação régia de planeamento das cidades brasileiras.

Ò governador lança-se ao trabalho e, como diz um historiador contemporâneo, «causou nessa ocasião geral assombro a actividade de Governador. Não se satisfazendo com o ensinar pessoalmente os operários,

Na página anterior — *Panorâmica geral de Ouro Preto, cercada de montes.*

Ao lado e em baixo — *A Igreja de São Francisco de Assis e os seus magníficos motivos decorativos, esculpidos em pedra-sabão cinzenta pelo mestre «Aleijadinho».*

Ao fundo — *Devido à topografia, a cidade foi construída em diferentes níveis, dando origem a um grande número de miradouros.*

ele mesmo transportara aos ombros os materiais de que careciam. Tão nobre atitude aumentou extraordinariamente o respeito que já aureolava a que pessoa».

Os quatro jesuítas, Manuel da Nóbrega, superior, João Navarro, António Pires, fundador do colégio de Pernambuco e director do Colégio da Baía, e Leonardo Nunes, o homem do Sul, ajudados por dois noviços, lançam-se à conquista das almas e das mentes. Nunca mais deixarão de efectuar o seu apostolado até ao reinado de D. José.

Tomé de Sousa percorre as capitanias. Verifica a degradação de algumas e o progresso de outras. Enfrenta a guerra dos Índios mas, lenta e tenazmente, consegue cumprir as ordens ditadas pelo rei. Uma das mais difíceis de cumprir foi a que lhe ordenava que não permitisse a penetração dos Portugueses para o interior do Brasil enquanto a costa não estivesse pacificada. Pensava D. João III que a costa tinha de estar pacificada, ordenada e cumprida; só depois se podia pensar em seguir os rios que se abriam ao longo da costa, e que penetravam para o interior do continente. O rei pensava assim, mas não contava com a resistência do Português em abandonar a mito-história e viver na história. Não contava que o interior do Brasil se transformasse, para centenas de portugueses, na finalidade das suas existências. E que só o sonho nesse mito os mantinha no Brasil.

Tomé de Sousa e D. Duarte da Costa procuram, obedecendo ao rei, desconhecer as lendas que diariamente sussurravam aos ouvidos dos valentes. Eram lendas não só de fortunas mas de mundos nunca sonhados, envolvendo espíritos encantados por riquezas sem fim, mas que principalmente falavam da existência de outros mares e outras terras onde deuses viviam e conviviam com os humanos. Era um mundo que os chamava. E tal força tinha essa mito-história que os próprios Jesuítas, com Nóbrega à cabeça, pensam penetrar no Brasil, partindo de São Vicente para o interior, procurando o caminho natural para a cidade de Assunção, campo e local onde se irão debater, durante um século, o homem português e o jesuíta espanhol, ambos revelando a vontade de defender e conquistar espaços para os seus Cristos e reis, desbravando almas, florestas e rios.

Tudo se aprontava para que a primeira *bandeira* portuguesa fosse jesuíta, antecipando as tentativas de tomada de território feitas pelo jesuíta espanhol Torres, quando a ordem do governador foi áspera e pronta: el-rei impedia a penetração no sonho e no mito. Nóbrega ficou e Torres, anos mais tarde, ocupou os territórios deixados por ele.

Mas a força de aglutinação era imensa. De São Vicente, região pobre, da futura São Paulo, da Baía, sonhadores e heróis partiam, qual contrabandistas, para o interior do Brasil... E quando regressavam contavam histórias maravilhosas sobre maravilhas. A força de atracção para o interior, para o mito, só tinha que encontrar o *homem-mito* para se cumprir. Vão ser precisos anos. Porque todo o português estava nesse momento vinculado a extirpar do Brasil o sonho da França Antárctica.

Era um sonho romântico, este da França Antárctica. E como toda a coisa romântica, era perigosa pelo conteúdo de sonho que trazia em si. A ideia nasce com o contra-almirante Durant de Villegaignon, um protestante protegido de Colligny que sonhava poder construir no Brasil, fugindo à Europa católica, uma colónia calvinista.

O indígena do Brasil não era um selvagem puro?, como mais tarde dirá Rousseau; a sua religião não era pura, nobre, sem mácula? Se isto era verdadeiro no pensamento do francês, Villegaignon prepara, em 1555, com a ajuda de protestantes franceses, uma armada que tivesse a capacidade e a força para vencer as resistências portuguesas e estabelecer um porto francês em qualquer lugar privilegiado da costa, como por exemplo no cabo Frio, onde sabia que havia uma persistência de luta do Índio contra o Português. Dirigiu-se pois em direcção a este local, perdido na costa do Brasil, encontrando, na baía do Rio de Janeiro, o local exacto para estabelecer a capital da França Antárctica, da França protestante. Mas o que Villegaignon não sabia é que simultaneamente com ele chegava ao Brasil algo que o transcendia, chegava o sopro de lenda que D. Sebastião começava a formar de novo em Portugal; sopro esse tendente de novo a interligar no contexto das mito-histórias todo o império dos Portugueses, estivessem eles em Portugal, na China, no Japão ou Brasil. Mal sabia Villegaignon que ele próprio seria o factor que aglutinaria no Brasil esse sopro, já personificado no novo governador Mem de Sá.

Sobre a França Antárctica irá cair o poder total dessa capacidade imortal do *mito* e do *Império Ecuménico de Cristo* ressurgido na mente de D. Sebastião.

Mem de Sá, bem como toda a sua família, foi um dos maiores agentes desta revolta ao anti-sonho. Foi algo de transcendente que surgiu no Brasil numa confluência de vontades pessoais e sonhos misteriosos. A família dos Sás será, ao longo de mais de 70 anos, a incorporação física do *mito* no Brasil — conquistando e expulsando os franceses do Rio de Janeiro, investindo nas minas do Rio Grande do Sul, governando o Rio de Janeiro e comandando a bandeira da restauração de Luanda.

Os Sás, como os Coelhos de Albuquerque ou Albuquerque Coelho, são as maiores dádivas que os Portugueses puderam dar ao Império de Cristo no Brasil. E o curioso é que Mem de Sá não era nenhum mito da Índia, ou algum guerreiro do Norte de África... Não, Mem de Sá era um jurista da região do Entre o Douro e o Minho, mas um jurista de profissão, com um coração e uma sensibilidade que o identificavam com o espírito do *Universo Ecuménico*, paladino da grandeza de Portugal no Mundo.

Ele foi para o Brasil pela mão de D. João III, mas cedo se transforma, quer fosse pela acção dos Jesuítas (neste momento já três nomes enormes viviam no Brasil: Anchieta, Nóbrega e Nunes), quer fosse pelo espírito luso da *conquista*. A sua longa trajectória trouxe a pacificação da costa, a quebra da soberba dos Tamoios, a edificação das cidades de São Sebastião do Rio de Janeiro e de São Paulo. Só faltavam as terras no Nordeste brasileiro. Só faltava a expulsão dos Franceses de São Luís do Maranhão e a construção da capital do Noroeste, Belém do Pará, caberá aos Coelhos de Albuquerque fazê-lo.

Tudo se ajustava e se preparava para a se-

*A zona antiga do Rio de Janeiro tem tendência a ficar comprimida entre enormes edifícios modernos, mas na baixa ainda se pode ver o antigo palácio real (na página anterior), assim como um monumento comemorativo (à esquerda). Perto encontra-se também o edifício da Santa Casa da Misericórdia (em cima).*

gunda etapa — a etapa do sonho e do mito. A etapa dos *Bandeirantes*.

As *bandeiras* nascem da pressão que o mito exerca sobre o homem no Brasil. Durante séculos os Portugueses tinham sido impulsionados pela missão da descoberta do mar e pela conquista do *Império Ecuménico de Cristo*. Durante séculos toda a sua actuação e vivência se consubstanciara na vontade de sulcar oceanos, cortar e vencer medos, percorrer as águas desconhecidas até as transformar em conhecidas. Durante séculos aprendera a viver na noite, ver as estrelas, sentir os sinais dos mares, dos ventos, dos animais costeiros. Durante séculos a missão fora conhecer o mar para vencer o inimigo de Cristo e construir um Império.

No Brasil tudo se invertia: não existia o inimigo de Cristo, não existia o mar Atlântico, Pacífico ou Índico; não existiam civilizações heróicas cuja necessidade fosse fazê-las admirar Portugal e Cristo. No Brasil tudo se submergia num único termo — o Continente. Aqui o mito era a terra. O território sem fim, povoado por selvagens, semi-animais, mas que escondiam sonhos imensos, riquezas extraordinárias, mares sem fim, lagoas e serras perdulárias. O pensamento mítico do Português sonhava no Brasil, não com o mar, mas com a terra e com a maneira de a controlar e dominar. Ele sabia uma única coisa. É que andar na terra sem fim era o mesmo que andar no mar sem fim. Era preciso ler as estrelas, usar instrumentos de orientação, seguir os sinais dos animais. Somente, no mar ele tinha uma missão a cumprir, e na terra? Como descobrir a sua missão, ou melhor, como desvendar os caminhos para cumprir essa missão, ou ainda quais as missões, ou qual a missão que tinha de cumprir?

Para o homem do Brasil havia várias missões: primeira, a descoberta pura do interior brasileiro; segunda, a conquista máxima do território, expulsando o mais possível o Espanhol, da linha das Tordesilhas; terceira, a descoberta das riquezas escondidas; quarta, o manter unido o sentido de um império único de Cristo.

Estas missões são cumpridas quase todas pelas bandeiras saídas da costa, de São Vicente, de São Paulo, da Baía e de São Luís ou de Belém do Pará. Destes pólos é que se estruturará toda a noção geográfica do Brasil. Se passará da lenda da ilha Brasil, da lagoa do Ouro, para a fronteira política do Brasil. Será uma enorme e portentosa aventura que só super-homens, construindo supermissões, conseguirão cumprir.

Não iremos historiar todas as bandeiras, mas iremos esquematizar aquelas que, pela sua grandeza e heroicidade, deram aos seus actores a possibilidade única de se tornarem heróis, no dizer de Jaboatão. Assim percorremos três dessas aventuras. A que reconhece a ilha — Brasil — ou a grande mito-história de Raposo Tavares; a que penetra

Em cima — *O antigo palácio, no Rio de Janeiro, alojou a família real portuguesa, quando a Corte se transferiu para o Brasil durante as invasões napoleónicas. O palácio foi construído no estilo tradicional português, tal como foi a Igreja de Santa Luzia (na página anterior). A cidade foi crescendo espantosamente ao longo dos anos, como Martim Afonso de Sousa previra quando, em 1523, chegou à espectacular Baía de Guanabara.*

no Amazonas e quase atinge o Pacífico — a de Pedro Teixeira; e a que não penetrando no Brasil, o liga à África — a de Salvador Correia de Sá.

## ANTÓNIO RAPOSO TAVARES

Não queremos começar esta epopeia sem enunciar as epopeias de bandeirantes que a anteciparam e que deverão ter tido papel importante na decisão tomada por esta personagem ímpar da lenda brasileira.

Cedo, muito cedo, a pressão do continente impôs ao colono costeiro o hábito de pretender penetrar no interior do Brasil. Ligando rios, ou seguindo os caminhos de penetração dos Índios, os caminheiros portugueses alargavam as pesquisas e a *conquista* do interior. De vez em quando, um grito potente, vindo desse interior, contava histórias de riquezas infindáveis. E todos procuravam acompanhar em coro esse grito.

Aleixo Garcia soltou esse grito em 1524 quando, nos Andes, descobre e desenterra o tesouro dos Incas. Esta é a narrativa de Jaime Cortesão:

«Numa primeira fase, ainda em bruto, a bandeira pende para o nomadismo. É o caso da expedição do português Aleixo Garcia, que, em 1524, com mais quatro ou cinco brancos e alguns milhares de índios, atravessou o continente desde as costas de Santa Catarina até à região argentífera dos Andes, então ainda sob o domínio político dos Incas. Aleixo Garcia rasgou um pórtico na história. Por ele vão engolfar-se Espanhóis e Portugueses. Com sua empresa apontou para sempre um dos pólos magnéticos das bandeiras: o Peru e os metais preciosos.

«Poucos factos, pois, como esse, nos podem melhor elucidar dum golpe sobre as capacidades do português e as imensas possibilidades de colaboração do índio na bandeira. O guarani, ou, numa expressão mais vasta de família cultural, o tupi-guarani, surge aqui, em estado puro, nas suas funções de guia. Conhecedor, único entre os expedicionários, das riquezas do império incaico, aponta o objectivo económico da expedição; prático único dos caminhos, ensina o branco a aproveitar-se das estradas naturais, abertas pelos afluentes do Paraná e do Paraguai e, logo, do único lugar viável para atravessar o Chaco e alcançar a cordilheira.»

Gritos semelhantes deram, mais tarde, Diogo Nunes, penetrando no país de Madifaro, junto ao Amazonas (1538); João Afonso, viajante e cartógrafo que dava consistência científica, anos mais tarde, à noção do *lago do ouro*, ao afirmar que tanto o rio da Prata, como o Amazonas «nasciam de um lago no interior do Brasil»; Duarte Lemos, que penetra durante quatro anos pela região do Porto Seguro; Espinosa, que partindo de Porto Seguro atinge pela primeira vez a região de Minas Gerais; Mateus Fernandes, que percorre o Amazonas e atinge o Peru (1559); Vasco Rodrigues Caldas, Brás Carlos, Luís Martins, que encontram ouro em Biracoiaba; Martim de Carvalho, Francisco

Caldas e Dias de Taíde; Adorno, comandante de uma razoável bandeira de quatrocentos e cinquenta pessoas; Afonso Sardinha (1590), Sebastião Mansinho, Jerónimo de Albuquerque (1597), Martim Correia, Marcos de Azevedo, André Leão, Nicolau Barreto, Pêro Domingues, António Pedrosa Alvarenga, Francisco Caldeira, António Castanho da Silva e Pedro Taques, Bento Maciel Parente, Aranha de Vasconcelos e muitos e muitos outros. Mas, como dissemos, a bandeira de Raposo Tavares é, pela triplicação da audácia de permanência no tempo e pela noção de descoberta e de *conquista* única no Mundo. Durou quatro anos, percorreu milhares de quilómetros. Partiu de São Paulo, em 1648, atravessou o Paraguai, galgou o Chaco, atravessou os Andes, passou, utilizando a noção das monções, a bacia do Madeira, penetrou ao longo do Amazonas até parar, em 1651, em Belém do Pará. Esta bandeira e esta viagem são únicas na nossa mito-história e levam Jaime Cortesão a exclamar entusiasmado «Esse homem que iguala, em audácia e tenacidade, um Gama, ou um Fernão de Magalhães; que excede, na sua época, os maiores exploradores do interior dos continentes — um Bento Góis, um António Andrade, um Pedro Teixeira; e, em todos os tempos, os maiores exploradores não portugueses das Américas —, um Orellana, um La Salle, ou os Levis e Clarck, não figura nas crónicas portuguesas ou estrangeiras do seu tempo. No seu século, e como explorador, foi completamente desconhecido.»

*A costa norte do Brasil é uma região rica em vegetação e impregnada pelo aroma do Amazonas. Foi neste ambiente extremamente tropical que floresceram cidades como São Luís do Maranhão (na página anterior), Alcântara (à esquerda) e Belém do Pará (em cima).*

Estamos pois numa enorme mito-história que se funde com a história.

Raposo Tavares é um mito. Mito não só da exploração pura, mas da *descoberta e conquista*. Ele assume-se na continuidade de tantos sertanejos bandeirantes como João Moniz, Pedro da Costa Favela, Manuel Coelho, Francisco Mota Falcão e outros, como pioneiros de três vertentes da *conquista e descoberta*:

— A descoberta geográfica do entramado de rios e afluentes do interior brasileiro;

— A conquista das terras que lentamente os jesuítas espanhóis procuravam conquistar, no que se considera território português, principalmente ao longo do Paraguai, Rio Grande do Sul, Chaco e Amazonas;

— A conquista e a descoberta de fronteiras naturais dos territórios que separavam as zonas de influência portuguesa e as zonas de influência espanhola.

Com os seus companheiros, descobriu, segundo Sérgio Buarque de Holanda, «as águas do Tocantins, do Tapajós e do Madeira, estabelecendo, assim, o contacto entre o Brasil Central, as minas do Mato Grosso e o Amazonas». Mas muito mais do que isso realizou Raposo Tavares e seus amigos. Ele percorreu, com uma intuição fabulosa, ou melhor, com o maior sentido de premonição que podemos encontrar no *homem-luso*, toda a zona que considerava dever ser a fronteira ocidental do Brasil. E nessa intuição ele começa pela *conquista* de territórios vitais para a expansão da área de influência de São Paulo, a zona de Curitiba e do Paraguai. Aí se dará a mais controversa acção de todas as que um português praticou ao longo da história de Portugal — a destruição dos jesuítas da Guaiana e as cidades de Vila Rica, Ciudad Real e Xerez, excedendo os limites que os jesuítas espanhóis queriam impor ao Brasil.

Convirá notar, para explicar estes primeiros actos de Raposo Tavares (1626 e 1632) que a Espanha, tendo muito cedo encontrado as riquezas do Peru, da Colômbia e do Chile, tinha abandonado aos Jesuítas grande parte dos seus territórios fronteiros ao Brasil. A eles caberia o papel de fronteiros. Nas fronteiras especiais, fronteiras onde os jesuítas espanhóis conseguiam, por meio da pregação, da domesticação, dominar as almas dos índios, transformando-os em pequenos *robots* que cumpriam as suas vontades.

Tinham assim os Espanhóis criado uma fronteira difícil de transpor, ou de enfrentar, pois dos seus dois lados estavam dois povos dos mais católicos e tementes de Deus — o espanhol e o português.

Aquaviva, Montoya, Torres e Figueiroa são os quatro jesuítas responsáveis por esta política, cuja estratégia é muito bem estabelecida pelo padre Diogo Torres, quando em carta de ânua de 1609, transcrevia o seu sonho, ligar por intermédio de uma cadeia de reduções jesuítas o Uruguai, ou melhor a região de Assunção, até Santa Maria, no mar das Antilhas. E se o pensou melhor o executou. Dezenas de aldeamentos de índios guaranis surgem neste início do século XVII sob a orientação jesuíta, e se algumas dessas reduções são hoje pobres locais abandonados, algumas, como a de São Miguel na fronteira entre o Rio Grande do Sul e o Paraguai, testemunham o colossal atrevimento político dos Jesuítas nesta região.

Assim começa a mito-história de António Raposo Álvares, simbolizando a ambição de um povo, a dos Portugueses, que concebia o Mundo como um mar e cuja estratégia de acção só parava no infinito, muito para além do pôr do Sol, mas cuja estratégia ampla nunca se limitou à *conquista* pura, mas sim à assimilação pelo amor. António Raposo Tavares simboliza em São Paulo esse carácter único português, que não precisava, como o jesuíta espanhol, de criar redutos. O Português onde chegava amava, perfilhava, desenvolvia raças, cores. O Português mesclava-se. E um dos representantes dessa assimilação era a região de São Paulo. Surgira com João Ramalho, com os seus mestiços, caboclos, mulatos. Foram abençoados e educados por Nóbrega e Anchieta. Foram crismados pelo rei de Portugal. Desta mis-

*Belém do Pará foi idealizada como a cidade alternativa da capital de Portugal. As suas igrejas e palácios, erguidos num curto período de tempo, mostram quanto de grandioso se desejava para Belém. Por outro lado, Belém substituiu São Luís como capital do Pará.*
*Foi a esta cidade que aportou a bandeira de Raposo Tavares depois de ter saído de São Paulo e após quatro anos de viagem, durante os quais percorreu toda a actual fronteira do Brasil. Este foi o maior feito bandeirante português. Foi igualmente a Belém que aportou Pedro Teixeira, após ter levado a sua bandeira até Quito.*

tura de raças nasceu um homem, um herói sedento de glória e amor à sua terra. Homem sem fronteiras na conquista, na descoberta e no comércio. Homem enorme que não se podia sentir apertado pelo jesuíta espanhol.

1629 a 1632 são anos terríveis para esses homens, mas são anos redentores para o amor e para o Brasil. António Raposo Tavares, André Fernandes e Ascenso de Quadros destroem todas as reduções jesuítas do Paraguai e conquistam as cidades de Vila Rica, Ciudad Real e Xerez. A fronteira sul do Brasil estava esboçada.

A lenda do ódio começou aqui. A lenda da mentira e calúnia também. É que, ao contrário do que conta a história, não foi António Raposo o atacante. Sentindo-se sem moral, os Jesuítas atacam «saindo ao caminho para estorvar-lhes o passo com três mil índios flecheiros».

Não iremos embrenhar-nos nesta mito-história que ainda não teve história. Só podemos acrescentar que após os estudos de Jaime Cortesão toda a mentira criada pelos jesuítas espanhóis foi derrubada por terra e que Raposo Tavares surge, não como um paladino sem mácula, mas como um herói português, com os seus problemas, rancores, ódios e amores; mas sempre como um português honesto na sua acção.

## PEDRO TEIXEIRA

As bandeiras de Raposo Tavares criaram pela conquista e descoberta as fronteiras ocidentais do Brasil, a bandeira de Pedro Teixeira irá fazê-lo na zona do Amazonas. Diz-nos Odillon Nogueira de Matos sobre a acção de Pedro Teixeira: «Em 1637, no entanto, registava-se a maior façanha sertanista da região. Tendo baixado a Belém, vindos das missões que começavam a estabelecer-se entre os Ensabelados, os franciscanos espanhóis Domingos de Brieba e André de Toledo, deram uma pormenorizada informação do que era o trecho inferior que haviam percorrido (do Amazonas). O capitão-mor (de Belém) Jácome Raimundo de Noronha decidiu-se então a mandar proceder a uma verificação e a levar àquele mesmo interior o domínio que avançava do litoral atlântico. Pedro Teixeira foi o comandante da Jornada. Teve como companheiro, além de Frei Domingos Biela, o coronel Bento Rodrigues de Oliveira, como mestre-de-campo; o capitão Pedro da Costa Favela, o cronista Maurício de Heriante, três subalternos, como piloto o sertanista Bento da Costa e capelão o franciscano Agostinho das Chagas. A expedição, que partiu em Outubro de 1637, viajou em algumas dezenas de embarcações, que conduziram mais de duas mil pessoas, entre as quais setenta soldados e mil duzentos índios flecheiros.

«Atingindo Quito em Outubro de 1638, Pedro Teixeira, perante os receios dos espanhóis daquela cidade, que se alarmavam com a possibilidade de ver o rio a servir de ponto de entrada para a conquista do Peru por via atlântica, foi mandado regressar a Belém, o que cumpriu, proporcionando, antes, pormenorizado relato da viagem. Partindo em Fevereiro de 1639, chegou à capital paraense a 12 de Dezembro de 1639. Na altura da confluência de Napo com o Aguarico, de acordo com as instruções reservadas de Jácome Raimundo de Noronha, fundou, porém, a 16 de Agosto solene-

À esquerda — As improvisações que os Portugueses criaram, até nas casas mais pobres, constituíram muitas vezes inovações, como se pode ver no desenho destas janelas de tabuinhas, numa velha casa de São Luís do Maranhão. No entanto, em Belém do Pará deu-se mais ênfase à grandeza e ao estilo, demostrados pela arquitectura imponente da Sé Catedral da cidade (em cima).

mente, fazendo lavrar termo pertinente, um núcleo urbano — o povoado da Franciscana que limitaria no alto sertão as coroas de Portugal e Espanha.»

Compreendemos agora a importância da descoberta do Amazonas. Ela permitiu um avanço de conhecimento geográfico tão vasto e tão perfeito que fez avançar, sem o conhecimento circunstanciado da Espanha, a fronteira de Portugal no Brasil.

A mito-história desta viagem pode ser com facilidade imaginada por nós se não esquecermos que, durante todos os anos da ocupação de Portugal pelos Filipes, a verdadeira consciência da nação portuguesa se encontrava no Império. E que este, ao contrário de Portugal, procurava tirar partido das fronteiras movediças que os dois impérios apresentavam entre si. Aqui estamos falando da fronteira do Amazonas e do Paraguai, mas nos antípodas, na longínqua China, lutava-se pela fronteira das especiarias e de Macau.

O Império Luso viveu o seu espírito de missão sagrada e una em todas as suas fronteiras com Espanha, menos em Portugal.

## SALVADOR CORREIA DE SÁ

Unindo as duas coroas, a Espanha tinha conseguido impor a Portugal a sua lei na Europa, lei que substituía, como vimos, a inquisição pelo fecho dos portos aos hereges da Holanda e da Inglaterra. Lei que também possibilitou a estas nações a abertura dos caminhos para África, Brasil e Oriente.

No Brasil foi dramática a acção dos Holandeses. Conquistando por duas vezes a Baía, ocuparam durante anos toda a região de Pernambuco. Só o sentido de *conquista* e de *amor* à miscigenação e à terra é que possibilitou a reconquista e a integração de novo de toda a região de Pernambuco nos territórios do Brasil. E dizemos que só pelo *amor* é que os Portugueses o conseguiram fazer, porque o seu exército de reconquista era formado por três corpos de exército, com três comandos, em que o negro, o índio e o português da Europa tinham comandos paralelos.

Não nos interessa aqui, porque foge da epopeia das Bandeiras, a acção da reconquista do Brasil holandês, o que nos interessa é verificar que quase simultaneamente a capacidade estratégica dos Portugueses fora de Portugal era tão grande que concebem, a partir do Rio de Janeiro, a noção de que o Atlântico, sendo português, deveria continuar a unir dois territórios portugueses e que, se um fora conquistado pelo holandês, caberia ao outro a sua libertação. Não esqueçamos que estamos em plena época em que o padre António Vieira recriava a figura do *Desejado*, renovava as ideias do culto do Espírito Santo e apontava para o advento do *Quinto Império*. Império consolidado pelos Portugueses durante os sessenta anos de opressão espanhola em Portugal. Daí se pode conceber a importância extraordinária de toda a mitologia imperial portuguesa e a

*As casas de São Luís do Maranhão eram particularmente atraentes devido à construção cuidada, e muitas vezes original, dos seus telhados (na página anterior), ao uso de azulejos para decorar fachadas (ao lado e em baixo) e às varandas com portadas de tabuinhas, que tinham como finalidade proteger do sol e da chuva (ao fundo).*

da unicidade do *Império Ecuménico de Cristo*. Se este império existia, era necessário que cada uma das partes ajudasse as outras na revolta contra o conquistador, caso ele existisse.

Angola era um caso desses. Conquistada no tempo de D. Sebastião por Paulo Dias de Novais, o belo reino «sebástico» de África fora assaltado pelos Holandeses. A cidade de São Paulo de Luanda era, no século XVII, uma cidade holandesa. Portugal em luta com a Espanha pouco poderia fazer se não nomear um comandante que congregasse em si a noção de bandeira e que numa acção bandeirante conseguisse chegar a Angola e desalojar os Holandeses desses territórios lusos. D. João IV escolhe um valoroso capitão, senhor de um incontestável brilhantismo no Brasil. Salvador Correia de Sá é bem-vindo.

Salvador Correia, como todos os portugueses eleitos, vive e compreende a ideia de Império. Toda a sua vida está entre a história e a mito-história. Senhor e governador do

Rio de Janeiro, capitão de São Paulo, herdeiro de apelido da plêiade dos Sás que atravessaram a história de Portugal, a sua acção no Rio Grande do Sul, no Rio de Janeiro e na Baía é uma plêiade contínua de acções estranhas e maravilhosas, em que a heroicidade, a espionagem e o embate psicológico o transformam num chefe incontestável.

Em 1648 a ideia de reconquista de Angola estava formada. Salvador Correia comandava uma armada cujo navio almirante, *São Luís,* orgulhosamente arvorava as bandeiras de Cristo, de D. João IV e dele próprio, Salvador Correia de Sá. Saiu do Rio de Janeiro a 12 de Maio de 1648, levando novecentos homens e dirigindo-se ao Quicombo, entre Luanda e Benguela.

Chegado a Quicombo, Salvador Correia toma noção da situação militar e verifica que a cidade de São Paulo de Luanda se encontrava desfalcada de gentes, que o comando holandês não se encontrava na cidade e, num golpe de génio e de fortuna, concebe a ideia de conquistar a cidade.

Dirige-se à Baía de Luanda. Participa aos Holandeses as suas intenções e pede a sua capitulação. O Holandês pede alguns dias para responder, enquanto protestam e fazem um manifesto «contra os vassalos do rei de Portugal». Salvador Correia compreende a situação. Sente a desmoralização do Holandês e ataca. As suas forças não são em número suficiente para executar um ataque frontal. Conta contudo com a sua boa estrela e com a desmoralização do inimigo. Ataca violentamente. Ganha as diversas trincheiras que o Holandês lhe põe no caminho. Tem nessa altura notícia de que os Holandeses atacavam Cambambe. O último reduto que os Portugueses tinham mantido altivamente desde o primeiro desembarque holandês em Angola.

Salvador Correia «determinou», com a raiva dos conquistadores, «arrojar-se a uma acção prudente, e valorosa com apparencias de temeraria. Mandou preparar a gente, e investir ao amanhecer, a Fortaleza do Morro de S. Miguel e o Forte da Nossa Senhora da Guia, que com linhas de comunicação se lhe unia: porque ainda que reconhecia difficuldade da empreza pela capacidade das fortificações, e por estarem guarnecidas com mil e duzentos holandeses, franceses e alemães e outros tantos negros mixiloandas, moradores na ilha de Loanda, dous tiros de mosquete da cidade, considerou que era mais fácil perder-se no intento de tão generosa empreza, que retirar-se depois do excedor o regimento del Rey, deixando perdido totalmente o reino de Angola. E pondo em Deos verdadeira confiança, se deo o assalto por differentes partes ao amanhecer «...»; porem os holandeses obrigados da justiça Divina, entendendo que as caixas fazião sinal de segunda investida, sem mais causa que haverem perdido alguma gente no assalto, arvorarão huma bandeira branca e, mandarão hum trombete a pedir seguro, para virem dous capitães a ajustar as capitulações da entrega da fortaleza, e do Forte de Nossa Senhora da Guia atacado a ella.

Suspendeu-se o segundo assalto; sahirão os capitães; mandou Salvador Correia outros dous para a fortaleza com ordem que declarassem aos holandeses, que se dentro de quattro horas se não ajustassem as capitulações, continuaria a guerra». O autor da narrativa é D. Luís de Meneses, na sua *História de Portugal Restaurado.*

Salvador Correia salvara Angola, tomara São Paulo de Luanda, descercara Benguela e libertara as duas cidades de Cambambe e Muxima. Os Holandeses, temerosos de outro ataque, deixam a ilha de São Tomé. Salvador Correia tornara-se um herói do Atlântico, herói do Brasil e herói de Angola.

As pazes se fizeram. Salvador Correia, regressa ao Rio, daqui parte para o Reino, onde o rei o esperava, louvando-lhe, com honras raras, a sua heroicidade.

As estreitas ligações existentes entre Angola e o Brasil podem ainda ser vistas na antiga arquitectura de Luanda.

Em cima — *A Igreja da Nazaré, que data do século XVII e foi construída para comemorar a Batalha de Ambuíla; em cima, à direita — o palácio de D. Ana Joaquina, do século XVIII; em baixo — casas típicas com o tradicional «sobradinho», um quarto que constitui o primeiro andar.*

# O velo de ouro cumpre-se no Brasil

A lenda e o mito do Brasil não acabavam aqui. Pode-se mesmo dizer que começavam aqui porque, não longe do Rio, verdadeira romaria de bandeiras saídas de São Paulo atacavam as florestas do interior do Brasil, recolhendo todo o sinal de ouro ou pedras preciosas. Um destes paulistas, António Rodrigues Arzão, em 1693, frente a uma bandeira de 50 companheiros, atinge o sertão da Casa da Casca, onde encontra muitos sinais de cascalho aurífero. Sem dinheiro regressa à costa, e sentindo-se morrer desvenda a Bartolomeu Bueno de Sequeira o seu achado. Tremendo, conta-lhe o que vira e pede que continue a descoberta.

Bartolomeu desafia Miguel de Almeida e António de Almeida. Formam nova bandeira e no ano seguinte partem para o interior, onde encontram, próximo de Itabrábá grandes quantidades de ouro. Estava aberta a enorme oportunidade sonhada e lendariamente virada desde a descoberta do Brasil. O mito do ouro surgia como realidade e o século XVIII como o século da riqueza de Portugal e do Brasil.

Várias bandeiras partem de São Paulo, como a de António Dias de Oliveira, que atinge a serra do Ouro Preto em 1698, no lugar do morro de São João. A partir desta descoberta e após os estudos do coronel Salvador Fernandes Furtado atinge-se conscientemente a descoberta do que viria a ser o lugar mais rico do Brasil — a região de Minas Gerais. — Arraiais pobres de gente rica, de pesquisadores de ouro e diamantes surgem por toda a parte. O rei, sabendo o que estava a suceder, forma capitania autónoma e envia governador e um exército privativo. Mas a riqueza tudo cria e desenvolve. Os pequenos arraiais sujos do século XVII transformam-se rapidamente em cidades numerosas. A igreja beatífica está descoberta. A riqueza cria culturas, cria desenvolvimento, cria o luxo.

As igrejas são cada vez mais belas. Um barroco vindo do Norte de Portugal ganha dinamismos estranhos neste recanto do Brasil. Cada comunidade cria a igreja mais formosa e ampla. Cada comunidade realiza as festas mais espantosas e brilhantes.

Um mundo de sonho, de fé estranha, de

*A descoberta de ouro e pedras preciosas, no século XVIII, transformou o interior do Brasil. A nova riqueza reflectiu-se não apenas na rica herança arquitectónica das cidades de Minas Gerais, mas também na vida cultural e social da região. Desenvolveu-se, por exemplo, uma tradição musical digna de nota.*

Em cima — *A entrada, belamente esculpida, da Igreja de Nossa Senhora do Carmo, uma das muitas encantadoras igrejas do século XVIII de Ouro Preto.*

Em cima, à direita — *A elegante fachada da antiga Casa dos Contos, em Ouro Preto, construída em 1787, é uma reminiscência da arquitectura do Norte de Portugal. Apenas a sólida e robusta edificação do pátio interior* (em baixo) *dá alguma indicação acerca da verdadeira função do edifício.*

riqueza, de cultura e, principalmente, de festa contínua surge. Dia e noite dançava-se. Dia e noite cantava-se sob o olhar atento do governador. Ouro Preto, Mariana, Curral d'El-Rei e tantas e tantas cidades rivalizavam em cantigas, festas e procissões contínuas. Um mundo meio religioso meio pagão, onde o gosto de festa tudo enchia, cobria Minas Gerais. Criam-se centenas de associações, irmandades, todas ricas e formosas.

No ano de 1733 concluíram-se as obras da igreja matriz de Ouro Preto, realizando a 24 de Maio desse ano a solene traslacção do SS. Sacramento para o novo templo no meio de festas e pompas como até então nunca se vira, em que os diversos bairros que formavam o aglomerado eram simbolizados pelos planetas do sistema solar, acompanhados por toda uma longa corte em que o paganismo e o cristianismo se davam as mãos. Simão Ferreira Machado descreve, num folheto intitulado *Triunfo Eucarístico*, as espantosas festividades:

«Seguia-se Júpiter: cobria-lhe a cabeça uma caraminhola coberta toda de peças de ouro e diamantes, rematada ao alto com uma estrela formada com os raios de uma redonda jóia de diamantes, rematada na parte posterior com um cocar de plumas brancas e azuis, nascidos de outra grande jóia de diamantes, o peito e petrina em cor nácar lavrada de ouro e diamantes com guarnição de franjas de prata, o capilar de tisso de ouro azul com franjas de ouro, vestia três saiotes, dois do mesmo tisso, o primeiro e o terceiro, o do meio de tisso de prata também azul, todos guarnecidos de franjas de ouro sobre calções de seda azul com ramos cor de ouro, calçava borzeguins de marroquim vermelho guarnecidas de franjas de prata e várias peças de diamantes, levava na mão direita um cetro de ouro com raios do mesmo, no braço esquerdo um escudo dourado com o seu caráter.

«Vinha em um carro triunfante, coberto de seda nácar guarnecido de galões de prata e nos gomos dos lados com espiguilha do mesmo, nas rodas anteriores se via pintado o signo de piscis nas posteriores o signo de sagitário, puxavam por ele duas águias coroadas de ouro, das quais as rédeas levava a figura na mão esquerda. Por pajens vinham aos lados dois satélites, nas cabeças com capacetes de ouro rematados em uma pequena pluma azul e branco, os peitos em campo azul bordados de flores de ouro e pedraria azul, os capilares de seda azul de florões de ouro com franjas de prata, cada um com dois saiotes, os primeiros de seda dos capilares, os segundos de seda nácar de prata, todos com franjas de ouro, calçavam de azul bordado de prata com sapatos encarnados, nas mãos levavam um bastão de prata.

«Seguia-se Vênus: representava no rosto e realçava no ornato aquela formosura, que seu nome se encarece, no ornato fez o desvelo da arte obéquios à natureza, mais em satisfação da dívida, que em forma de benefício, tal era a gentileza do rosto, com tanto preço artificiosa a compostura.

«Ornava-lhe a cabeça um toucado de pérolas com delicado artifício de ouro e pedraria, vestia toda de verde e cor de rosa sendo as roupas em campo destas cores uma seara de pérolas e floresta de diamantes, o peito em campo verde todo era de florões também de pérolas, cujo centro faziam flores de diamantes brilhando em esmalte verde, esta cor por arte dividida lhe formava toda a gala da preciosidade do mar e da maior riqueza da terra, trazia no braço esquerdo escudo bordado de ouro e nele pintado um coração abrasado em fogo, na mão direita um ramalhete de flores, em parte a cobria uma nuvem por um lado.

«Vinha em um carro triunfante de feitio de uma concha, em cuja fábrica concorreram em igual propriedade a arte fabril e as cores da pintura, acrescia nesta um ornato de ouro e aljôfares, deixando livre aos olhos e naturalidade unida com a riqueza, cingiam os extremos quadrangulares do carro sedas verdes de florões de ouro com franjas e borlas do mesmo, um artifício oculto dava ao carro nas rodas o movimento.

«Pelos lados a seguiam dois pajens, representando em suas figuras dois Cupidos, levavam nas cabeças turbantes de fitaria verde e cor de rosa brincados de cordões de ouro entre fios de alfôfar, rematados em plumas brancas, verdes e cor de rosa, vestiam uns justilhos de seda cor de rosa, como o dos turbantes, com vário artifício de cordões de ouro, os fraldins da mesma seda cobertos de franjas de ouro, saíam-lhe das costas duas asas de penas brancas e cor de rosa, calçavam de verde lavrado de ouro com sapatos cor de rosa, nas mãos levavam arcos e setas.

«Saturno fechava o número a estas figuras dos planetas, no último lugar, ainda que por suas influências lúgubres, nas ideias da fantasia, como luminoso planeta, vistoso na gala da figura.

«Precediam-lhe duas Estrelas vestidas como soldados Romanos, nas cabeças com capacetes de prata rematados no alto com uma Estrela, pelo lado esquerdo com plumas azuis e brancas, vestiam de chamalote branco de prata guarnecido de galões e franjas de ouro, calçavam borzeguins de carmesim bordados de prata, nas mãos de cada um com meia lança enfeitada de tela azul de prata.

«Logo se seguia Saturno: representava no rosto homem velho de fúnebre aspecto, com barbas e cabelos naturais.

«Cingia-lhe a cabeça uma caraminhola de cassas brancas com vário artifício de cordões de ouro e peças de diamante, rematado em cocar de plumas brancas e azuis, o peito em campo azul escuro bordado de ouro e peças de diamantes, nos ombros se lhe viam

*O tempo parece não ter passado por algumas das cidades mais pequenas de Minas Gerais, como Tiradentes (na página anterior) e São João del Rei (ao lado).*

*Em cima — Portal da Igreja de São Francisco de Assis, em São João del Rei, uma das mais bonitas do Brasil.*

umas carrancas, da boca das quais saía uma pequena manga, o capilar de golfo de ouro azul escuro com franjas de prata, vestia três saiotes de seda do capilar com franja de ouro, calçava borzeguins de azul com lavores de prata, levava na mão esquerda um pequeno escudo dourado com caráter astronômico, na mão direita uma foice de prata.

«Vinha em um cavalo castanho, os jaezes de veludo verde bordados de prata, os arreios cobertos do mesmo, as crinas de fita de tela branca e azul de prata, na cabeça um martinete de plumas azuis e brancas, na cauda fitaria de tela azul de prata.

«Todas estas majestosas figuras dos Planetas pela memória da Divindade, que neles adorava o fingimento da antiga idolatria, eram glorioso triunfo do Eucarístico Sacramento, que como no feliz século da Redenção humana foi alcançado pelo mesmo Senhor Sacramentado, se via agora na memória e figura renovado pelo estímulo da pública veneração desta Cristandade e maior glória do mesmo Senhor.

«A figura da Igreja matriz, onde o Soberano Senhor encoberto nos acidentes do Sacramento como verdadeiro Deus com reverente culto será sempre venerado e nos dias desta solenidade havia ser adorado, punha o fim a toda esta ordem de figuras.

«Última de todas se oferecia à vista e porque as antecedentes lhe não davam lugar à superioridade no ornato, via-se nela igualdade e imitação.

«Cingia na cabeça uma caraminhola de azul bordado de relevo de flores de cordões de ouro, em vária ordem elevadas e sobrepostas circularmente várias flores de diamantes, rematadas em um vistosíssimo cocar de finíssimas plumas brancas, o peito em campo azul de chamalote bordado de cordões de ouro e jóias de diamantes com uma maior no meio, dela sobressaíam tremulamente três grandes flores de diamantes, guarnecidos de franjas de ouro, cingidas de um cordão de pedraria, vestia de tisso de ouro branco e azul, guarnecidas as roupas de franjões de ouro e vária pedraria, calçava borzeguins de chamalote branco bordados de cordões de ouro e estrelas de cristal fino, no braço esquerdo embaraçava um escudo de campo de ouro, nele pintada a Igreja Matriz com esta letra: Hoec est domus Domini firmiter edificata. Na mão direita sustentava em uma haste de prata dourada um estandarte de tela branca, pintada em uma face a Senhora do Pilar com esta letra: Ego dilecto meo, na outra a custódia da Eucaristia com esta outra letra: Et ad me conversio ejus.

«Vinha em um formosíssimo cavalo branco, em cujos jaezes de veludo azul e arreios brancos só tinha parte o ouro em bordados, franjas, borlas, galões, rendas e fitaria com artifícios e preço competente à figura e imitação dos antecedentes.

«Quatro pajens lhe seguiam as estribeiras, dois a cada lado vestiam todos de tisso branco de ouro.

*A antiga cidade mineira de Diamantina, em Minas Gerais, é mais isolada do que Ouro Preto, a sua equivalente na exploração de ouro, mas cheia de encanto, com ruas ladeadas de casas coloridas datando do século XVIII (na página anterior),* um número considerável de belas igrejas e o antigo mercado coberto (ao fundo).

«Nas cabeças turbantes do mesmo tisso com círculos de cordões de ouro, rematados ao alto em um florão, de que fazia um penacho de plumas brancas, os peitos do mesmo tisso coberto de cordões e galões de ouro, estofados de maneira, que fechavam no meio com uma jóia de diamantes cingidos de franja de ouro, vestiam três saiotes do mesmo tisso também com franjas de ouro, os borzeguins de cetim branco bordados de cordões de ouro, nas mãos levavam suas insígnias significativas da figura que acompanhavam.»

Depois de tudo isto o que se pode concluir é que o Oriente esplendoroso e o Ocidente trepidante se reuniam num bacanal religioso. Deus abria os braços e alvejava quem durante séculos lutara pelo seu *Império Ecuménico*. Ele estava ali à sua frente na festa, na alegria, na riqueza e no gosto artístico de amor e riqueza das gentes.

Aqui, neste local do Império, o Português conseguia agradecer a Deus a sua capacidade de o defender e de lhe ter dado uma missão única. Missão de luta, sangue e guerra, mas igualmente de amor, miscigenação e cultura. Que acto mais sagrado para culminar todo este império grande do que a enorme festa de Ouro Preto? Portugal e os Portugueses encontravam no Brasil a sua ilha dos amores, a laje do seu mito. A finalidade da sua «conquista». Aqui o título de «Rei de Portugal e dos Algarves d'Aquém e Além Mar em África, Senhor da Guiné, da Conquista, Navegação e Comércio da Etiópia, Arábia, Pérsia e Índia» era um facto. Facto tão mais nítido quando sentimos e amamos as enormes representações artísticas de Mariana, Ouro Preto, Congonhas, Sabará, Diamantina ou São João de El-Rei e tantos e tantos outros em que a pintura, a escultura e a arquitectura comandam a organização do espaço, onde a música tende a modelar os ritmos e os cantos que aqui, na música, encontram a verdadeira inovação santificada.

Os Portugueses eram músicos experientes. Saraus como os da corte de D. João IV, de D. Pedro ou mesmo já os de D. Sebastião constituíam ocasiões em que a música enchia os salões. Com D. João V e após o seu casamento com a princesa austríaca, o desenvolver da música amplia-se. S. Scarlatti canta, com a rainha D. Mariana ao piano. Executam-se peças musicais únicas na Europa. E tudo isto se remete para o Brasil, onde a embriaguez sacra das Minas Gerais tudo transforma, criando escolas, misturando culturas. No palácio do governador Luís Cunha de Meneses tocavam-se obras de câmara, na rua ouvia-se desde a música clássica às músicas de igreja ou às músicas tradicionais. Minas Gerais era um complexo musical. Irmandades inteiras tinham músicos próprios que cantavam e tocavam nas suas igrejas e passeavam nas suas procissões.

Pesquisadores actuais chegaram a identificar cerca de 250 artistas e perto de sessenta mil páginas formam a história da música em Minas Gerais. Algumas companhias tinham cem músicos e em São João de El-Rei, Sabará, Santa Luzia do Rio das Velhas, Caeté, Pitangui, Serro, Mariana e Ouro Preto cantava-se e tocava-se de dia e a noite inteira. A riqueza das minas transformava-se em cultura. Que mais podia querer uma civilização do que desenvolver o gosto cultural e de amor em todo o seu império? Portugal não só conseguia isso como criou efectivamente uma confluência mental única no mundo. Por meio da sua sensibilidade, da sua presença catalítica, três raças diferentes se identificaram e daqui pode sair uma aurora de música e de festa que se identificou com o mais amplo dos impérios do Espírito Santo e o mais messiânico que o mundo conheceu.

Famílias inteiras tornaram-se perfeitos artesãos. O «Aleijadinho», assim como muitos outros, faz parte dessa plêiade de famílias que se dedicaram à arte. A sua obra-prima foi a Igreja do Bom Jesus de Matosinhos, em Congonhas do Campo (à esquerda), com a sua extraordinária sequência de esculturas representando os profetas.
Mas a arte rompia todos os cânones, e a música, a arquitectura e a pintura decorativa simbolizavam, com o seu ar de festa permanente, a mistura de princípios e de mentes.

Em cima — *Púlpito em talha na igreja matriz de Sabará.*

## A sul dos Impérios a mitologia do Sacramento

O rio da Prata foi ambicionado desde o começo da exploração da costa da América do Sul.

Visitado pelo português Dias Solis e pesquisado por Cabot é, sem sombra de dúvida, Pedro Lopes de Sousa quem melhor o percorre e o descreve. Magalhães pensou que por ele podia chegar ao Pacífico, esquecendo-se dos ensinamentos de João de Lisboa. Cedo, contudo, o rio da Prata começou a interessar aos dois reis da Península pela proximidade em que se encontrava das minas de ouro do Potogi, de Assunção e de Buenos Aires. Para fazer chegar o metal amarelo à Europa, atravessando o Atlântico, era muito mais fácil se ele saísse pelo lado do rio da Prata.

Os tempos passavam. Um dia, numa manhã nevoenta, um pescador espanhol que apanhava amêijoas do lado oposto à pequena povoação de Buenos Aires vê chegar e aportar às margens do rio uma flotilha de barcos. Quem seria? De que país seriam? Que quereriam? Rápido, o apanhador de molusco trepa para o seu barco a remos e, ao chegar a Buenos Aires, conta a novidade. Barcos estranhos tinham aportado, ainda o Sol nem clareava o rio da Prata, mesmo defronte de Buenos Aires.

O governador da cidade sobressaltou-se. Tinham chegado notícias do Rio de Janeiro de que os Portugueses preparavam algo contra Buenos Aires; tinha que investigar. Envia então, com o pescador, um oficial de marinha para espreitar os estrangeiros. Estes, saindo de três navios, desembarcavam munições, alimentação e toda a quinquilharia de quem se quer estabelecer. Um, mais alto, devia ser o comandante.

O oficial espanhol maravilhava-se à medida que o Sol abria o nevoeiro da manhã, pois dezenas de soldados trabalhavam com celeridade para montar um reduto de defesa, se bem que precário, mas já com todas as indicações de que tencionavam ficar. Buenos Aires via incrédula a construção de uma cidade inimiga frente a ela. O que seria aquilo? Estariam os Portugueses loucos? Nada disso: a cidade-fortaleza que se construía frente a Buenos Aires era a ponta de uma longa estratégia político-militar.

Conhecedor agora da rede de rios que atravessavam o Brasil, Portugal chegava à conclusão de que necessitava de um ponto forte no Prata, de modo a conseguir apoios a caminhos de penetração desde São Paulo ao Rio Grande do Sul e daqui até às margens do Prata. Sabia-se que toda esta zona estava coberta de missões jesuítas, mas o Forte do Sacramento, assim se chamava a cidade, tinha o papel de chamar os Índios e procurar domá-los. A fronteira do Brasil teria que ser julgada no Prata, pela colónia do Sacramento.

O seu primeiro capitão foi Manuel Lobo, excelente soldado, herói da guerra peninsular, manhoso e heróico. Trazia consigo não só armas, soldados e condenados, mas também alguns colonos e até mulheres portuguesas como aquela que acompanhava o seu subcomandante.

Garro, governador de Buenos Aires, começa por protestar, protesto que Manuel Lobo devolve com outro. Para ele a colónia do Sacramento era o limite por onde passava a linha do Tratado das Tordesilhas. Sendo assim, eram os Espanhóis os intrusos. As cartas entre estes dois cabos de terra são brilhantes pela delicadeza com que os dois che-

*A verdadeira história da colónia de Sacramento esconde-se na névoa de duas mito-histórias: a de Portugal e a do Uruguai. Esta identificação com a lenda inicia-se no próprio nome do país — Uruguai —, título de um poema escrito por um português.*

Na página anterior — *Entrada do forte de Sacramento, terminado em 1780.*

*Lugar privilegiado da bacia do rio da Prata, a colónia de Sacramento foi o único sonho e obsessão que deu grandeza mítica aos reis da nossa última dinastia, até D. José. Por estas paragens, transmontanos, açorianos, luso-brasileiros e luso-uruguaianos criaram uma cultura única.*

Em baixo — *Casas velhas, muitas delas em ruínas, estendem-se ao longo das ruas empedradas.*

fes se tratam, mas nenhum recua. Garro decide atacar a fortaleza ainda não inteiramente construída. Chama para isso, em seu socorro, as missões religiosas que lhe enviam milhares de índios flecheiros.

É posto cerco à colónia do Sacramento e numa negra noite, após uma sucessão de uivos de chacais, o forte é atacado por tropas regulares espanholas e por um número incomensurável de índios. A luta não foi fácil. A hoste lusa resiste o mais possível, mas, por fim, Manuel Lobo é ferido, o subcomandante, apesar de defendido por sua mulher, é morto, e a maioria das praças é igualmente despedaçada pelos índios. Parecia, pois, que a aventura da colónia iria terminar em sangue e em drama. Nada disso. Conquistada por Buenos Aires, é entregue a Portugal pelo Tratado de Utrecht.

Agora a reconstrução é mais completa, a cidade deixa de ser um acampamento. Torna-se um reduto militar importante, pronto a resistir aos Índios e aos Espanhóis, pronto a canalizar as riquezas saídas das minas do Patogi para Portugal e Inglaterra.

Ponto extremo da estratégia do domínio de Portugal na América do Sul, ela é igualmente uma alternativa de passagem para a Europa dos valores extraídos nas minas. A Espanha encara todos estes factos com horror e soberba.

Mas a colónia do Sacramento foi-se transformando num mito. Mito de permanência dos Portugueses no interior do domínio espanhol; mito porque esta cidade foi um pólo de desenvolvimento político de Portugal, como foi o ponto máximo da cultura portuguesa neste extremo americano.

Fernando Assunção, historiador uruguaiano, responsável pelos melhores estudos sobre a lenda de Portugal no Uruguai, sendo o homem que mais trabalhou na colónia do Sacramento, resume-nos a sua patética e fantástica lenda, deste modo:

«Colónia do Sacramento é a primeira povoação, subsistente, do território uruguaio. Nelas estão as construções mais antigas do país; ali se plantaram as primeiras vinhas, dali saiu o primeiro comércio, pois foi o primeiro porto do Uruguai; ali se ditou justiça; houve o primeiro estabelecimento de ensino (o Colégio de São Francisco Xavier, dos Jesuítas). Faz-se pela primeira vez teatro (quando das bodas dos príncipes reais das duas nações, Espanha e Portugal, em 1729, Dom José de Portugal, e dom Fernando de Castela, com as suas respectivas irmãs), com a representação da obra «Las armas de la hermosura», de Pedro Calderón de la Barca (história de Coriolano e o rapto das Sabinas, triunfo do amor sobre a guerra).

«Foi a Colónia, protagonista de lutas e tratados diplomáticos entre Portugal e a Espanha, durante um século, de 1680 a 1777. Pela Colónia, e por iniciativa dum dos seus governadores (o maior e o melhor), António Pedro de Vasconcelos, resolveu el-Rei D. João VI, iniciar a fundação duma outra nova povoação no território do Uruguai: Montevideo. Em novembro de 1723 chegou à Baía de Montevideo uma importante expedição portuguesa. Os seus comandantes eram Manuel Henriques de Noronha e Manuel de Freitas da Fonseca, infelizmente as desavenças entre eles e a incapacidade militar do chefe responsável, fez que no dia 31 de Dezembro de 1723, abandonaram a praça em construção, depois de serem sitiados por forças de Buenos Aires sob o comando do Governador espanhol, dom Bruno de Zavala, que logo após continuou a fundação, em nome de Castela, da que chegaria a ser a capital do país. Fique assim esclarecido que foram os portugueses os verdadeiros fundadores de Montevideo.

«Foi por causa da Colónia, que passava para as mãos da Espanha de acordo com as cláusulas do Tratado de Madrid de 1750, em troca dos chamados sete povos as Missões Orientais do Uruguai, a Companhia de Jesus, que rebentou a guerra contra os índios de ditas Missões. Que foi chamada a guerra guaranítica, entre os exércitos unidos de Portugal e Espanha e os ditos guaranis cristãos. Uma consequência desta guerra seria a expulsão dos jesuítas e o abandono das missões, capítulo impossível de tratar aquí. Foi com portugueses prisioneiros, de origem açoriana, que o governador espanhol Pedro de Cevallos, fundou, em 1762, uma povoação no Uruguai, chamada San Carlos, até hoje de grande interesse cultural.»

A colónia do Sacramento foi o limite máximo da mito-história portuguesa. Mantendo-se portuguesa, ela permitiu o traçado das fronteiras brasileiras, bem como permitiria a renovação mítica de Portugal nestas terras longínquas, no século XIX.

Nesse século, o Uruguai e Portugal formavam um todo e a primeira constituição do Uruguai fala de Portugal, do reino de Portugal e do Império do Brasil. Nada nos diz de Espanha.

A mito-história de Portugal e dos Portugueses está toda por fazer. Será que a saberemos descobrir? Não o sei. Só sei que Portugal e os Portugueses merecem que se faça a sua descoberta. E nós Portugueses temos a obrigação de o fazer, que os estrangeiros não a podem compreender.

*Portugal, a sua cultura e gentes encontram-se nas origens de países como o Uruguai e a Argentina.*

Em cima e ao lado — *Ruínas do forte da colónia de Sacramento.*

Na página anterior — *Outro aspecto de Sacramento.*

## D. Sebastião ou de uma mito-história à história

O símbolo de Ourique mantinha-se quando, no meio de uma tempestade, D. Sebastião nasceu e mantinha-se apesar das alterações que D. João III impusera à mito-história portuguesa, fazendo-a emparelhar com a história. Vimos isso quando pensou o Brasil, quando escolheu os Jesuítas como seus campeões, negando valor e actualidade às remotas crenças lusas do franciscanismo e do templarismo.

D. João III fora o primeiro rei português a tentar racionalizar a mito-história, substituindo as expressões genéricas da lenda e do medievo por estruturas renascentistas e contra-reformistas do Estado e da Igreja. É certo que usava os seus poderes e capacidades imperiais, mas, na prática, substituía-os pelas estruturas do Estado centralizado e da contra-reforma. Não sentia as forças míticas que tinham dado a Portugal o poder da sua missão única, que era conseguir que todos os povos do Mundo formasem a grande milícia de Cristo. D. João III não interpretara nem lera os sinais da mito-história. Para ele a história era suficiente, e a história trata-se e faz-se com a razão, não com a intuição, a crença e o mito.

D. João III desconfiava de Ourique, das lendas e dos Templários; via nos recursos da Ordem de Cristo uma fonte para equilibrar as suas finanças, e não sentia a força ideológica que o culto do Espírito Santo dava, desde D. Dinis, ao povo português.

D. João tenta racionalizar Portugal. Talvez Portugal merecesse uma pausa na sua ânsia de criar *Impérios Ecuménicos*. Talvez D. João III julgasse, na sua incompreensão destes valores ancestrais, que estava a incorporar o seu império nos grandes impérios europeus da época, criando e administrando estruturas racionais de administração e domínio. Para o conseguir não conviveu com os valores ancestrais dos formadores do *Império dos Portugueses*, antes se baseou em figuras, factos e organizações que pouco tinham a ver com o simbolismo da mito-história de Portugal.

Assim, assentou a sua política nos Jesuítas, que eram para ele os continuadores naturais do franciscano. Talvez não tão humanos nem tão amantes das verdades mesquinhas da natureza que tinham conferido sentido humano à ciência náutica e facilitado a miscigenação, mas que mantinham a mesma consciência imperial, que acreditavam no mesmo devir messiânico do ecumenismo de Cristo. Eram mais agressivos, mas também mais perseverantes, tendo, como os Franciscanos, uma milícia própria que haveria de enfrentar as outras milícias espanholas, francesas ou italianas.

O Jesuíta assume, pois, em Portugal e com D. João III, um cunho nacionalista, e transforma-se na pedra-chave do Padroado do rei de Portugal.

Portugal já não vogava num projecto anti-islâmico, mas sim num projecto não tão dirigido politicamente a uma única finalidade; ele procurava agora unir num mesmo império as Índias Orientais e Ocidentais. Acabou com D. João III o sonho medievo da conquista do Islão.

Portugal, por essa razão, obedecia, mais do que mandava, a um imperativo histórico de conquista, navegação e comércio, procurando ligar os dois braços do Império, e só cumprindo em plenitude esse novo imperativo é que conseguiria atingir o cume do seu projecto ou missão. Para o conseguir,

*A universalidade de Portugal, patenteada ou não na esfera armilar, exprime-se de um ao outro lado do Mundo, seja na fachada imponente de igrejas brasileiras (à esquerda), seja na modéstia dos poucos recantos antigos que restam em Macau (nesta página).*

porém, D. João III deveria ter-se feito intérprete, como D. João II e D. Manuel o tinham sido, da ânsia messiânica existente na alma portuguesa.

Ele, contudo, não se apercebeu disso e pretendeu substituir a mítica dos seus antepassados por factores determinadores e compreensivos do racionalismo estruturante da história. Quase diríamos que D. João III procura seguir a estrutura gigantesca de Carlos V, não entendendo que o seu Império, sendo um Império de missão, nada tinha a ver com o dos conquistadores.

Até D. Manuel, Portugal cumprira esse

Império de missão. Com D. João III novos ideais entravam a dominar o Estado. A esfera, a Cruz de Cristo, o nome do rei de Portugal e os símbolos de D. João III já não eram usados e já não eram sentidos como símbolos que o *divus* procurava transmitir ao Mundo.

D. João III interpretou a história pela mente da sua mulher e pela vontade em tornar as finanças num fim em si próprio e não um meio para atingir o sentido ecuménico imperial. Foram choques profundos no ser da Nação, choques que chegaram a ser brutais, como quando D. João mandou desmontar as sagradas pedras lusas dos Algarves de Além.

Este choque entre a identidade nacional mítica e a nova política racionalista deve ter sido terrível. Marrocos não era solo cristão? Porquê abandonar a reconquista, desistir dela? O iniciado da mito-história de Portugal não percebia as razões avançadas. Pela primeira vez a Europa triunfava de Portugal, Carlos V triunfava de D. Manuel, o renascimento do Centro Europeu triunfava da missão ocidentalista da criação do *Império Ecuménico de Cristo.* Pode-se mesmo dizer que, com D. João III, esta ideia de missão se transformou na moderna ideia da estratégia de ocupação imperial, identificando-se esta com a do domínio pelo domínio.

Os símbolos da coroa já nada tinham a ver com os símbolos da missão e a acção das ordens religiosas já tinham mais a ver com a noção de eficácia do que com o acto de missionar. Mas dá-se, nesse momento, algo de transcendente. É quando os ideais do Império se separam dos ideais do rei e, pela primeira vez, este deixa de ser o *divus,* para ser substituído, nessa identidade, pelos capitães, vice-reis e governadores do Império. O Império substituía-se a Portugal. O ideal de missão transferia-se de Lisboa para Goa, Malaca, Baía, Tete, Mombaça, Melinde, Macau ou Nagasáqui. Nascia uma ruptura mental, cultural e religiosa entre o *Império Ecuménico* e Portugal. O Império erguia-se como detentor da mito-história, enquanto Portugal evoluía para o conceito de história.

O Império emancipa-se de Portugal, ou melhor, Portugal iguala-se aos outros países europeus, europeíza-se, deixando de lado as características franciscanas, cavaleirescas, trovadoras, do culto do Espírito Santo e templárias. Portugal nega então as raízes da mito-história da sua raça e do seu povo. A lenda e o mito tendem a desaparecer de Portugal, para dar lugar à razão e à mentalidade centro-europeia de Carlos V.

Pelo contrário, o Império tende a ser cada vez mais um *Império Sagrado*, um *Império mítico,* um verdadeiro *Império do Espírito Santo,* onde os *divi* são os vice-reis, quando não todo o português que se aventura por essas longínquas paragens.

É neste momento que se torna nítida a separação do *Império de Portugal* do *Império dos Portugueses*. Império sagrado este império de sonho, império realmente ecuménico.

Os aventureiros, os comerciantes, os Jesuítas, os Franciscanos, os Agostinhos, os Dominicanos e os guerreiros, todos, a partir do reinado de D. João III consideravam-se a si e ao seu clã como os únicos heróis da longa mitologia de Portugal. Neles se transmitia a herança longínqua dos heróis míticos de D. João I, como João Pereira, Diogo Lopes de Sousa, Pedro Gonçalves e Álvaro Mendes Caveiro, todos juntos em Ceuta ou dispersos pelo mundo europeu, que de novo se reerguiam nos mundos da África, do Oriente e do Brasil, com o mesmo fulgor com que tinham feito actos contínuos de cavalaria, de amor e de missionação em Ceuta. Oiçamos um historiador português, Jerónimo Osório, falar dos avós sagrados, dos que, nos finais do século XVI, se erguiam, reavivando o que Portugal já não era capaz de reavivar: a sagrada missão de cumprir o *Império Ecuménico de Deus.* Diz ele, numa página notável: «Em Portugal, no século XIV, os feitos heróicos conhecidos, que andam de boca em boca, aparecem-nos nas narrativas inebriantes com as lendas gloriosas que jamais tiveram realidade e que somente existem na imaginação; os homens valorosos têm como ideal personagens dum mundo sonhado.

«Audazes, de fortes corações, inexcedíveis no vigor da acção, a fé cimentando-lhes o valor, possuindo infalsável coragem, têm todavia em mira feitos que não são humanos, atingindo aquelas personagens que só o imaginar partejou; admiram e procuram as realizações do que não existiu, serem criaturas incomportáveis com a estrutura do homem. São assim muitos dos que intervieram, e um dia foram à conquista de Ceuta; alguns desses tiveram o cérebro povoado pelas acções dos seus livros de cavalaria. Tão a par correm os feitos valorosos no seu tempo e as narrativas de imaginadas façanhas que não vêem o extremo dos campos, não separam com nitidez o real do ideal.» E continua, mostrando como os seus actos influíram em vidas futuras e futuras épocas, como nesta em que Portugal se separava do seu Império. «Tão sonora foi a tuba que a proclamou (vitória de Ceuta) que as idades vão repetindo às idades, como o eco que se não extinguiu, porque nos corações dos Portugueses se repercute a voz que ele emitiu, cantando um hino em louvor da Pátria. Honra aos heróis da conquista de Ceuta. Heróis para quem a empresa de Ceuta foi um auto de cavaleiros.»

Os momentos extremos que se viveram nos finais do reinado de D. João III foram a marca de como invadindo Portugal com sonhos de riqueza fácil e de glória vã Carlos V

*O eco do sonho imperial de D. Sebastião, relativo a Marrocos, ainda pode ser ouvido em lugares como Arzila (na página anterior), onde as antigas armas reais continuam a encimar uma entrada para o casbah (à esquerda), e em Mazagão, onde um velho canhão português permanece desmontado na casa das armas da cidade.*

se transformou em paradigma para o nosso racional e estruturante rei. Felizmente que o Império se mantinha fora dessas lutas europeias de casamentos e riquezas.

Havia um Padroado; havia o mar, havia o amor pela aventura e o amor pelos homens, mantinha-se o gosto pela glória e pela conquista. O que sucedia é que cada um dos personagens deste enorme Império se geria como entidade autónoma, criando centenas de pequenos impérios, todos eles ligados pela fé, pela amizade, pelo amor e pela obediência a um vice-rei, a um capitão ou a um padre.

Com esta enorme alteração aumenta o número de *divi* diminuindo a capacidade de obediência a um único.

O Império Oriental do mito e do sagrado, da encarnação do templário, enobrecia-se numa explosão de migração portuguesa por todas as terras e mares orientais. A explosão percorria as costas de África, da Etiópia, da Arábia, da Pérsia, de toda a Índia, desde a costa à corte mogol, aos reinos do Tibete e do Nepal; aprofundava-se em Bengala, Arracão, Pegu, Martalão, Malásia, nas ilhas da Indonésia, na Tailândia, Camboja, Indochina, Macau, China, Coreia e Japão. Não havia rei que não tivesse portugueses aventureiros, missionários ou comerciantes nas suas cortes.

Os reis mogóis dispunham de companhias de mercenários portugueses, comerciantes trazendo sedas, ouro, porcelanas ou pratas da China e do Japão, ao mesmo tempo que não desprezavam o conhecimento matemático e astronómico dos jesuítas, que com eles viviam na corte e deles se serviam para arbitrar as discórdias religiosas que surgiam com os seus filósofos e sacerdotes islamitas ou parsas.

Estes jesuítas não pregavam só a fé, mas traziam com eles a arte ocidental, a pintura portuguesa e a música. A harpa e o órgão seguiam-nos, traziam consigo o amor do canto.

Por outro lado, não se ocupavam só a cuidar da alma e do espírito; eles curavam, eram bons médicos, arquitectos e embaixadores. E no meio deles sempre surgiam cientistas, guerreiros e comerciantes, que conseguiam pôr essas acções a ampliar o crédito da fé.

Neste reino mogol, ao lado dos jesuítas vivia uma figura espantosa, suposta mãe de um dos filhos de Acbar, de seu nome Juliana. Foi uma figura importante na corte. Médica, talvez a primeira portuguesa médica, filha de um médico que morava em Hugolim, fez a viagem dos prisioneiros entre Hugolim e Deli. Ali viveu e morreu, mas dizem os documentos que tinha sempre um ar são e encantador. Cedo entrou para o harém real. Talvez fosse a mulher cristã que a lenda diz ter sido de Acbar. Mas se não foi, lutou para colocar o filho preferido de Acbar, Aurenszeb, no lugar do pai.

Foi a partir de então que o seu prestígio atingiu tal evidência que se transformou na mais acolhedora de todas as embaixatrizes dos Portugueses na corte mogol. Pela sua acção atrasou-se em dezenas de anos o envolvimento inglês e holandês com esta corte imperial do centro da Índia.

Daqui os jesuítas partem por terra para os locais mais longínquos e perigosos — China, Tibete e Nepal. Em todos esses lugares procuram fundar as suas casas religiosas. A mais audaz destas aventuras foi a de Pedro Góis, mas a mais constante e que teve maior sucesso foi a do padre António Andrade no Tibete, nas terras de Srinagar, no Graval e na distante e montanhosa Chaparangue, onde funda um colégio, constrói uma igreja e cria uma comunidade (1624). Recolhamos a ideia que o escritor inglês Mac Lauglean dá desta missão do jesuíta português. «Chaparangue é actualmente aldeia insignificante da região tibetana de Guge, e apesar de ser capital do Guge, sob o governo de um *dzongpor,* tem apenas quatro famílias, e um ou mais templos. Todavia, em tempos antigos foi cidade muito importante. Os anais tibetanos falam-nos de um poderoso reino do Guge, onde floresceram grandes santos do budismo no século XI, e da sua capital Totling, a nove milhas de Chaparangue. O reino continuou durante séculos, mas pouco ou nada se soube da sua história até pouco antes da visita do Padre Andrade.

«A entrada do grupo do padre no território do Guge havia sido facilitada por todos os meios pelo rei e quando chegaram a Chaparangue, nesse tempo a capital, foram cumprimentados por grande número de

*Em África, onde a História é propensa a ser tragada quase tão rapidamente quanto é feita, ecos da mais antiga presença dos Portugueses são bem visíveis em Luanda, na fortaleza de São Miguel (na página anterior, em baixo) e em muitas e bonitas igrejas (em cima e ao lado). A topografia, verdadeiramente severa como a do planalto, constituiu muitas vezes uma barreira às primeiras penetrações para o interior (na página anterior, em cima).*

pessoas e a rainha e o seu séquito assistiram à passagem deles quando se dirigiam a cidadela.»

Estavam, pois, os jesuítas a ultrapassar todo o conhecimento geográfico da época, fundando missões no século XVII não só no Tibete, mas também em Fatippur, Sikkri, em Agra, em Laore, Deli, Patna, Sambar, em Jaipur, em Narwar. Ainda hoje se podem admirar muitas igrejas nestes locais, bem como seguir as histórias dessas comunidades em vários cemitérios cristãos que vão de Caxemira ao sul da Índia, até Narwar, Deli e Agra (onde existe a Capela dos Santos Mártires), Fatippur, Sikkri e muitos outros locais.

Mas se o grupo jesuíta, durante quase três séculos, viveu no reino mogol e reinos contíguos, ao mesmo tempo, na China e partindo de Macau, a santidade jesuítica avança para Pequim e conquista-a durante três séculos, no meio de massacres, alegrias, embaixadas e muito e muito amor. A China era a grande porta que os comerciantes e jesuítas portugueses de Macau e Goa queriam abrir. De Macau eles partiam, comerciando, para o Japão, Indonésia, Birmânia, Índia e Pérsia; de Macau saíam para evangelizar a China. Mas o jesuíta teve que esperar. Esperou até que nos finais do século XVI a China se abriu. O primeiro bispo foi nomeado por D. Sebastião e a partir daí a evangelização da China estava preparada. Jesuítas, dominicanos, franciscanos e agostinhos procuravam divulgar a sua missão e é sabido que, não contando com os primeiros missionários jesuítas, figuras emblemáticas e míticas deste processo, entre 1556 e 1590 chegaram à China 64 padres dominicanos; de 1575 a 1683, 26 padres agostinhos; de 1581 ao século XVIII penetraram na China 272 padres jesuítas. Ficaram célebres alguns nomes destes padres que alardearam tanto a cristianização como o portuguesismo na concretização do *Império Ecuménico*. Portugal, por essa razão, foi o único país europeu a ter o epíteto de Grande — *o Grande Reino do Mar do Oeste*. Matteo Ricci, Duarte de Sande, João Soeiro, Manuel Dias, Gaspar Ferreira e tantos e tantos outros são exemplos dessa migração religiosa para a China.

Simultaneamente, o mesmo sentido sagrado atingia o Japão e criava a maior revolução mental e social nesse país, que só foi ultrapassada pelo banho de sangue a que milhares de cristãos portugueses foram sujeitos.

Muito mais a sul, dominicanos, franciscanos e jesuítas, bem como aventureiros, mercadores e guerreiros lusitanos, espraiavam-se por todo o arquipélago indonésio, como em Samatra ou Java, onde colocaram um padrão. Em 1580 um grupo de franciscanos constrói igrejas em Panarukan, no Bornéu, mais concretamente em Bandjurmassin, onde, nesse mesmo ano, uma comunidade de comerciantes e aventureiros portugueses construiu um aldeamento que chegou a albergar cerca de mil habitantes. Em Makassar, os dominicanos construíram a Igreja de S. Domingos de Surian cujas ruínas ainda se podem admirar, e a comunidade do Rosário festeja ainda hoje os seus santos e santas. Esta comunidade chegou a ter duas mil pessoas. Igualmente os dominicanos formavam comunidades em Larantuca, em Solor e Timor, completamente separadas do governo central. É célebre a história do último ataque holandês a Larantuca, e da sua mítica defesa enquadrada na mito-história de Portugal, porque, sem soldados nem capitães, os portugueses foram salvos dos ataques holandeses em virtude de estes, nos seus barcos armados de canhões, pelouros e espingardas, terem ficado aterrorizados pela miragem de uma grandiosa defesa que só no seu espírito e no de Deus existia...

Lenda e mito-história misturam-se em todos estes actos sagrados. Mesmo em Macau, e após a derrota dos holandeses, os seus habitantes consideraram a sua vitória como uma graça, um impulso divino da Virgem e dos Santos guerreiros que com eles se bateram contra os holandeses.

Tudo isto se passava no Império, não em

*Desde que Vasco da Gama desembarcou numa praia próxima de Calecut, em 1498 (à esquerda), os Portugueses foram deixando contribuições consideráveis na Índia, não apenas na rica herança arquitectónica, em lugares como Goa (nesta página), mas também em muitos outros locais do subcontinente.*

Portugal. Foi preciso surgir um fantasma de D. Afonso Henriques, de D. Dinis, de D. João I, de D. João II e de D. Manuel para que Portugal, com o Império, novamente comungasse o ideal *Ecuménico de Deus*. Para isso foi necessário ressurgir na mito-história de Portugal e na imensidão telúrica dos fenómenos lendários das comunidades do Espírito Santo, uma fatalidade personificada num verdadeiro *divus* cuja missão sagrada seria o de entrelaçar Portugal e seu Império. Essa fatalidade foi D. Sebastião. Com ele adquiriu novo sentido a profunda frase de Martinho V dirigida ao rei de Portugal «A ti damos plena faculdade de te apossares dos sarracenos, dos pagãos e de outros infiéis, das suas propriedades, móveis e imóveis… de os subjugar, de reduzir à servidão perpétua as suas pessoas.»

Eram estas as palavras que definiam a «Guerra Justa». Guerra que D. Sebastião reviveu numa vida de sonho, emoção, aventura, autoridade, amor e lenda. Lenda que encobriu toda a sua existência, toda a sua morte e toda a sua vida para além da morte.

Não é por acaso que D. Sebastião se manteve afastado do Portugal que tinha sobrevivido à morte de D. João III.

Preferindo a juventude, os velhos poetas, os soldados, o perigo contínuo da existência e, principalmente, a conquista de perscrutar nos sinais dos seus antepassados o sentido de missão que antevia para si. Toda esta perene angústia evoluía de dia para dia, só encontrando lenitivo na antevisão da guerra justa, da missionação ou da aventura do *Império Ecuménico* que lhe tinham deixado. De novo, o rei e o Império se uniam no pacto fatal que havia de os levar a Alcácer Quibir.

É que esta conjugação entre o rei e o Império, entendido este no seu sentido mais amplo, isto é, no sentido que D. João II e D. Manuel lhe tinham procurado dar e D. Sebastião continuava, é vivida messianicamente quer pelo rei, quer pelo Império, de tal modo que se reaviva a identificação de *divus* para o rei, e de *Império Sagrado Ecuménico* para o Império.

A encarnação de uma história numa mito-história não tem fim nem princípio, existe num universo para além da nossa compreensão. E D. Sebastião viveu-a com profundidade e exclusividade. A sua viagem a Coimbra e a visão dos ossos que restavam de D. Afonso Henriques, mostra-nos bem como ele revivia o passado de Ourique, de Deus crucificado, do *Império Ecuménico Templário*.

Ele domina-o, perscruta-o, vivencia-o e indentifica-se totalmente com ele. E desta identificação não nasceram as aberrações que os historiadores lhe atribuem; nasceu, pelo contrário, a vontade infinita de cumprir as leis de Deus e os ditames de Martinho V.

Ele próprio quis comandar a armada que iria lutar com o rei de Cambaia e de outras possessões muçulmanas existentes na Índia. Ele próprio, em gesto de profundo desagrado para com a política de D. João III, de abandono da reconquista de Marrocos, combate em Tânger. Ele foi na verdade um *divus* quase atingindo a glória do *semideus*. E só não o foi porque, enquanto ele lutava pela manutenção da lenda, toda a história foi feita mais tarde por quem nunca a entendeu. D. Sebastião, os mártires do Japão, ou Cristóvão da Gama só precisavam de um Homero para que os seus feitos se transformassem em mitos, belos e dramáticos como foram os gregos.

Anote-se, num pequeno bosquejo, a enorme concordância entre o Império e o Rei neste momento:
— Edificam-se as cidades de Nagasáqui, Macau, São Paulo, Rio de Janeiro, Luanda, longínquas entre si, mas todas elas integradoras da compreensão vivencial do grande Império.
— Iniciam-se penetrações estratégicas no Congo, em Angola, na região da Mina e em Moçambique; prossegue-se a exploração e domínio do Sul do Brasil e expulsam-se os franceses do Rio de Janeiro. Derrotam-se e aprisionam-se todos os barcos ingleses surtos nos portos de Portugal como represália à pirataria inglesa. Derrota-se a maior coligação islâmica na Índia e Malaca. Consegue-se defender o Império nos cercos de Goa, Chaul, Baçaim e Malaca e só pela traição de uma mulher velha se perde Galle.
— Compreende-se, pela primeira vez, a necessidade de atribuir comandos próprios às grandes regiões do Império, para o que se criam dois comandos no Brasil e três no Oriente.

Para lugares de chefia nomeiam-se os mais brilhantes chefes portugueses. Para a Índia vai Luís de Ataíde, heróico e solitário como o rei, guerreiro envolvido na lenda de Estêvão da Gama, por ter sido por ele armado cavaleiro em Santa Catarina do Monte Sinai. (Mais tarde, estando ao serviço de Carlos V e após bravuras sem conta,

*A Igreja de Nossa Senhora do Rosário, a mais antiga da Velha Goa, ainda se ergue no topo do chamado Monte Santo (em cima).*
*Também evocativas do passado são as ruínas do morro de Chaul, a sul de Bombaim (na página anterior e ao lado), onde até as raízes das árvores, ao crescer, criam formas que recordam a beleza do estilo manuelino.*

quando o imperador o quer armar cavaleiro D. Luís responde-lhe que, a ele, já o mais sagrado dos cavaleiros portugueses tinha feito essa mercê, Estêvão da Gama, e no mais sagrado lugar do Mundo — em Santa Catarina do Monte Sinai. «Certamente Sua Majestade nunca lá tinha estado!...»)

Para salvar o Congo, sob o ataque dos Jacas, o rei nomeia Francisco Gouveia, que, durante cinco anos, percorre toda a região expulsando e derrotando aqueles idólatras e antropófagos.

Paulo Dias de Novais é nomeado para penetrar em Angola, no que seria uma das epopeias mais gigantescas da mito-história de Portugal. Muxima e Cambambe são bem a demonstração disso.

Ao rio Cuama e à costa oriental de África envia Francisco Barreto e António Homem. Se o primeiro morre, azedo e agreste, o segundo penetra profundamente no interior de Moçambique, conquistando para o seu rei as minas do Quiteve.

Mem de Sá conquista o Rio de Janeiro afundando a esquadra francesa e destruindo o que existia da França antárctica no Brasil.

O profundo conhecimento que tinha do Império, porém, não o deixava ver a podridão que D. João III lhe legara em Portugal e foi essa podridão, não os mouros em Alcácer, que o matou nas terras morenas de Marrocos. D. Sebastião não podia sobreviver porque, então, Portugal ter-se-ia de transcender, de abandonar a política fácil da Europa e ganhar de novo a sua dimensão de lenda e de mito.

Quem atraiçoou D. Sebastião foi Portugal, não o Império, nem a juventude que o rodeava. O Império cedia-lhe os melhores homens. A juventude matava-se com o seu rei. Os velhos, nobres e plebeus, da Europa é que o matavam.

Mas mataram-no? Talvez não. Talvez ele se tenha horrorizado do que vira, talvez se tenha angustiado pela perfídia e mentira de Portugal. O seu horror ao verificar que todo o seu sonho não se podia realizar, porque Portugal já não o queria, é que foi o sinal para a sua morte. Em Alcácer Quibir, no Brasil, em Marrocos, ou em França, não nos interessa. O que interessa é que a lenda acabou e assim se perdeu o controle do Império a partir de Portugal.

D. Sebastião foi o último *divus* de uma pátria que desaparecia, mas que se continuava num *Império* que, até aos dias de hoje, nos espantou e fez acreditar no sentido sagrado que teve e absorveu. Com ele se sumiu, na realidade, o sentido global do título que ornava os reis de Portugal *«Por graça de Deus Rei de Portugal e dos Algarves d'Aquém e d'Além-mar em África, Senhor da Guiné, da Conquista, Navegação e Comércio da Etiópia, Arábia, Pérsia e Índia».*

*Dois arcos em ruínas na Velha Goa, unidos no tempo e no lugar. À esquerda — Este arco conduziu outrora ao palácio do último governante muçulmano de Goa, antes de os Portugueses a conquistarem em 1510. Em cima — Tudo o que resta do famoso colégio jesuíta de São Paulo é este arco. Foi neste colégio que São Francisco Xavier ensinou, colégio este que um dia chegou a instruir, simultaneamente, mais de três mil alunos. Ambos são parte de uma herança cultural que o tempo não apaga nem destrói.*

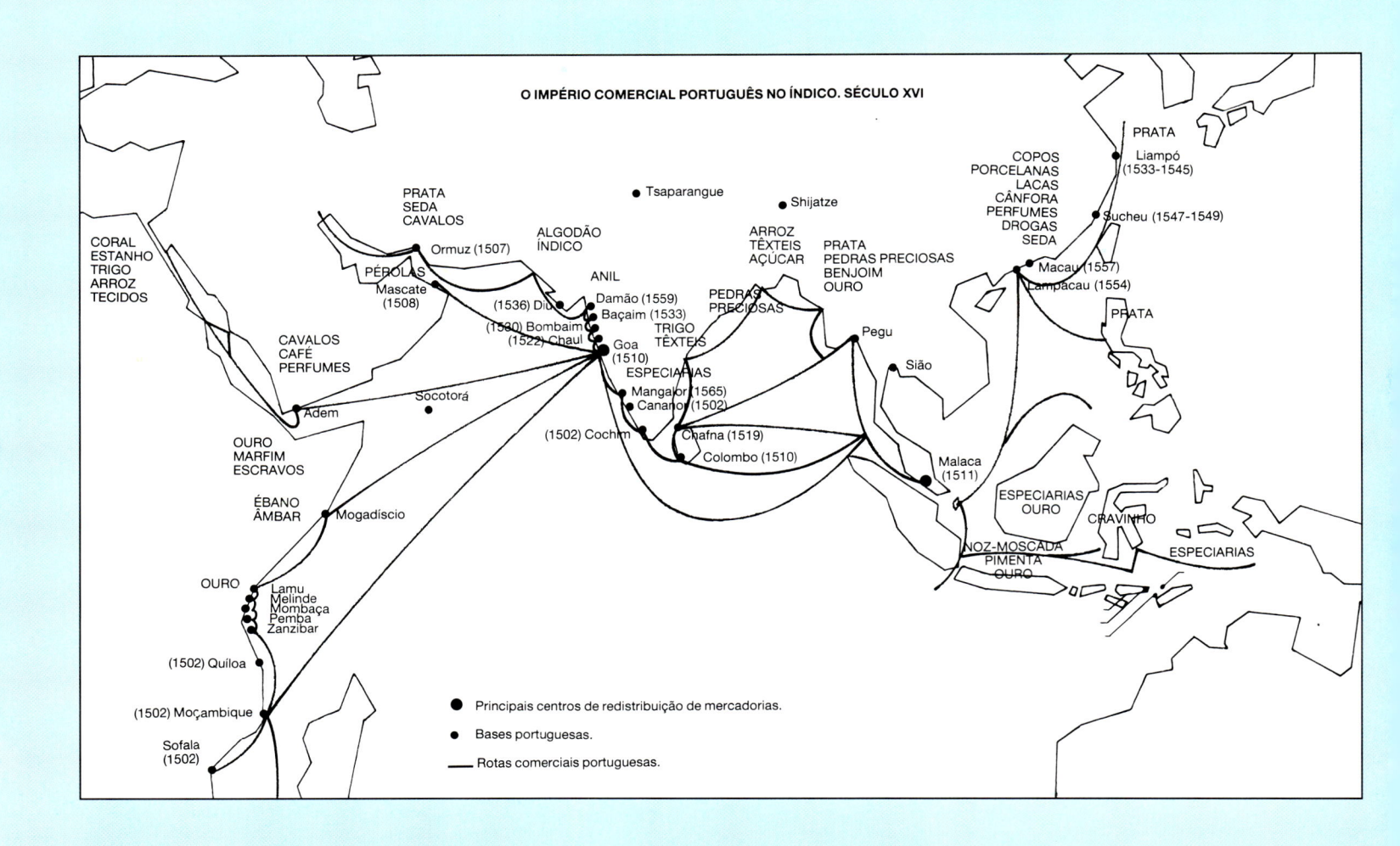

## O IMPÉRIO COMERCIAL PORTUGUÊS NO ÍNDICO. SÉCULO XVI

- ● Principais centros de redistribuição de mercadorias.
- • Bases portuguesas.
- —— Rotas comerciais portuguesas.

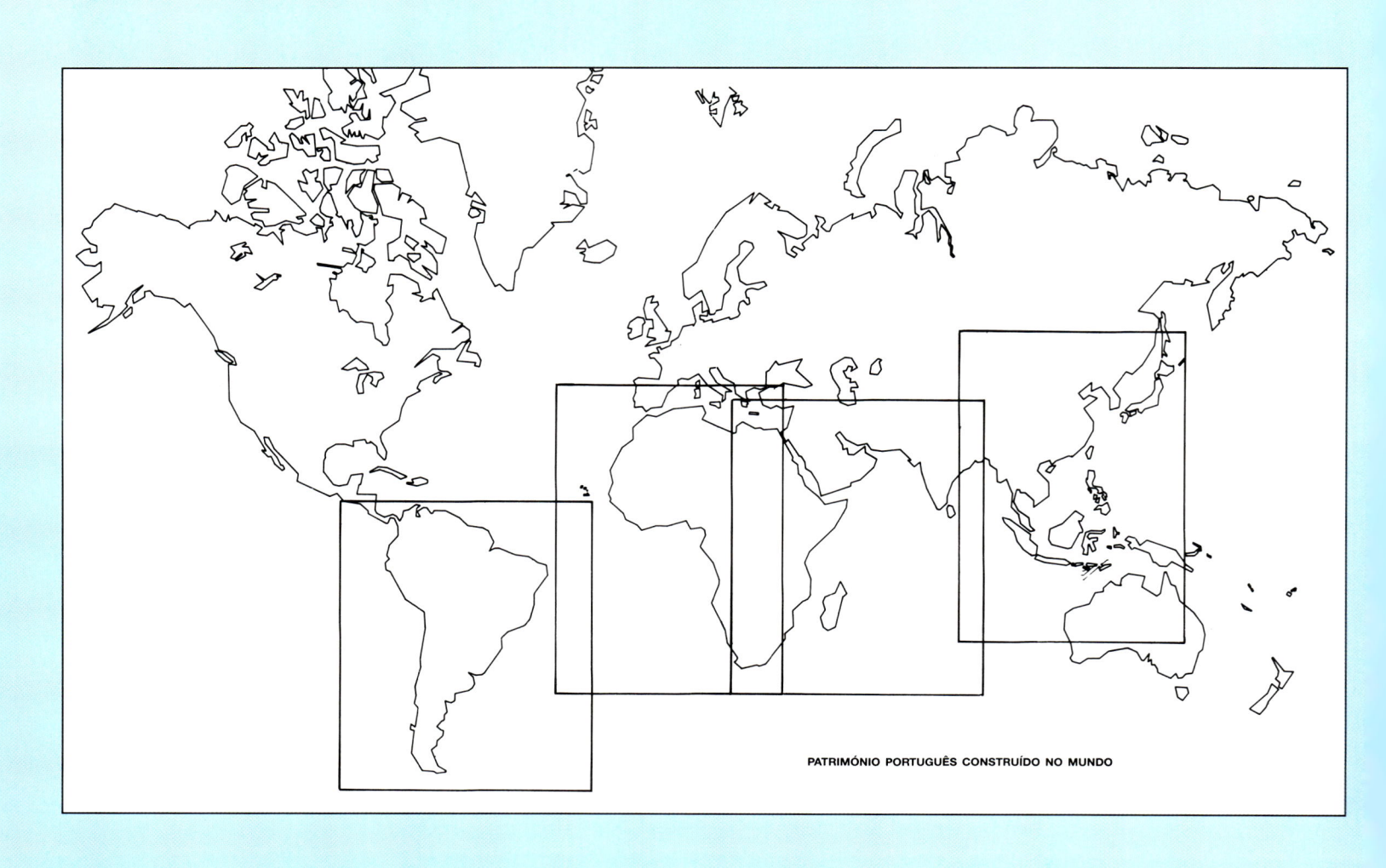

Mercadorias e locais assinalados:

- CORAL, ESTANHO, TRIGO, ARROZ, TECIDOS
- PRATA, SEDA, CAVALOS — Ormuz (1507)
- PÉROLAS — Mascate (1508)
- ALGODÃO, ÍNDICO, ANIL
- CAVALOS, CAFÉ, PERFUMES — Adem
- Socotorá
- Damão (1559), Baçaim (1533), Bombaim (1530), Chaul (1522), Dio (1536)
- Goa (1510) — ESPECIARIAS
- Mangalor (1565), Cananor (1502)
- Cochim (1502), Chafna (1519), Colombo (1510)
- TRIGO, TÊXTEIS
- ARROZ, TÊXTEIS, AÇÚCAR
- PRATA, PEDRAS PRECIOSAS, BENJOIM, OURO
- PEDRAS PRECIOSAS
- Pegu, Sião, Malaca (1511)
- ESPECIARIAS, OURO, CRAVINHO, NOZ-MOSCADA, PIMENTA, OURO, ESPECIARIAS
- Tsaparangue, Shijatze
- COPOS, PORCELANAS, LACAS, CÂNFORA, PERFUMES, DROGAS, SEDA
- PRATA — Liampó (1533-1545)
- Sucheu (1547-1549)
- Macau (1557), Lampacau (1554)
- PRATA
- ÉBANO, ÂMBAR — Mogadíscio
- OURO — Lamu, Melinde, Mombaça, Pemba, Zanzibar
- OURO, MARFIM, ESCRAVOS
- (1502) Quíloa
- (1502) Moçambique
- Sofala (1502)

## PATRIMÓNIO PORTUGUÊS CONSTRUÍDO NO MUNDO

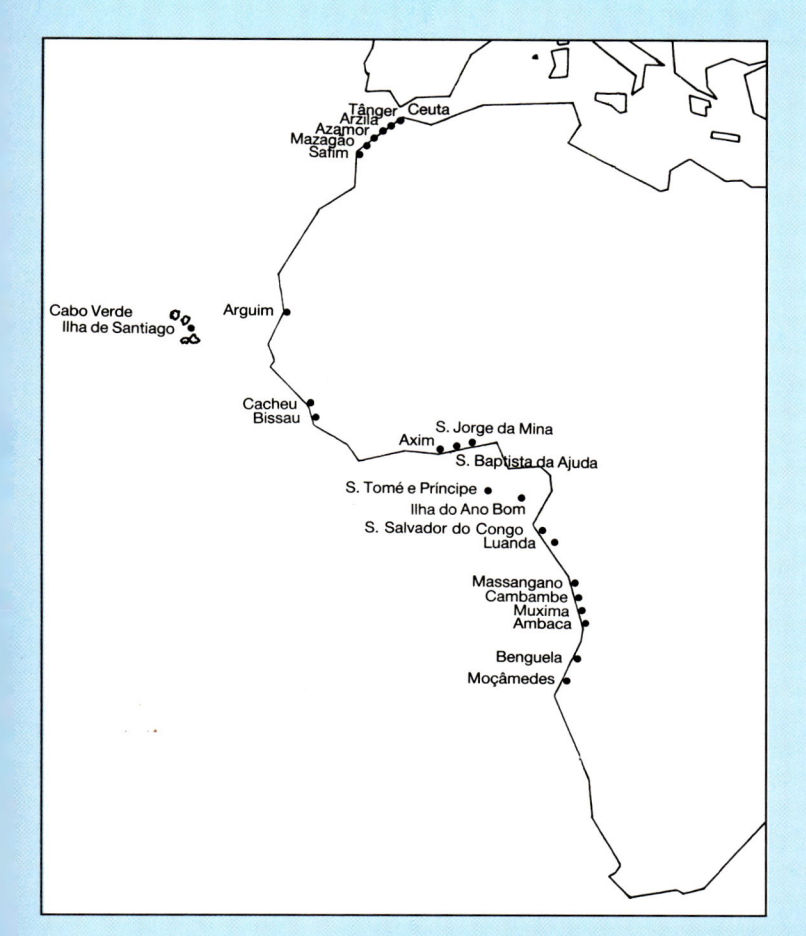

## Map 1: West Africa and Cape Verde

- Tânger
- Ceuta
- Arzila
- Azamor
- Mazagão
- Safim
- Cabo Verde
- Ilha de Santiago
- Arguim
- Cacheu
- Bissau
- S. Jorge da Mina
- Axim
- S. Baptista da Ajuda
- S. Tomé e Príncipe
- Ilha do Ano Bom
- S. Salvador do Congo
- Luanda
- Massangano
- Cambambe
- Muxima
- Ambaca
- Benguela
- Moçâmedes

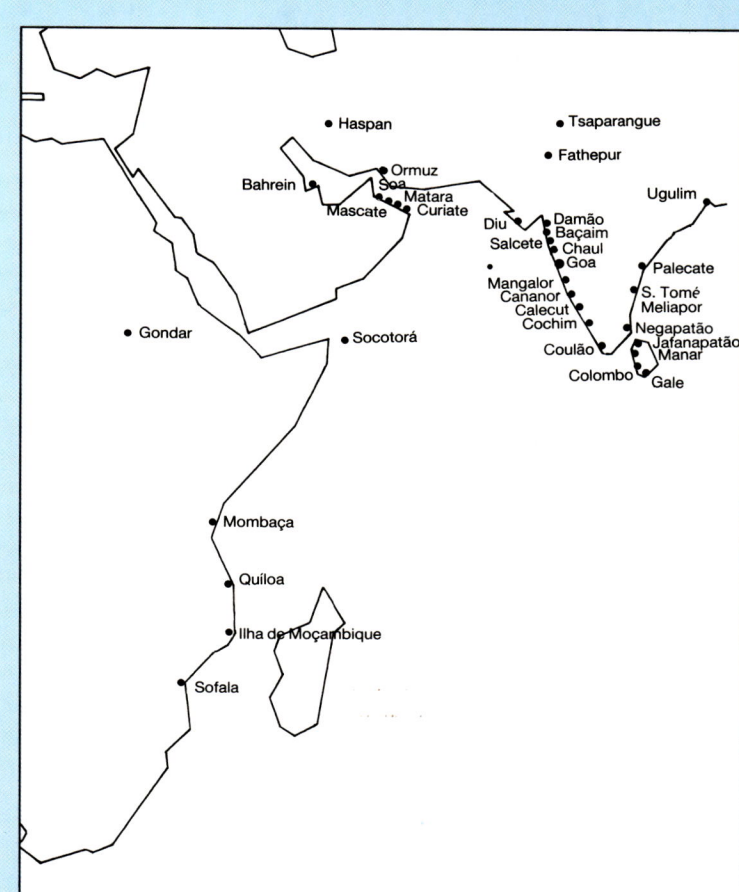

## Map 2: East Africa, Arabia, and India

- Haspan
- Tsaparangue
- Bahrein
- Ormuz
- Fathepur
- Mascate
- Soar
- Matara
- Curiate
- Ugulim
- Diu
- Damão
- Salcete
- Baçaim
- Chaul
- Goa
- Palecate
- Mangalor
- Cananor
- Calecut
- Cochim
- S. Tomé
- Meliapor
- Negapatão
- Coulão
- Jafanapatão
- Manar
- Colombo
- Gale
- Gondar
- Socotorá
- Mombaça
- Quíloa
- Ilha de Moçambique
- Sofala

## Map 3: South America

- V. N. de Mazagão
- Belém
- Óbidos
- Almeirim
- S. Luís do Maranhão
- Barcelos
- Fortaleza
- Santarém
- Alcobaça
- João Pessoa
- Paraiba
- Olinda
- Recife
- Salvador
- Vila Bela
- Porto Seguro
- Cuiba
- Ouro Preto
- Goiás
- Congonhas do Campo
- Corumba
- Tiradentes
- S. João d'El Rei
- Rio de Janeiro
- S. Paulo
- Ilha de Sta. Catarina
- Laguna
- Colónia do Sacramento

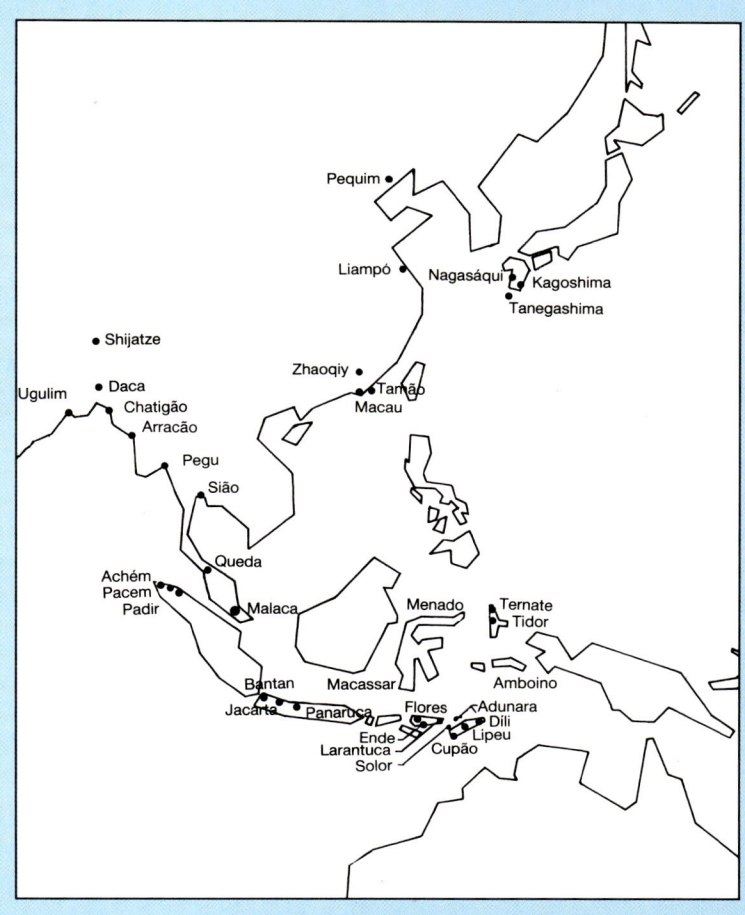

## Map 4: East and Southeast Asia

- Pequim
- Liampó
- Nagasáqui
- Kagoshima
- Tanegashima
- Shijatze
- Zhaoqiy
- Tamão
- Macau
- Ugulim
- Daca
- Chatigão
- Arracão
- Pegu
- Sião
- Queda
- Achém
- Pacem
- Padir
- Malaca
- Menado
- Ternate
- Tidor
- Bantan
- Macassar
- Amboino
- Jacarta
- Panaroca
- Flores
- Adunara
- Ende
- Dili
- Larantuca
- Cupão
- Lipeu
- Solor

# BREVE DICIONÁRIO DE FIGURAS E LUGARES DA AVENTURA PORTUGUESA

## A

**ABISSÍNIA.** Ver Etiópia.

**ACHANTIS.** Grupo étnico africano do litoral do Gana. Antepassados seus foram levados do Brasil, especialmente para a Baía, onde ainda hoje persistem vestígios da sua cultura, sobretudo nas práticas mágico-religiosas. A arte dos Achantis exprime-se de preferência na ourivesaria e na madeira.

**ACHÉM.** Reino no NO da ilha de Samatra, com o qual os Portugueses entraram em contacto em 1509. Os seus excelentes guerreiros tentaram em vão, nos séc. XVI e XVII, expulsar os Portugueses de Malaca.

**AÇORES.** Arquipélago português no oceano Atlântico, era desabitado quando o descobriu c. 1427 Diogo de Silves, da Casa do Infante D. Henrique, se bem que as ilhas das Flores e do Corvo só fossem reconhecidas em 1452. Frei Gonçalo Velho foi o 1.º a tomar a direcção do povoamento, iniciado em 1439. Na crise de 1580 Angra constituiu o último foco de resistência a Filipe II de Espanha.

**ADÉM.** Cidade do Iémene, que dá o nome ao golfo adjacente, no oceano Índico. Devido ao seu valor estratégico, Afonso de Albuquerque tentou conquistá-la em 1513; durante algum tempo esteve nas mãos dos Portugueses em 1551.

**AFONSO V, O AFRICANO** (1432-1481). Filho de D. Duarte e D. Leonor de Aragão, subiu ao trono em 1438, tomando as rédeas do Poder em 1446. Deixou-se enredar por intrigas que levaram à Batalha de Alfarrobeira (1449), onde morreu seu tio e sogro, o infante D. Pedro. Conquistou Alcácer Ceguer (1458), Arzila, Tânger e Larache (1471). Incentivou os descobrimentos marítimos dirigidos pelo infante D. Henrique. Foi infeliz na sua tentativa (1476) de reunir a coroa de Castela à de Portugal, concluída na desastrosa Batalha de Toro.

**AFONSO, DIOGO.** Navegador, criado do infante D. Henrique, descobriu o cabo do Resgate, perto de Arguim, e mais tarde, em fins de 1461, as sete ilhas mais ocidentais do arquipélago de Cabo Verde.

**AFONSO, ESTÊVÃO.** Navegador, escudeiro, natural de Lagos. Em 1446, chegou ao rio da Gâmbia.

**AFONSO, GONÇALO ou GONÇALO AFONSO DE SINTRA.** Navegador, moço de estrebaria do infante D. Henrique, desembarcou em 1444 na ilha de Naar, ao sul de Rio do Ouro, onde foi morto pelos indígenas.

**AFONSO DE AVEIRO, JOÃO.** Piloto português descobridor de Benim (séc. XV). Levantou a Fortaleza de São Jorge da Mina, em 1482.

**AGADIR.** Cidade marroquina no oceano Atlântico. Desde 1505 que Portugal teve ali uma fortaleza, mandada erguer por João Lopes de Sequeira, que tomou o nome de cabo de Gué ou de Guer. À sombra desse castelo fundou-se a vila de Santa Cruz de Agadir Larba, a 50 km ao norte da fortaleza. A posse desta destinava-se a garantir a navegação dos Portugueses na região do cabo Bojador. A fortaleza acabou por soçobrar ao ataque de Moamede Xeque, em 12.3.1541, levando alguns anos depois ao abandono, por Portugal, das praças de Azamor e Safim.

**AJUDÁ, FORTE DE SÃO JOÃO BAPTISTA DE.** Feitoria portuguesa fortificada, construída em 1680, na costa de Benim, no Daomé, onde a presença portuguesa está atestada desde 1461. A área ocupada não ultrapassava os 2 ha.

**ALBERGARIA, LOPO SOARES DE.** 3.º governador da Índia Portuguesa (séc. XV-XVI). Foi ao Oriente a 1.ª vez em 1504. Sucedeu a Afonso de Albuquerque no cargo de vice-rei da Índia (1515-1518), tendo fundado Colombo, em Ceilão (actual Sri Lanka).

**ALBUQUERQUE, AFONSO DE.** O maior dos governadores da Índia Portuguesa (Alhandra, c. 1462 — Goa, 1515). Comandando três naus, foi enviado à Índia em 1503. Voltou no ano seguinte com o plano estratégico para a conquista do Índico. D. Manuel aprovou-lho, reenviando-o à Índia em 1506. Conquistou Ormuz (1507), Goa (1510) e Malaca (1511), fracassando, devido a um acidente, o seu assalto a Adém (1513). Só em 1509, pôde iniciar o seu mandato como governador da Índia. Marinheiro, estratego, estadista, administrador, diplomata e até escritor, foi o estruturador do Império Português do Oriente e um dos maiores vultos da história pátria.

**ALBUQUERQUE, BRÁS.** Filho do anterior (1500-1580). Escreveu os *Comentários de Afonso de Albuquerque*, apoiando-se nas cartas e ofícios de seu pai ao rei de Portugal. É dos mais preciosos documentos sobre a gesta portuguesa no Oriente.

**ALBUQUERQUE, MATIAS.** 16.º vice-rei e 34.º governador da Índia de 1591 a 1597 (m. 1609). Chegou ao Oriente c. 1566. Obteve grandes vitórias em Ceilão e na Costa do Malabar e governou com inteligência e honestidade.

**ALCÁCER CEGUER.** Cidade de Marrocos, entre Tânger e Ceuta. Conquistou-a D. Afonso V em 1458. De modesto alcance político, abriu contudo perspectiva para as tomadas de Arzila e Tânger e foi um esteio de defesa contra os piratas argelinos. Abandonada em 1550, não tardou a cair em ruínas.

**ALENQUER, PÊRO DE.** Considerado o melhor piloto do seu tempo, pilotou o navio-chefe da armada com que Bartolomeu Dias dobrou o cabo da Boa Esperança (1488) e a nau *S. Gabriel* que levou à Índia Vasco da Gama (1497).

**ALMEIDA, D. FRANCISCO DE.** Primeiro vice-rei da Índia (Lisboa, c. 1450 — Aguada de Saldanha, 1510). Ergueu fortalezas nos principais pontos estratégicos do Índico. Obteve a estrondosa vitória naval de Diu (1509) contra a armada egípcia. A sua política consistia no domínio dos mares, enquanto Afonso de Albuquerque, seu sucessor, preconizava a ocupação territorial e o domínio das populações. Morreu numa escaramuça perto do cabo da Boa Esperança no regresso ao Reino.

**ALMEIDA, D. LOURENÇO DE.** filho de D. Francisco de Almeida. Em 1505 acompanhou o pai à Índia; nomeado capitão-mor no mar, visitou a ilha de Ceilão, assentando amizade com o rei da terra, que fez tributário de Portugal, e alcançou grandes vitórias sobre as naus de Calecut. Em 1508 foi surpreendido em Chaul com poucos navios, pela poderosa armada egípcia. Ferido de morte, amarrado ao mastro, comandou os seus homens até nova bombardada lhe ceifar a vida.

**ALMEIDA, LUÍS DE.** Missionário jesuíta no Japão (Lisboa, 1525 — Amacusa, 1586). Transformou o modesto Hospital dos Pobres, que a missão de Funai criara em Oita, num grande e bem conhecido hospital. Nele prestou serviços de médico e cirurgião até 1561, em que a direcção foi confiada a médicos japoneses.

**ALMIRANTES.** Grupo de 12 ilhotas, a NE de Madagáscar, descoberto por Vasco da Gama.

**ÁLVARES, FRANCISCO.** Escritor português (séc. XV-XVI). Capelão da 1.ª embaixada portuguesa enviada à Abissínia, em 1515 e regressado em 1527. Famosa a sua obra *Verdadeira Informação das Terras do Preste João* (1540).

**ÁLVARES, JORGE. 1.** Feitor que é considerado o primeiro português que entrou na China (1513). **2.** Mercador e capitão de navio dos mares da China (onde morreu em 1521) e no Japão. É o primeiro cronista bem informado, que se conhece, do Japão, e um dos pioneiros do cristianismo nesse país.

**ALVIM, JOÃO LOPES DE.** Companheiro de Albuquerque, que o deixou em Malaca, em 1511, com um navio, para defender a fortaleza. Após inúmeros combates, destruiu em 1513 a armada dos Jaus que queriam tomar Malaca e depois atacou e derrotou as naus do rei de Bintam. Morreu em Malaca.

**AMBOÍNO.** Ilha das Molucas, descoberta em 1512, pelo português A. de Abreu. Foi o principal centro do comércio português na Insulíndia, tendo sido evangelizada por S. Francisco Xavier. Em 1605 caiu nas mãos dos Holandeses.

**ANAFÉ.** Cidade marroquina da costa do Atlântico, hoje Dar-el-Beida (Casablanca). Os Portugueses conquistaram-na em 1468, na época de D. Afonso V.

**ANCHIETA, JOSÉ DE.** Missionário jesuíta no Brasil (Canárias, 1534-Reritiba 1597). Compôs uma gramática e um vocabulário em língua tupi, e foi o iniciador da poesia e do teatro no Brasil. Foi beatificado em 1980. Pelo seu zelo na conversão dos Índios acompanhado de prodígios de taumaturgo, é considerado o «Apóstolo do Brasil».

**ANDRADE, ANTÓNIO DE.** Missionário e explorador jesuíta português (1580-Goa, 1634). Partiu para a Índia em 1600 e missionou o Mongol e o Tibete. Foi o 1.º europeu a atravessar o Himalaia, sendo o relato da viagem acolhido entusiasticamente em toda a Europa.

**ANDRADE, FERNÃO PERES DE.** Navegador, descobridor e guerreiro, tomou parte na conquista de Malaca, onde ficou como capitão-mor do Mar e nessa qualidade destroçou, em 1512, os juncos malaios que pretendiam reconquistar a cidade. Em 1516 foi escolhido para ir à China estabelecer relações comerciais. Deixou em Cantão o embaixador Tomé Pires, que conseguiu alcançar Pequim.

**ANES, GONÇALO.** Marinheiro que comandou em 1487 uma expedição portuguesa ao Sara, tendo chegado a Tombuctu.

**ANGEDIVA.** Ilha situada a S de Goa, onde aportou Vasco da Gama, em 1498. Nela fez construir, em 1505, D. Francisco de Almeida, o Forte de N.ª S.ª das Brotas, o primeiro que os Portugueses ergueram na Índia.

**ANGOLA.** Foi descoberta por Diogo Cão em 1482 e logo se estabeleceu uma aliança com o reino do Congo. Deste modo os Portugueses radicaram-se em Angola até aos dias de hoje.

**ANO BOM.** Ilha do golfo da Guiné. Atribui-se o seu descobrimento a Santarém e Escobar em 1471 ou 1472, embora haja a hipótese de que apenas tenha sido descoberta no regresso da primeira viagem de Diogo Cão.

**ARGUIM.** Pequena ilha nas proximidades do cabo Branco. Descoberta por Nuno Tristão em 1443, aí foi construída pelos Portugueses a primeira fortaleza-feitoria, para servir de base ao comércio com o interior africano.

**ARRACÃO.** Povoação da Birmânia que foi, outrora, cidade importante e capital do reino também chamado *Reino de Aracangil*, conhecido pelos Portugueses desde a expedição de Diogo Lopes de Sequeira a Malaca (1508). Pouco depois (1518), o soberano reinante manda uma embaixada ao capitão D. João da Silveira, que chegara ao porto de Chetigão, dizendo-lhe que «pola fama que tinha del rey de Portugal desejava de ter amizade com ele» (Castanheda). Nem sempre normais, devido à deslealdade do monarca e sucessores, estas relações mantiveram-se, no entanto, por muitos anos, devido, sobretudo, ao zelo dos nossos missionários (Jesuítas, Dominicanos, Eremitas de St.º Agostinho), que realizaram, durante o séc. XVII, uma obra civilizadora notável.

**ARZILA.** Cidade a cerca de 40 km ao sul de Tânger que constituiu o objectivo da 3.ª expedição de D. Afonso V contra Marrocos. Após quatro dias de combates, Arzila foi conquistada a 24.8.1471, ficando aberto o caminho para a tomada de Tânger. Foi abandonada a 24.8.1550.

**ASCENSÃO.** Pequena ilha do Atlântico Sul, descoberta em 1501, no dia da Ascensão, por João da Nova, galego ao serviço de Portugal.

**ATAÍDE, D. LUÍS DE.** 10.º vice-rei da Índia (1517-1581). Em 1568, apenas com 700 portugueses e 1500 nativos, defendeu Goa dos 100 000 homens e 1000 elefantes do Hidalcão. Já com o título de conde de Atouguia, em 1577 foi enviado 2.ª vez como vice-rei.

**ATAÍDE, NUNO FERNANDES DE.** Senhor de Penacova, alcaide-mor de Alvor e capitão de Safim em 1510 (m. 1516). A 28.1.1508 conduziu a entrada que se fez aos aduares de Almedina e aldeias de Benacafiz e Tednest, obrigando a região a pagar tributo a D. Manuel.

**AXÉM.** O mesmo que Axim. Local e excelente porto da Costa do Ouro, junto ao cabo das Três Pontas. Os Portugueses levantaram ali o Forte de Santo António.

**AZAMBUJA, DIOGO DE.** Dirigiu a construção do Castelo-Feitoria de São Jorge da Mina (1481-1482), que durante dois anos ficou administrando; dirigiu a construção do Castelo Real ou de Mogador (1506), e foi capitão desta praça (1507), bem como das de Safim e Aguz (1508-1510).

**AZAMOR.** Cidade da costa atlântica de Marrocos. Os seus moradores prestam vassalagem a D. João II em 1486. Após uma conquista falhada em 1508, é ocupada militarmente em 1513. Mostrando-se a sua ocupação muito onerosa, foi destruída e abandonada em 1542.

## B

**BAÇAIM.** Nome dado em português à cidade marítima indiana de Bassein, perto de Bombaim. Era porto de escala exportando tecidos para todo o Oriente e madeiras para as galés turcas do mar Vermelho. Esteve na posse de Portugal de 1533 a 1739.

**BAHREIN.** Estado asiático do golfo Pérsico. Foi ocupado pelos Portugueses em 1507.

**BAÍA.** Foi a Porto Seguro, em território da Baía, que aportou Pedro Álvares Cabral em 1500. No ano seguinte nova esquadra portuguesa atingiu a baía de Todos-os-Santos (1.11.1501). A povoação ali construída viria a ser a 1.ª sede do governo-geral com Tomé de Sousa, em 1549: com ele chegaram os 1.ºs jesuítas para a evangelização do gentio.

**BALDAIA, AFONSO GONÇALVES.** Copeiro-mor do infante D. Henrique, navegou por duas vezes (1435 e 1436) para além do cabo Bojador, tendo atingido o Rio do Ouro. Contribuiu para o avanço da ciência geográfica portuguesa.

**BANDA.** Arquipélago das Molucas, que é o maior centro produtor mundial de noz-moscada. Foi descoberto pelos Portugueses em 1511.

**BARCELOS, PEDRO DE.** Foi companheiro de João Fernandes Lavrador, terceirense como ele, no redescobrimento português da Gronelândia.

**BARROS, JOÃO DE.** Historiador (1496-1570), gramático e humanista, escreveu as imortais quatro *Décadas da Ásia.*

**BEHAIM, MARTIN.** Navegador alemão (c. 1459-1507). Veio para Portugal em 1484, onde casou e faleceu. Introduziu o uso do astrolábio nos navios e construiu, em Nuremberga, sua cidade natal, o 1.º globo terráqueo (1492).

**BENIM.** Antigo reino da costa de África, na actual Nigéria, descoberto por João Afonso de Aveiro, c. 1485, onde Portugal teve uma feitoria até ao reinado de D. João III, e foi centro de comércio de escravos.

**BEZEGUICHE.** Baía da costa da Guiné, descoberta em 1446 por Álvaro Fernandes, onde faziam aguada as naus da Índia.

**BIAFADAS.** Tribo negra da margem esquerda do rio Geba. *Ver* Biguda.

**BIGUDA.** Reino de Biafadas, muito dado ao comércio da escravatura.

**BIJAGÓS.** Arquipélago da costa da Guiné, descoberto pelos Portugueses em 1445.

**BIRMÂNIA.** *Ver* Pegu.

**BOA ESPERANÇA.** Promontório no extremo S da África, no Atlântico, dobrado pela primeira vez por Bartolomeu Dias, em 1488, no regresso da sua aventurosa viagem ao longo da costa oriental africana, foi designado «cabo das Tormentas». D. João II mudou-lhe o nome para cabo da Boa Esperança. Foi ocupado pelos Holandeses em 1652.

**BOJADOR.** Cabo da costa ocidental africana, a SE das Canárias, bastante alto e de acesso difícil. Depois de numerosas tentativas fracassadas, foi dobrado pelo navegador português Gil Eanes em 1434, sendo um passo decisivo para os descobrimentos iniciados pelo infante D. Henrique.

**BONS SINAIS.** Nome dado por Vasco da Gama, em 1498, a um curso de água, 20 km a S de Quelimane, em Moçambique, e um braço do Zambeze, chamado rio Cuácua, com 130 km de extensão sendo 60 navegáveis.

**BORNÉU.** Uma das maiores ilhas do Mundo, na Insulíndia. Foi descoberta pelos Portugueses em 1511, que nela se estabeleceram por cerca de 100 anos.

**BRAGANÇA, D. CONSTANTINO DE.** Filho de D. Jaime, duque de Bragança (1528-1575). Em 1558, nomeado vice-rei, seguiu para Goa para iniciar um triénio de grande prestígio, tendo recuperado Damão e conquistado a fortaleza de Balsar. Em 1560, partiu para Jafanapatão, em Ceilão, fazendo o rei tributário de Portugal.

**BRANCO.** Cabo africano a N da baía do Galgo, na Mauritânia, dobrado em 1441 pelo navegador português Nuno Tristão.

**BRASIL.** O Brasil foi descoberto a 22.4.1500 pela armada de Pedro Álvares Cabral, que através do Atlântico Sul ia em demanda das Índias. Teve inicialmente a designação de Terra de Vera Cruz e depois Terra de Santa Cruz: prevaleceu o nome de Brasil, originado nas inúmeras florestas de pau-brasil (assim denominado devido à cor vermelho-brasa da madeira). Devido ao interesse de D. Manuel pela Índia, só com Martim Afonso de Sousa, em 1530, começou o povoamento e colonização do Brasil, que tem na fundação de São Vicente (1534) o seu 1.º marco significativo. Em 1549 chegava à Baía Tomé de Sousa, o 1.º governador-geral e com ele 6 jesuítas chefiados pelo P.e Manuel da Nóbrega, que de pronto se entregaram à evangelização dos gentios e promoveram a criação da 1.ª diocese logo em 1551.

**BRITO, ANTÓNIO DE.** Capitão das Molucas e Cochim, fundou a fortaleza de Ternate (1522), onde teve de sustentar guerra com o rei vizinho de Tidore, que acolhia na sua ilha os castelhanos da frota de Magalhães e outros, que reivindicavam a posse das Molucas.

## C

**CABO VERDE.** As ilhas de Cabo Verde estavam desabitadas quando foram descobertas pelo português Diogo Gomes, em 1460. A sua colonização começou em 1462 com gentes provenientes da Europa e da África (Guiné, sobretudo).

**CABRAL, PEDRO ÁLVARES.** Descobridor português (Belmonte, 1467/68-Santarém, 1520). D. Manuel deu-lhe o comando de uma forte armada que a 9.3.1500 enviou ao Oriente para aí instalar uma feitoria e assentar bases comerciais pacíficas. Seguindo o rumo SO, crê-se que intencionalmente descobriu o Brasil a 22.4.1500. Seguindo para a Índia, aportou a Calecut a 13.9.1500 e encetou a viagem de regresso a 16.1.1501, chegando à pátria a 31.7.1501.

**CABRILHO, JOÃO RODRIGUES.** Navegador português (m. 1543). Ao serviço de Espanha, chegou a Cuba em 1518. Capitaneando dois navios (1542) descobriu a Alta Califórnia, onde veio a falecer.

**CACHEU.** Ria da Guiné formada pela invasão pelo mar do curso de um antigo rio. Nas suas margens foi estabelecida a primeira feitoria desta região da Guiné, depois fortificada pelo seu primeiro capitão-mor, António de Barros Bezerra.

**CADAMOSTO, LUÍS DE.** Nome aportuguesado do navegador veneziano Aluise Da Ca Da Mosto (1432-1488). Integrado em armadas portuguesas de 1455 a 1463 teria chegado à actual Guiné-Bissau e descoberto algumas ilhas de Cabo Verde.

**CALECUT.** Cidade marítima da costa ocidental indiana actualmente designada Kozhicode: a ela aportou Vasco da Gama, em 1498, depois de ter descoberto o caminho marítimo para a Índia. Centro de intercâmbio comercial sino-indiano, foi visitada em 1488 por Pêro da Covilhã, e daí o ter sido escolhida como meta a atingir por Vasco da Gama. Nela os Portugueses ergueram uma fortaleza em 1512, abandonada em 1525, mas continuando a dominar na região até 1663.

**CAMARÕES.** Território da África Equatorial. Descoberto pelo navegador português Fernando Pó, em fins do séc. XV.

**CAMBAIA.** Golfo do oceano Índico, em cujas costas se situam Diu e Damão. Chamaram-se guerras de Cambaia as lutas empreendidas pelos Portugueses para domínio do golfo assim chamado e das terras noroestinas indianas, mediante conquista de certas cidades costeiras do reino de Guzarate ou de Cambaia, particularmente Baçaim, Damão e Diu. O período mais aceso dessas lutas começou no governo de Nuno da Cunha e terminou no de D. João de Castro, contemporâneos do sultão Badur (1537) e do seu sucessor, Mafamude.

**CAMBAMBE.** Povoação das margens do Cuanza, Angola. Estas terras foram as primeiras do interior a ser percorridas pelos Portugueses com intuitos de posse, que o fervor religioso de «fazer cristandade» e a miragem da prata das suas lendárias minas moral e materialmente justificavam.

**CAMINHA, PÊRO VAZ DE.** Navegador e escrivão português (c. 1450-1501). Natural do Porto e cavaleiro da Casa Real, morreu no assalto dos Mouros à feitoria da Índia. Escrivão da frota de Pedro Álvares Cabral, celebrizou-se com a famosa carta a D. Manuel sobre o descobrimento do Brasil (de 22.4 a 1.5.1500).

**CAMÕES, LUÍS DE.** (Lisboa?, 1524/1525-*ibid.*, 1580). Fidalgo pobre, ignora-se onde conseguiu a vastíssima erudição que possuía. Combatente em Ceuta, perdeu um dos olhos. Devido a uma rixa esteve preso e pouco depois embarcou para o Oriente, onde durante 14 anos sofreu os vaivéns da fortuna e conheceu a miséria. Regressou ao Reino em 1569 e publicou *Os Lusíadas* em 1572. Autor de três autos, na linha vicentina e na tradição clássica, poeta lírico, notável pela procura e espontaneidade com que pinta os mais íntimos conflitos da alma humana, e poeta épico que funde o pensamento medieval e o moderno, o cristão e o pagão, o exotismo e a ciência num poema humanístico colectivo, é um dos grandes vultos da literatura universal.

**CANADÁ.** Região boreal da América do Norte. Depois dos monges irlandeses no séc. IX e dos normandos no ano mil, aportaram lá outros navegadores, entre eles açorianos como João Fernandes e Pedro de Barcelos (séc. XV). Jacques Cartier (1534) ao serviço de Francisco I apoderou-se do golfo de São Lourenço em nome da França.

**CANANOR.** Cidade do troço meridional da costa ocidental da Índia a norte de Calecut. D. Francisco de Almeida aí erigiu uma fortaleza (1506) que esteve na posse dos Portugueses até ser conquistada pelos Holandeses (1663).

**CANÁRIAS.** Arquipélago vizinho da costa marroquina, conhecido desde a Antiguidade. Apesar da viagem de redescobrimento do genovês Lanzaroto, há fortes razões para aceitar uma prioridade portuguesa alegada por D. Afonso IV em carta de protesto dirigida ao Pontífice (1345), e cuja realização deve crer-se de c. 1336, se não antes. Os monarcas castelhanos consideravam domínio seu as Canárias. O dissídio luso-castelhano complicou-se; houve bulas pontifícias concedendo as Canárias a Portugal (1434) e condicionando a concessão (1436); o diferendo resolveu-se definitivamente pelo Tratado de Paz de 1480: as Canárias eram reconhecidas como posse da Espanha, e aos Portugueses cabia o privilégio da expansão para sul.

**CÃO, DIOGO.** Navegador português do séc. XV. Comandou duas armadas que percorreram as costas africanas: na 1.ª viagem (1482-1484) descobriu o estuário do Zaire e estabeleceu relações com o rei do Congo; na 2.ª (1485) avançou mais 1400 km (600 km para lá do S de Angola). Inaugurou a prática de assinalar com padrões de pedra, dois em cada viagem, os principais pontos atingidos.

**CARAMURU.** Nome que os Índios davam a Diogo Álvares Correia, colonizador do Brasil no século XVI.

**CARAVELA.** Navio de origem portuguesa cuja forma variou muito ao longo do tempo em que foi usada (séc. XIII-XVII). Mas, em relação aos outros navios da época, eram em geral mais pequenas, ágeis e velozes. Foram os principais navios dos Descobrimentos. A «caravela dos Descobrimentos» era em princípio um navio de velas latinas, o que lhe dava grande capacidade para navegar «contra o vento».

**CAROLINAS.** Arquipélago a leste das Filipinas, descoberto pelos Portugueses em 1527.

**CASA DA ÍNDIA.** Repartição que desde 1503 se ocupava em Lisboa de tudo quanto respeitava ao comércio e navegação para o Oriente, assegurando o monopólio régio. A sua origem remonta a meados do séc. XV quando se instituiu em Lagos a Casa da Guiné. Com a abertura do comércio do Oriente a todos os súbditos portugueses em 1570, a Casa da Índia adquiriu o carácter de alfândega.

**CASTANHEDA, FERNÃO LOPES DE.** Cronista português (m. Coimbra, 1559). Natural de Santarém, viveu na Índia de 1528 a 1538. A sua *História do Descobrimento e Conquista da Índia pelos Portugueses* em 8 vol. (1551-1561), cheia de saboroso exotismo e espontaneidade, foi logo traduzida nas principais línguas europeias, tendo sido uma das fontes históricas de *Os Lusíadas.*

**CASTRO, D. FERNANDO DE.** **1)** Nobre ao serviço do infante D. Henrique, foi por este enviado à conquista da Grã-Canária, em 1424 ou 1425, comandando uma frota em que iam embarcados 2500 homens de infantaria e 120 cavaleiros, expedição que foi mal sucedida. **2)** Filho 2.º do vice-rei D. João de Castro (1528-1546). Mandado em socorro da praça de Diu, sitiada pelas forças de Cambaia, combateu heroicamente nos postos de maior perigo, até 10 de Agosto, em que teve morte gloriosa.

**CASTRO, D. JOÃO DE.** Herói da Índia (Lisboa, 1500-Goa, 1548). Abraçou a carreira das armas aos 18 anos e embarcou para a Índia em 1538, escrevendo então o 1.º dos seus famosos *Roteiros.* Nomeado, em 1545, 13.º governador e, em 1548, 4.º vice-rei da Índia, libertou Diu e esmagou os inimigos em Cambaia. Grande chefe militar e cientista, na última doença nem dinheiro tinha para o sustento. Assistiu-lhe à morte S. Francisco Xavier.

**CEILÃO.** (Actual Sri Lanka). Grande ilha do Índico, imediatamente a sul da península do Indostão. Era um império muito antigo. Em 15.11.1505, D. Lourenço de Almeida entra com uma esquadra em Kolon Tota. O imperador concede a Portugal 300 arráteis de canela por ano, em paga da protecção dos seus portos. Em 1518, Lopo Soares de Albergaria constrói uma fortaleza. Ceilão manteve-se na órbita de Portugal até 1658, data em que foi conquistada pelos Holandeses.

**CELEBES.** Ilha da Insulíndia. A ela aportaram os Portugueses em 1512, e nela viriam a instalar-se até à dominação holandesa, em 1605.

**CEUTA.** Cidade da costa africana diante de Gibraltar. A sua conquista aos Mouros por D. João I a 21.8.1415 assinala o início da expansão portuguesa para além das suas fronteiras naturais: Ceuta, em 1640, não reconheceu a independência de Portugal, mantendo-se fiel ao monarca espanhol até à actualidade.

**CHATIGÃO.** Cidade do golfo de Bengala, no Pegu. Os Portugueses exerceram aqui comércio até perto do fim do séc. XVI.

**CHAUL.** Cidade e fortaleza a norte de Dabul. Em 1505, aquando da chegada dos Portugueses, dependia do Nizamaluco, um dos 12 capitães do Decão. Porto de grande trato de tecidos, cobre e mantimentos, entrou logo em boas relações com os Portugueses. Em 1521, o governador, Diogo Lopes de Sequeira, com o consentimento do Nizamaluco, fez uma fortaleza aí para manter em respeito as forças de Cambaia. Nos anos seguintes, Chaul tornou-se uma das bases principais do poder lusitano na costa indiana e residência de muitas famílias luso-indianas.

**COCHIM.** Cidade e porto indiano, no estado de Kerala. Nela se ergueram uma feitoria portuguesa em 1502 e uma fortaleza em 1505, e se construíram navios desde a 2.ª metade do séc. XVI.

**COCHINCHINA.** Antiga designação, provavelmente de origem portuguesa, da região S da península da Indochina. Foi visitada pelos Portugueses nos tempos da sua expansão pelo Oriente e concretamente por Fernão Mendes Pinto.

**COELHO, DUARTE.** Primeiro capitão donatário de Pernambuco (Miragaia 1480/85-Olinda 1554). Prestou serviço na Índia e em África. Foi-lhe confiada em 1533 a 1.ª maior e melhor capitania do Brasil por ele intitulada «Nova Lusitânia»: fundou Igaraçu e Olinda e instalou os 1.ºs engenhos de açúcar.

**COELHO, NICOLAU.** Experimentado navegador e perito na navegação astronómica acompanhou Vasco da Gama (1497) no descobrimento do caminho marítimo para a Índia — no regresso chegou a Lisboa mês e meio antes do capitão. Acompanhou Pedro Álvares Cabral (1500) no descobrimento do Brasil e Francisco de Albuquerque na sua viagem em 1503.

**COLOMBO.** Grande cidade do Sri Lanka. Nela, com autorização do soberano local, ergueram os Portugueses uma fortaleza nos começos do séc. XVI.

**COLOMBO, CRISTÓVÃO.** Natural de Génova (1451-1506), chegou a Portugal em 1476 e casou com uma filha do navegador português Bartolomeu Perestrelo. Acompanhou os navegadores portugueses em viagens à Guiné. Convencido da possibilidade de alcançar a Índia navegando para ocidente, e uma vez que D. João II não o apoia para a realização do seu projecto dirige-se (1485) aos reis de Espanha, que o apoiam. Parte a 1.ª vez em 1492 e atinge as costas do golfo do México julgando ter chegado ao Extremo Oriente. Realizou mais três viagens (1493, 1498 e 1502) às Antilhas e costas do golfo do México.

**COMORES.** Arquipélago situado no canal de Moçambique, conhecido dos Portugueses pelo menos desde 1506.

**CONGO.** Antigo reino africano entre os rios Congo e Cuanza. A partir da chegada de Diogo Cão, em 1482, os Portugueses promoveram laços amigáveis com assistência técnica e espiritual. A família real fez-se cristã, chegando um dos seus membros a ser sagrado bispo do Congo. O tráfego dos escravos em que se empenhou o rei congolês azedou as relações com Portugal, que acabou por se desinteressar pela sorte deste reino. *Ver* Zaire e Angola.

**COROMANDEL.** Costa oriental da Índia, no golfo de Bengala, célebre nos séc. XVII e XVIII pelas lacas e biombos chineses que dali vinham para a Europa através de Portugal. Os Portugueses não tinham ali domínios territoriais nem fortalezas, mas prósperas colónias que asseguravam boa parte do comércio e alimentavam o monopólio do transporte marítimo.

**CORREIA, GASPAR.** Historiador português (c. 1495-Malaca 1561). Passou quase toda a vida na Índia, onde foi secretário de Afonso de Albuquerque. Pelo vigor descritivo e objectividade histórica, a sua obra — *Lendas da Índia* — é considerada a mais valiosa da historiografia ultramarina portuguesa.

**CORTE-REAL, GASPAR E MIGUEL.** Navegadores portugueses. Gaspar (c. 1450-1501) foi quem primeiro desembarcou na Terra Nova. Em 1500 atingiu a Gronelândia e o Canadá. Em 1501 inicia nova viagem no decurso da qual desaparece. Seu irmão, Miguel, mais velho, e que o acompanhara nas explorações marítimas precedentes, partiu com três caravelas em 1502 à busca do irmão, tendo também desaparecido.

**CORTE-REAL, JOÃO VAZ.** Navegador português, pai dos precedentes (m. 1496). Capitão donatário das ilhas Terceira (1474) e São Jorge (1483). C. 1472 terá atingido a Gronelândia e avistado a Terra Nova, sendo por isso considerado o verdadeiro descobridor do continente americano.

**COSTA DO MARFIM.** Estado da África Ocidental, no golfo da Guiné. Foi descoberta no séc. XV pelos navegadores portugueses João de Santarém e Pedro Escobar e notabilizou-se pelo tráfico do marfim.

**COULÃO.** Cidade da costa do Malabar. Ali carregou Albuquerque, em 1503, pimenta que não encontrara noutro sítio. Conseguiu permissão para construir uma feitoria. D. Lourenço de Almeida, como castigo do assassínio dos moradores pelos nativos, fez incendiar os navios que estavam no porto e matar as tripulações. A presença portuguesa, a partir daí, nunca foi pacífica.

**COUTO, DIOGO DO.** Historiador português (Lisboa, 1542-Goa, 1616). Passou a maior parte da vida no Oriente. Continuador da *Ásia* de João de Barros, revelou notáveis dons de historiador, sendo menos artista que o seu predecessor mas senhor de maior sentido crítico e objectividade, o que lhe acarretou dissabores.

**COVILHÃ, PÊRO DA.** Viajante português (m. Abissínia, c. 1545). Escolhido por D. João II em 1487 para colher informações sobre o comércio das especiarias vindas da Índia para Veneza e sobre o poderio militar do Preste João da Abissínia, depois de visitar o Oriente entregou, no Cairo, o resultado a dois outros enviado do rei, seguindo (1492) para a Etiópia, onde foi cumulado de honras e riquezas sem nunca de lá ter podido sair.

**CUBAS, BRÁS.** Colono português fundador da cidade de Santos (Porto, c. 1507-Santos, 1592). Chegando ao Brasil em 1532, fundou a 1.ª Misericórdia do Brasil e de toda a América (1543) intitulada «Santos» e que daria o nome ao Porto de Santos, posteriormente apenas designada «Santos». Foi governador da capitania de São Vicente e explorou o interior até ao limite de Minas Gerais com a Baía.

**CUNHA, NUNO DA.** Governador da Índia (1487-1539). Filho de Tristão da Cunha, acompanhou seu pai na viagem à Índia de 1506. Nomeado governador em 1528, sustentou guerras vitoriosas e ergueu fortalezas. Substituído em 1538, sabendo-se intrigado com o rei, morreu desgostoso, no regresso.

**CUNHA, TRISTÃO DA.** Navegador português (c. 1460-1540). Na viagem para a Índia, em 1506, descobriu no Atlântico austral as ilhas de Tristão da Cunha e fez o reconhecimento de Madagáscar. Em 1514, presidiu à embaixada de D. Manuel ao Papa Leão X, famosa pelo fausto e exotismo do séquito.

**CURIATE.** Cidade da Arábia, com bom porto. Albuquerque atacou-a e tomou-a, depois de passar por Calaiate.

## D

**DAMÃO.** Cidade do NO da Índia, que era sede de uma região composta de três territórios (Damão, Dadrá e Nagar-Aveli) pertencentes ao antigo Estado Português da Índia. O primeiro contacto de Damão com os Portugueses data de 1523. Foi definitivamente conquistada em 1559 pelo vice-rei D. Constantino de Bragança, que ali mandou edificar a praça e a sé.

**DESERTAS, ILHAS.** *Ver* Madeira.

**DIAS, BARTOLOMEU.** Navegador português (c. 1450-1500). Continuador de Diogo Cão no descobrimento da costa africana, foi o primeiro a atingir a costa oriental de África (1487-1488). Tomou parte na armada de Pedro Álvares Cabral (1500), vindo a encontrar a morte numa tempestade no cabo da Boa Esperança, que anos antes tinha descoberto.

**DIAS BAY.** *Ver* Mossel Bay.

**DIAS, DINIS.** Descobridor de Cabo Verde (1444) e participante na segunda frota de Lançarote, exploradora da costa africana entre o cabo Branco e o Senegal (1445). Há razões para crer que em 1442 tomou parte em explorações do golfo de Arguim.

**DIU.** Pequena cidade indiana situada numa ilha separada da costa S da península de Guzerate por estreito braço de mar. Cedida a Portugal com o território continental adjacente, em 1535, como recompensa pelo auxílio prestado contra os invasores mongóis, foi ocupada militarmente pelas tropas indianas em 1961, desistindo Portugal dos seus direitos sobre Diu em 1974.

**DOURADO, FERNÃO VAZ.** Cartógrafo português (c. 1520-c. 1580). Conservam-se vários atlas da sua autoria, contendo o de 1568 as mais antigas cartas especiais conhecidas do Ceilão e do Japão. Toda a sua vasta obra é notável pelo valor artístico dos desenhos e pela qualidade das iluminuras.

**DUARTE, DOM.** Rei de Portugal, cognominado *o Eloquente* (Viseu, 1391 — Tomar, 1438). Filho de D. João I, tomou parte activa na conquista de Ceuta e subiu ao trono em 1433. O desastre de Tânger e a subsequente prisão de D. Fernando como refém abalaram-no profundamente. Escreveu obras literárias de grande importância no seu tempo. Morreu prematuramente de peste.

## E

**EANES, GIL.** Navegador natural de Lagos. A sua passagem do cabo Bojador, em 1434, depois de 15 tentativas, marca o início dos descobrimentos portugueses ao longo da costa ocidental de África. Atingiu a Gâmbia em 1446.

**EANES, PÊRO.** Piloto-mor da Índia, compôs o *Regimento do Cruzeiro do Sul*. Esteve no combate naval de Chaul, onde, segundo parece, morreu.

**ENDE.** Ilha do arquipélago de Sunda, também conhecido por Flores. A ela aportaram os portugueses comandados por António de Abreu entre 1511-1515, ficando a ilha na posse dos Lusitanos.

**ERÉDIA, MANUEL GODINHO DE.** Cartógrafo português (1563-1623?). Natural de Malaca e filho de uma princesa malaia, viveu sempre no Oriente. O seu levantamento topográfico e hidrográfico de várias regiões asiáticas é de valor excepcional. Continuam discutíveis as descobertas que se lhe atribuem na Insulíndia e, concretamente, a da Austrália.

**ESCOBAR, PÊRO.** Navegador que participou na descoberta da Costa do Ouro (1471), da ilha do Príncipe (1472) e do Congo na expedição de Diogo Cão. Foi piloto da nau *Bérrio*, na expedição de Vasco da Gama, que em 1497 chegou à Índia, e acompanhou Álvares Cabral no descobrimento do Brasil (1500).

**ESCORBUTO.** Doença causada por privação alimentar de vitamina C (ácido escórbico). Caracterizam-na alterações da pele, hemorragias, depressão mental e anemia. Devido ao escorbuto por falta de alimentos frescos, Vasco da Gama perdeu 100 dos 180 homens da sua tripulação. A prevenção e cura desta doença descobriram-nas os portugueses de Quinhentos.

**ESPECIARIAS.** Condimentos vegetais, quase todos de origem oriental, utilizados para dar sabor e aroma a algumas iguarias. Tais são, p. ex., a canela, a noz-moscada, o gengibre, a pimenta, a mostarda, o açafrão, etc. Na Idade Média eram produtos muito apreciados tanto na culinária como na farmacopeia. Vindos do Oriente, os Turcos e Muçulmanos auferiam elevados proventos com o tráfico das especiarias. A isso pôs termo a descoberta do caminho marítimo para a Índia por Vasco da Gama, em 1498. Deste modo a partir do séc. XVI o eixo do comércio mundial passa do Mediterrâneo para o Atlântico.

**ESPÍRITO SANTO.** Estado da costa atlântica do Brasil. A capitania do mesmo nome foi instituída em 1534, tendo chegado os 1.ºs missionários jesuítas em 1551.

**ETIÓPIA. OU ABISSÍNIA.** Conhecida já dos Egípcios em 2500 a. C., uma lenda persiste em fazer descender de Salomão e da rainha de Sabá os negus ou reis da Etiópia. C. 320 o país converteu-se ao cristianismo e o seu rei — Preste João — terá resistido aos muçulmanos no reduto das montanhas. A Europa entrou em contacto com a Etiópia na primeira metade do séc. XV: D. João II de Portugal enviou à Etiópia Pêro da Covilhã em 1486. Em 1540, Portugal impediu que o rei fosse aniquilado pelos somalis muçulmanos.

**ÉVORA, PEDRO, OU PÊRO DE.** Marinheiro português que acompanhou Gonçalo Anes a Tombuctu.

## F

**FAGUNDES, JOÃO ÁLVARES.** Realizou viagens de exploração e descoberta no Atlântico Norte: Terra Nova, golfo de São Lourenço e ilhas afins. Um alvará de D. Manuel, de 1521, fez-lhe doação da capitania dessas terras.

**FAIAL.** Ilha do Grupo Central dos Açores. Descoberta por Diogo de Silves. Os primeiros colonos estabeleceram-se em Porto Pim, origem da cidade da Horta. Jos Van Huerter, natural de Braga, estabeleceu-se no Faial em 1466, e depois dele chegaram muitos flamengos, que exerceram grande influência; a ilha chegou a ser conhecida por Flamenga ou Flândrica.

**FALEIRO, FRANCISCO.** Cosmógrafo português. Em 1517, juntamente com o seu irmão Rui, também cosmógrafo, pôs-se ao serviço de Espanha, trabalhando os dois, em Sevilha, nos projectos da viagem de circum-navegação de Fernão de Magalhães. Famoso o seu *Tratado de la sphera y del arte de marear* (1535).

**FEITORIA.** Instalação em território estrangeiro de um entreposto comercial. Colocada em lugares estratégicos, a feitoria destinava-se a assegurar o comércio com áreas longínquas, sujeitas a dificuldades de comunicações. O sistema, já usado pelos Fenícios, veio a ser adoptado também pelos Portugueses nos séc. XV e XVI.

**FERNANDES, ÁLVARO.** Marinheiro do infante D. Henrique que atingiu em 1445, ao sul do cabo Verde, o cabo dos Mastros.

**FERNANDES, ANTÓNIO.** Explorador português ainda mal identificado, que passou à História como *Descobridor do Monomotapa*. Como degredado embarcou num das 1.ªs armadas que foram à Índia, sendo deixado em terra em qualquer porto da África Oriental. Em 1514 e 1515 encontrava-se em Sofala, e por duas vezes dali partiu para o interior em demanda da capital do então fabuloso Império do Monomotapa, cujos extensos domínios estão hoje integrados em Moçambique e no Zimbabwe.

**FERNANDES, DUARTE.** O primeiro português que chegou ao Sião. Chegou a Malaca em 1509, ficando lá cativo até à conquista de Malaca por Albuquerque, em 1511. Aprendeu a língua malaia. Foi enviado por Albuquerque em companhia de dois chins com uma carta para o rei de Sião, a quem Duarte Fernandes entregou a carta e contou a conquista de Malaca, notícia com que o rei, inimigo do de Malaca, muito folgou. Fez bom acolhimento ao mensageiro, e despachou-o com uma carta e presentes para D. Manuel.

**FERNANDES, JOÃO.** Explorador ao serviço do infante D. Henrique. Para obter informações sobre os temas interiores, viveu durante sete meses na região entre o Rio do Ouro e o cabo Branco, tendo sido ali deixado em 1444 e recolhido em 1445. Voltou ao Rio do Ouro em 1446 e a terras próximas em 1447.

**FERNÃO DO PÓ.** Ilha do golfo da Guiné descoberta em 1472 pelo português com o mesmo nome, e por ele chamada «Formosa». Foi cedida à Espanha.

**FEZ.** Cidade do interior marroquino. Nas

suas masmorras penaram muitos portugueses (séc. XV-XVIII) como o Infante Santo D. Fernando, que em Fez encontrou a morte.

**FORMOSA.** Nome dado pelos Portugueses à grande ilha de Taiwan, que a ela aportaram em 1582.

**FRANCISCO XAVIER, SÃO.** Jesuita, apóstolo do Oriente (1506-1552). Natural de Navarra (Espanha), chegou a Portugal em 1540, considerando-o desde então a sua 2.ª pátria. Fez parte do 1.º núcleo (1534) de que sairia a Companhia de Jesus. Abandonou o ensino universitário em Paris e, a pedido de D. João III de Portugal, foi mandado para o Oriente como legado do Papa. Desde que chegou a Goa (1542) e ao Japão (1549) até à sua morte às portas da China, entregou-se ardorosamente à propagação e defesa do Evangelho. Modelo de missionário católico, foi constituído protector de todas as missões.

## G

**GABÃO.** Território equatorial africano. Os Portugueses percorreram a costa do Gabão desde o séc. XV, tendo Diogo Cão atingido a foz do rio Gabão em 1484. Foi centro de tráfico de escravos.

**GALE.** Cid. marítima da costa da ilha de Ceilão, também chamada Ponta de Gale. Os Portugueses tiveram aqui uma feitoria, atacada pelos holandeses em 1641.

**GALVÃO, ANTÓNIO.** Governador das Molucas (Índia, ? -Lisboa, 1557). Ergueu igrejas à sua custa, merecendo por isso o epíteto de o *Apóstolo das Molucas*. Heróico guerreiro, cientista e literato, era dotado de admirável poder de observação, como o demonstra o seu *Tratado dos Descobrimentos* (1563).

**GAMA, D. CRISTÓVÃO DA.** Filho de Vasco da Gama (1516-1542). Partiu com seu irmão D. Estêvão para a Índia aos 16 anos. Em 1541, o então governador da Índia, seu irmão, mandou-o com 400 homens em socorro do imperador da Etiópia atacada pelos Somalis. Depois de ter alcançado retumbantes vitórias contra forças quatro vezes superiores, sucumbiu quando os Turcos vieram em auxílio dos Somalis. Mas a sua intervenção salvou então a Etiópia.

**GAMA, PAULO DA.** Irmão mais velho de Vasco da Gama (m. 1499). Apesar de doente, acompanhou seu irmão comandando a nau *S. Rafael*. De condição branda e fidelíssimo a seu irmão, contribuiu enormemente para o êxito da grande viagem de que foi o 2.º comandante. Morreu no regresso, na ilha Terceira.

**GAMA, VASCO DA.** Homem da confiança de D. João II (Sines, 1468?-Cochim, 1524). Foi nomeado por D. Manuel para capitanear a armada de descobrimento do caminho marítimo para a Índia, composta por três naus: partiu do Tejo a 8.7.1497 e a 17.4.1498 avistava Calecut, tendo regressado a Lisboa em fins de Agosto de 1499. Como almirante do mar da Índia voltou ao Oriente em 1502 e como vice-rei em 1524, morrendo pouco depois de lá chegar. Com Vasco da Gama abriu-se nova era para o Mundo, estando por isso o seu nome gravado na História Universal.

**GÂMBIA.** Rio da África Ocidental. Foi explorado desde o séc. XV pelos Portugueses e posteriormente pelos colonos ingleses à procura de ouro.

**GANA.** Estado da África Ocidental. O termo Gana — «chefe de guerra» — era um dos títulos régios do monarca de um império africano medieval, o mais antigo e poderoso estado negro, situado muito para O do actual Estado, que assumiu a mesma designação. A chegada dos Portugueses à Mina, em 1471, coincidiu com a vinda do N das principais tribos para o território do Gana. Esta área tinha interesse pelo ouro, marfim e escravos, ficando a ser conhecida na Europa pela Costa de Ouro.

**GEBA.** Rio da Guiné-Bissau e povoação das suas margens que foi dos mais importantes estabelecimentos portugueses da Guiné.

**GOA.** Cidade da costa ocidental do Indostão. Era um simples povoado numa ilha bem defensável, quando, em 3.3.1510, Albuquerque a ocupou, tendo em vista fazer dela a capital do Estado Português da Índia. Goa era para Albuquerque uma continuação da metrópole, e ali criou para tal instituições fundamentais e impulsionou uma política de casamentos entre portugueses e goesas. Goa foi um centro de expansão do catolicismo na Ásia, primeiro com os Dominicanos e outras Ordens, e a partir de 1542 com S. Francisco Xavier e os Jesuítas. A partir de 1572, os arcebispos de Goa passaram a ter o título de «primaz». É um dos mais vívidos marcos da presença portuguesa no Mundo.

**GOMES, DIOGO.** Navegador da Casa do Infante D. Henrique. Realizou, em 1456, uma viagem aos grandes rios da Guiné-Bissau, que descobriu. Participou com António de Noli no reconhecimento de ilhas cabo-verdianas ocidentais.

**GOMES, FERNÃO.** Mercador com quem a coroa contratou em 1469, por cinco anos, a exploração comercial da Guiné ao sul da Serra Leoa, com obrigação de continuar a exploração para sul; assim, em 1475 tinha já descoberto todo o golfo da Guiné até ao cabo de St.ª Catarina.

**GONÇALVES, ANTÃO.** Tendo efectuado, por encargo do infante D. Henrique, uma viagem ao Rio do Ouro em 1441, trouxe de lá gente cativa, pela primeira vez. Entre eles vinha um chefe local, que implorou ao Infante que o deixasse voltar à sua terra. Antão Gonçalves levou-o de regresso à sua terra na viagem seguinte.

**GONDAR.** Cidade que foi capital da Etiópia nos séc. XVII e XVII. Com a ajuda dos Jesuítas e dos Portugueses, dirigidos pelo Pe. Pêro Pais, Gondar foi dotada de palácios, igrejas e de um castelo que bem patenteiam, ainda hoje, a presença de Portugal naquelas remotas paragens.

**GUANABARA.** Baía do litoral brasileiro, uma das mais belas do Mundo. Ali se situa a cidade do Rio de Janeiro. Foi descoberta pelo navegador português André Gonçalves em 1504.

**GUÉ.** *Ver* Agadir.

**GUINÉ.** Era considerada Guiné, a princípio, toda a costa africana a partir do rio Gâmbia até praticamente ao Gabão. Toda esta costa foi descoberta por portugueses, e os primeiros contactos com os indígenas foram também de portugueses.

**GUINÉ-BISSAU.** Estado da África Ocidental, de língua oficial portuguesa. Foi descoberta pelos navegadores portugueses em 1446, bem recebidos pela população. Portugal defendeu este território da cobiça dos estrangeiros a partir do séc. XVI.

## H

**HENRIQUE, INFANTE D.** *O Navegador*, também denominado *Infante de Sagres* (Porto, 1394-Cabo de Sagres, 1460). Quinto filho de D. João I e de D. Filipa de Lencastre, coube-lhe a organização da frota do Norte para a conquista de Ceuta, onde viria a distinguir-se (1415). No regresso é-lhe entregue a direcção da Ordem de Cristo. Fixa a residência em Sagres, no Algarve, onde, com bases científicas, alicerçou e fomentou os descobrimentos portugueses. A empresa náutica não o impediu de fomentar a cultura (reorganizou os estudos da Universidade de Lisboa), a administração ultramarina e a assistência espiritual assegurada nas terras recém-descobertas através da Ordem de Cristo.

## I

**IELALA, INSCRIÇÕES DE.** Conjunto de inscrições gravadas em rochas existentes na margem do rio Zaire, a c. 160 km da sua foz. Adornadas com a cruz e o escudo nacional português, mencionam a chegada da frota de Diogo Cão àquele ponto, e foram escritas nessa ocasião.

**ÍNDIA.** Subcontinente asiático, que inclui como parte principal a península do Indostão. Esta região estava isolada da Europa até à chegada dos Portugueses, em 1498. À acção missionária de Portugal se deve a introdução do catolicismo na Índia, sendo Goa, diocese desde 1534, mãe de inúmeras Igrejas de todo o Oriente.

## J

**JAFANAPATÃO.** Nome de uma cidade do Norte do Ceilão (actualmente chamada Jafna). Nesta cidade encontram-se numerosos vestígios e ruínas de construções do tempo da dominação portuguesa. Foi visitada em 1507 por D. Lourenço de Almeida e conquistada pelos Portugueses em 1561. S. Francisco Xavier esteve instalado perto daqui.

**JAPÃO.** Estado insular da Ásia Oriental. Os navegadores portugueses a partir de 1543 estabeleceram contactos permanentes com o Japão, que S. Francisco Xavier com outros missionários jesuítas começaria a evangelizar em 1549: os Portugueses, que introduziram no país a pólvora e as armas de fogo a par da tipografia e outros elementos culturais, mantiveram contactos com o Japão durante um século, mas a partir de então o Japão fechou-se durante séculos quer ao cristianismo quer aos contactos com os ocidentais.

**JESUÍTAS.** Membros da Companhia de Jesus — ordem religiosa fundada por Santo Inácio de Loyola e aprovada pela Santa Sé em 1540: entre os membros fundadores, estudantes da Universidade de Paris, contava-se o português Simão Rodrigues. A acção dos Jesuítas foi notável no campo da expansão missionária, iniciada com S. Francisco Xavier. Os Jesuítas entraram em Portugal, a pedido de D. João III, em 1540: desde Portugal irradiaram para a Índia (1542), África (1547), Japão (1549), Brasil (1549) e China (1583). Em Portugal os Jesuítas chegaram a ter em suas mãos quase todo o ensino secundário; durante séculos tiveram renome europeu o seu Colégio das Artes (Coimbra) e a Universidade de Évora.

**JOÃO II, DOM.** O *Príncipe Perfeito* (Lisboa, 1455-Alvor, Algarve, 1495). Filho de D. Afonso V, aos 16 anos cobre-se de glória na conquista de Arzila e na Batalha de Toro (1476). Rei desde 1477, começou por dinamizar as explorações atlânticas, deixando aberto o caminho para a Índia ao ser ultrapassado o cabo por ele denominado da «Boa Esperança», escudadas em instrumentos jurídicos que levaram à celebração do Tratado de Tordesilhas (1494). Pôs termo à prepotência da nobreza, saneou a economia e a política social, promoveu as letras, as artes e a ciência (sobretudo os estudos náuticos), reorganizou o exército e a marinha, abrindo para Portugal o período de ouro da sua história em que teve repercussão universal.

**JOÃO III, DOM.** *O Piedoso* (Lisboa, 1502-*ibid.*, 1557). Filho de D. Manuel e de sua 1.ª esposa, subiu ao trono em 1521 e casou com D. Catarina em 1525. Portugal encontrava-se então no apogeu da sua expansão geográfica ultramarina: a extensão dos seus domínios pelas cinco partes do Mundo, com inimigos e poderosos competidores a barrar-lhe o caminho, exigia uma sábia administração dos recursos humanos e materiais. Por isso abandonou algumas bases no N de África, incentivou a colonização do Brasil, assegurou a paz com Espanha graças sobretudo a alianças matrimoniais, instituiu a Inquisição em ordem a preservar a unidade da fé católica, trouxe para o País os Jesuítas, através dos quais (S. Francisco Xavier, Nóbrega e outros) se deu um impulso decisivo para a evangelização do Oriente e do Brasil e para a difusão do ensino na metrópole, e fundou centros de estudos superiores.

## K

**KAGOSHIMA.** Cidade e porto do Japão, na ilha de Kiu-Xu. S. Francisco Xavier desembarcou aqui em 1549.

**KOZHICODE.** *Ver* Calecut.

**KUMAMOTO.** Cidade japonesa na ilha de Kiu-Xu, a E de Nagasáqui. Encontra-se em ruínas o seu castelo do tempo da chegada ao Japão dos Portugueses (séc. XVI).

## L

**LAGOS.** Cidade do Algarve. A partir do séc. XV adquiriu grande importância. Da baía de Lagos saiu a esquadra que conquistou Ceuta e nela deu o infante D. Henrique início aos Descobrimentos.

**LARANTUCA.** Cidade da ilha das Flores, no arquipélago de Sonda. Os Portugueses chegaram aqui cerca de 1511. Larantuca tomou o papel de Malaca quando esta se perdeu.

**LAVRADOR, JOÃO FERNANDES.** Natural dos Açores, com o seu conterrâneo Pedro de Barcelos percorreu o Altântico Norte (1495--1497?), redescobrindo a Gronelândia, em alguns mapas do séc. XVI designada por «Lavrador».

**LIBÉRIA.** Em meados do séc. XV o português Pedro de Sintra atingiu o Norte da actual Libéria, ficando a área conhecida por Costa da Malagueta.

**LIMA, D. RODRIGO DE.** Embaixador na Etiópia de 1520 a 1526, tendo escrito uma *Descrição sobre o Reino da Etiópia ou Prestes João*. Foi acompanhado pelo padre Francisco Álvares, que se notabilizou por tornar a Etiópia muito conhecida.

**LISBOA, JOÃO DE.** Piloto das armadas da Índia de 1506 e 1568 e talvez das de 1521, 1523 e 1525. Em 1513 pilotou a armada da expedição a Azamor; em 1514 esteve na viagem de descoberta da costa sul do Brasil. Redigiu um importante compêndio de regras náuticas e compôs um atlas.

**LUANDA.** Cidade capital de Angola. Os Portugueses chegaram a esta região em 1482 (Diogo Cão). Duarte Pacheco Pereira reconheceu a costa, dez anos depois, por ordem de D. João II. Em 1575 Paulo Dias de Novais chega à ilha de Luanda, e começa a erguer a fortaleza em torno da qual nasce a cidade.

## M

**MACÁÇAR.** Cidade portuária e estreito da ilha Celebes. O porto é conhecido dos Portugueses desde 1525. Em 1544 Afonso de Paiva baptizou um rei local. Em 1545 começou a evangelização. O casamento de D. João de Herédia com uma princesa bugi fez estreitar as relações entre os Portugueses e os Bugis.

**MACAU.** Cidade e território na costa S da China sob a administração portuguesa. Pequena aldeia de pescadores, de acordo com a autoridade provincial de Cantão, nela estabeleceu uma feitoria o capitão Leonel de Sousa. Em recompensa do auxílio prestado por c. 500 portugueses numa batalha contra os piratas, os Chineses em 1557 cederam Macau a Portugal, sendo a província elevada a cidade em 1586 — desde 1576 era já sede de diocese com jurisdição sobre toda a China, Japão e Coreia.

**MADAGÁSCAR.** Ilha do canal de Moçambique (que corresponde à República Malgaxe). Povoada por indonésios e africanos, e frequentada por árabes, Madagáscar só foi conhecida na Europa após a sua descoberta pelo português Diogo Dias, em 1500. Mas a feitoria portuguesa ali instalada em 1515 não logrou vingar.

**MADEIRA.** Arquipélago português constituído pela ilha do mesmo nome, pela de Porto Santo e pelos ilhéus das Desertas e Selvagens. Era já conhecido no séc. XIV, mas a ocupação portuguesa só se deu após as viagens de João Gonçalves Zarco e Tristão Vaz Teixeira, entre 1418 e 1420, que deram à ilha o nome de Madeira em virtude da floresta densa impenetrável a que tiveram de deitar fogo que perdurou sete anos. O arquipélago estava deserto, efectuando-se o povoamento a partir de 1425. Em 1508 o Funchal foi elevado a cidade e, em 1514, a sede de diocese. O infante D. Henrique introduziu a cana-de--açúcar, que seria a sua 1.ª grande fonte de riqueza até meados do séc. XVI, e a que se seguiria a produção de vinho. A ilha da Madeira conserva um valioso património artístico na pintura, escultura, ourivesaria, mobiliário e cerâmica.

**MAGALHÃES, FERNÃO DE.** Navegador português (Porto?, c. 1480-Cebu, Filipinas, 1521). Membro da Casa Real, embarcou para o Oriente em 1505: participou na conquista de Malaca (1511) e de Azamor (1513). Ao serviço de Carlos V, desde 1518, propôs-se alcançar as Molucas por via ocidental. Iniciou a viagem em 1519, e em 1520 atravessou o estreito (que perpetua o seu nome) que liga o Atlântico ao Pacífico, atingindo as Filipinas, onde morreu em luta com os indígenas. Realizou a 1.ª viagem de circum-navegação do

Globo que seria completada (rota já conhecida dos navegadores portugueses) pelo seu adjunto Elcano.

**MAIORCA, JÁCOME ou JAIME.** Este maiorquino veio para Portugal, c. 1420, por insistência do infante D. Henrique, para ensinar cartografia aos Portugueses.

**MALABAR.** Parte da costa SO do Decão, na Índia, entre Goa e o cabo Comorim. Vasco da Gama foi o 1.º europeu a atingi-lo por mar, tendo ali os Portugueses erguido as 1.ᵃˢ feitorias. Desempenhou um papel de relevo no comércio do oceano Índico. Até meados do séc. XX, Portugal teve responsabilidades nas cristandades do Malabar.

**MALACA.** Cidade e porto da Malásia, que dá o nome à península, estado e estreito em que se situa. A cidade de Malaca foi outrora importante encruzilhada no comércio entre a China, o Japão, a Índia e o Ocidente: conquistada por Afonso de Albuquerque em 1511, esteve sob o domínio de Portugal até 1641.

**MALAWI.** Estado da África Oriental. O termo deriva do de um império com esse nome, progressivo nos séc. XVI e XVII, e localizado entre o lago Niassa e Tete. Todos esses territórios pertenciam a chefes vassalos de Portugal.

**MALDIVAS.** Arquipélago de mais de 2000 ilhas a sudoeste do Decão. Os Portugueses chegaram às Maldivas em 1518 e delas extraíram cordame para os navios.

**MALI.** Estado da África Ocidental, a ocidente do Sara. O antigo Mali constituiu um império mandinga (séc. XI-XVII) que atingia o Atlântico. Os Portugueses cedo tomaram contacto com ele, sobretudo com Tombuctu, uma das suas maiores cidades.

**MANGALORE.** Cidade e porto do Malabar. Os Portugueses instalaram aqui uma feitoria, em 1554, destruída em 1596, sem, no entanto, desaparecerem os núcleos cristãos.

**MANUEL I, DOM.** Rei de Portugal, *o Venturoso* (Alcochete, 1469-Lisboa, 1521). Sucedeu ao seu cunhado e primo D. João II em 1495. No seu reinado os Portugueses chegaram à Índia, ao Brasil, à Indonésia e à Terra Nova. Bom administrador, lançou as bases do Império Português do Oriente. Protege as artes, as ciências e as letras. No seu tempo Lisboa tornou-se a cidade mais opulenta e movimentada do continente europeu, enchendo-se de edifícios sumptuosos de que são expoente o Mosteiro dos Jerónimos e a Torre de Belém.

**MAPUTO.** Cidade de Moçambique situada numa baía visitada pelos Portugueses logo no início das suas viagens na costa oriental africana. Mas só em 1544 essa baía foi reconhecida pelo piloto Lourenço Marques (nome atribuído à cidade durante muitos anos).

**MARIANAS.** Arquipélago da Micronésia, descoberto em 1521 por Fernão de Magalhães, que lhes chamou «ilhas dos Ladrões». Mudou de nome em honra da esposa de Filipe III de Portugal.

**MARRÁQUEXE.** Importante cidade de Marrocos, rica em vestígios do passado.

**MARROCOS.** Estado do extremo NO da África do Norte. Islamizado no começo do séc. VIII, algumas das tribos marroquinas participaram no ataque a Espanha (711). No séc. VIII Marrocos ficou sob domínio dos Idríssidas, a que se seguiram os Fatimidas, os Omíadas, Almorávidas, Almóadas, Merínidas e Vatácidas. Em 1415 Portugal conquistou Ceuta e posteriormente outras praças, mas sofreu o desastre de Alcácer Quibir, em 1578; porém a praça de Mazagão só foi abandonada em 1769.

**MASCATE.** Cidade e porto na parte oriental da Península Arábica, junto ao golfo e ao mar de Omã. Foi conquistada, em 1508, por Afonso de Albuquerque, e portuguesa permaneceu até 1649.

**MAURÍCIA.** Ilha do Índico, a leste de Madagáscar. Foi descoberta, em 1513, pelos Portugueses, que, porém, não a ocuparam.

**MAZAGÃO.** Cidade e porto de Marrocos *(El-Jadida)*. Ocupada pelos Portugueses, que lhe construíram importantes muralhas e lhe traçaram um plano (1542); apesar das alterações introduzidas após a retirada da população portuguesa (1769), são bem nítidas ainda características da cidade seiscentista.

**MELIAPOR.** Subúrbio (Milapor) de Madrasta, que foi fortaleza e porto comercial português. É bispado dependente do clero português.

**MELINDE.** Porto próximo de Zanzibar, cujo sultão recebeu muito bem Vasco da Gama em 1498, oferecendo-lhe os serviços do grande piloto Ibsse Madjid.

**MENADO.** Cidade da ilha Celebes, onde, desde 1563, exerceram apostolado vários jesuítas portugueses.

**MINA, COSTA DA.** Região onde chegaram em 1471 João de Santarém e Pêro Escobar, que aí iniciaram um comércio de ouro. Para sua defesa, foram criados três fortes-feitorias: São Jorge da Mina, Shamá e Axém. Em 1595 perdem todas elas.

**MINA, SÃO JORGE DA.** Fortaleza construída em 1482 com autorização do potentado local, para defesa do tráfico da Costa da Mina. Faz hoje parte do Gana.

**MOÇAMBIQUE.** Estado da África Oriental que foi português durante quase cinco séculos. Vasco da Gama chegou a Inhambane em 1498, fundando uma feitoria em 1502 aquando da sua 2.ª viagem: três anos depois já Pêro de Anaia fora nomeado capitão de Sofala. A fixação em Moçambique foi lenta e acompanhada da evangelização missionária.

**MOÇÂMEDES.** Cidade do Sul de Angola; foi Diogo Cão que primeiro contactou com esta região, tendo erigido um padrão no cabo Negro.

**MOLUCAS.** Ilhas situadas entre as Celebes e Timor. Foram descobertas em 1511 por António de Abreu e Francisco de Sousa, ficando conhecidas por «Ilhas das Especiarias». Nelas se fixaram os Portugueses, que promoveram a sua evangelização em que colaborou S. Francisco Xavier (1546). Conservam-se vestígios da presença portuguesa.

**MOMBAÇA.** Porto do Quénia. Os Portugueses estabeleceram-se aqui a partir de 1497.

**MONOMOTAPA.** Antigo reino negro de uma zona hoje partilhada por Moçambique e pelo Zimbabwe. Célebre pelas minas de ouro que se dizia possuir, com ele tomou contacto o português A. Fernandes em 1514. O jesuíta D. Gonçalo da Silveira converte (1561) o respectivo régulo, «imperador» Ngomo, que toma o nome de D. Sebastião mas, meses depois, é martirizado por ordem do monarca.

## N

**NAGASÁQUI.** Cidade do Japão, fundada pelos missionários jesuítas portugueses na 2.ª metade do séc. XVI, tendo sido doada à Companhia de Jesus em 1580. Construída à portuguesa, foi incorporada no Japão em 1587. Sobre ela foi lançada a 2.ª bomba atómica, a 9.8.1945.

**NEGAPATÃO.** Cidade da costa do Coromandel, em que foi estabelecida uma das primeiras feitorias portuguesas do Oriente.

**NICOBAR, ILHAS.** Arquipélago do Norte do Índico; em algumas ilhas há vestígios de presença portuguesa.

**NIGÉRIA.** Estado do golfo da Guiné. O estabelecimento da Mina foi importante para a abertura desta região à civilização ocidental.

**NÓBREGA, MANUEL DA.** Chefiou a 1.ª expedição de jesuítas no Brasil (1549). Fundou Piratininga, futura São Paulo, e ajudou a fundar o Rio de Janeiro. São dele as primeiras escolas do ensino primário e secundário (e em preparação o ensino superior), promoveu o artesanato, a agricultura, a pecuária e o ensino da música, criou aldeamentos para os Índios e cooperou na unificação política do país.

**NOVA, JOÃO DA.** Navegador galego ao serviço de Portugal (m. Cochim, 1509). Foi capitão-mor da 3.ª armada da Índia (1501-1502). Na torna-viagem de 1502 descobriu as ilhas atlânticas de Ascensão e Santa Helena, e na de 1506 a do canal de Moçambique, que veio a ter o seu nome.

**NOVA GUINÉ.** Uma das maiores ilhas do Mundo, a norte da Austrália. Foi descoberta em 1511 pelo navegador português António de Abreu na mesma viagem em que descobriu as Molucas. A designação de «Nova Guiné» provém da parecença que os seus descobridores acharam com os habitantes da costa africana da Guiné.

**NOVAIS, PAULO DIAS DE.** Donatário e 1.º governador de Angola (m. Massangano, 1589). Neto de Bartolomeu Dias, partiu para Angola em 1559 com os 1.ᵒˢ jesuítas, morrendo todos os portugueses pouco depois de chegarem, à excepção de Paulo Dias de Novais. Nomeado governador do reino de Angola em 1579, fundou a cidade de Luanda em 1576.

**NUNES, PEDRO.** Matemático (1502-1578). Foi nomeado cosmógrafo do reino em 1529. No livro *De Crepusculis* (1542) descreve a sua invenção perpetuada com o nome de nónio. Inventou as loxodromias. Foi um dos maiores matemáticos do seu século.

## O

**OLINDA.** Cidade de Pernambuco, à margem do Iguassu. Foi fundada antes da chegada do 1.º donatário por Cristóvão Jacques em 1535.

**OMÃ.** Estado da península da Arábia. Conquistada Mascate por Afonso de Albuquerque em 1508, Omã esteve na posse de Portugal até 1649 (ainda se conservam edifícios da ocupação portuguesa).

**ORMUZ.** Ilha iraniana do golfo Pérsico. Vital na rota da Índia e rico empório comercial da Ásia, foi conquistada, em 1507, por Afonso de Albuquerque, que nela instalou uma fortaleza.

**OURO, RIO DO.** Golfo estreito e extenso entre o cabo Bojador e o cabo Branco, descoberto em 1436 pelo navegador Afonso Gonçalves Baldaia. Antão Gonçalves (1442) trouxe de lá o primeiro ouro oferecido por indígenas africanos.

## P

**PEGU.** Antigo reino da Birmânia, que foi muito influenciado pelos Portugueses no século XVI. Muitas naus portuguesas ali aportaram e os soldados estiveram envolvidos em numerosas lutas entre potentados locais.

**PEQUIM.** Capital da China. Foi aqui estabelecida a primera missão católica na China, depois da fundação de Macau.

**PEREIRA, DUARTE PACHECO.** Cosmógrafo (1460-1533). Foi um dos delegados à elaboração do Tratado de Tordesilhas. A sua defesa de Cochim (1504) é lendária. Escreveu o *Esmeraldo de situ orbis.*

**PERESTRELO, BARTOLOMEU.** Tomou parte, em 1419, na 2.ª das duas viagens de redescobrimento da ilha de Porto Santo, onde veio a estabelecer-se c. 1428. Em 1446 o infante D. Henrique fê-lo capitão-mor donatário da mesma ilha. Sua filha Filipa veio a casar com Cristóvão Colombo.

**PÉRSIA.** O actual Irão, país do Norte do Índico, no golfo Pérsico. Com a tomada de Ormuz por Albuquerque, a Pérsia esteve em contacto com os Portugueses.

**PINA, RUI DE.** Cronista (1440-1525) dos reinados de D. João II, D. Manuel e D. João III.

**PINTO, FERNÃO MENDES.** Comerciante (1510?-1583). Embarcou para a Índia em 1537, de onde regressou em 1557. Vagabundeou por todo o Oriente, tendo sido escravo, comerciante, soldado, feitor, jesuíta e diplomata. No seu livro *Peregrinação* captou o intenso e exótico mundo do Oriente.

**PIRATININGA.** Antiga designação da actual cidade de São Paulo.

**PIRES, TOMÉ.** Boticário (1468?-Pequim?). Em 1516 foi nomeado embaixador na China.

**PÓ, FERNÃO (ou FERNANDO) DO.** *Ver* Fernão do Pó.

**PORTO SANTO.** Ilha do arquipélago da Madeira, descoberta entre 1418 e 1420. Seu primeiro donatário foi Bartolomeu Perestrelo.

**PORTO SEGURO.** Enseada brasileira (actualmente, da Coroa Vermelha) a que Álvares Cabral aportou em 1500.

**PRESTE JOÃO.** Figura mítica de rei cristão, sacerdote (preste), senhor de opulento império oriental. A 1.ª referência ao Preste João surge em documento de 1145. Procurado na Ásia e depois na África, a terra do Preste João acabou, no séc. XIV, por ser identificada com a Abissínia — hipótese imposta definitivamente com os contactos de Portugal com a Etiópia no séc. XVI.

## Q

**QUÉNIA.** Estado da África Oriental, a que pertence a cidade de Mombaça. Vasco da Gama aportou aqui em 1498. A cidade esteve sob domínio português durante quase dois séculos.

**QUÍLOA.** Porto da Tanzânia. Visitado por P. Álvares Cabral, em 1500, e por Vasco da Gama, em 1502, que a fez tributária de Portugal. Com o 1.º ouro vindo de Quíloa é que foi feita, em 1505, a célebre Custódia de Belém.

## R

**RAMALHO, JOÃO.** Foi um dos primeiros colonizadores do Brasil (1493-1580). Teve grande influência no descobrimento de Piratininga.

**RECIFE.** Capital de Pernambuco, Brasil.

**REINEL, PEDRO E JORGE.** Cartógrafos, pai e filho. Pedro fez cartas de marear pelo menos entre 1485 e 1535, e Jorge ainda em 1564 trabalhava. Deve-se-lhes o célebre planisfério que serviu a Fernão de Magalhães para a sua viagem de circum-navegação.

**RIO DE JANEIRO.** Cidade do estado do mesmo nome, Brasil. Foi fundada por Estácio de Sá em 1565.

**RIO DA PRATA.** Braço de mar (que dá o nome à Argentina) descoberto em 1516 por João Dias de Solis.

## S

**SÁ, ESTÁCIO DE.** Fundador do Rio de Janeiro (1520-1567). Veio para o Brasil a pedido de seu tio Mem de Sá, 3.º governador-geral. Chegou à Baía em 1564 e logo recebeu ordens de ir expulsar os Franceses da baía agora designada de Guanabara. A 1.3.1565 lançou os fundamentos da cidade de São Sebastião do Rio de Janeiro. Em Janeiro de 1567 travou a batalha decisiva para a derrota dos Franceses; ferido por uma seta envenenada, veio a falecer um mês depois.

**SÁ, MEM DE.** 3.º governador-geral do Brasil (c. 1500-1572), chegou ao Brasil em 1557. Apoiou os Jesuítas, que lhe deram valiosa colaboração. Conseguiu a expulsão dos Franceses da baía da Guanabara e fez governador do Rio de Janeiro seu sobrinho Salvador Correia de Sá.

**SAFI.** Porto de Marrocos. Na posse de Portugal de 1508 a 1542, e conhecida então pelo nome de Safim, conserva ainda ruínas da ocupação portuguesa.

**SAGRES.** Promontório do Algarve. Na sua proximidade, o infante D. Henrique fez construir, a partir de 1443, uma vila, por isso designada a Vila do Infante.

**SALCETE.** Ilha do Índico (arquipélago de Baçaim). Foi cedida aos Portugueses em 1435 e manteve-se na sua posse por 200 anos.

**SALVADOR.** Cidade do estado da Baía, Brasil. Foi fundada em 1549 por Tomé de Sousa.

**SAMATRA.** Grande ilha da Insulíndia. Depois da tomada de Malaca (1511) por Afonso de Albuquerque, os Portugueses iniciaram relações comerciais com Samatra, estabelecendo para isso uma fortaleza em Pacém.

**SANTA CATARINA. 1.** Cabo do Noroeste da África, descoberto em 1464 por João de Sequeira. **2.** Estado do Sul do Brasil.

**SANTA HELENA.** Ilha do Atlântico Sul, descoberta por João da Nova em 1502.

**SANTARÉM, JOÃO DE.** Com Pêro Escobar, descobriu a costa setentrional do golfo da Guiné, desde pouco além da Serra Leoa até ao troço ocidental da actual Nigéria *(Rio* *do Lago)*; foi assim descobridor da região da Mina (Janeiro, 1471).

**SANTIAGO.** Ilha de Cabo Verde, descoberta em 1460 por Diogo Gomes e António de Noli.

**SÃO PAULO.** Cidade do estado de São Paulo, Brasil. Nasceu ao redor do colégio fundado pelo provincial dos Jesuítas P.e Manuel da Nóbrega em 1553.

**SÃO TOMÉ E PRÍNCIPE.** Ilhas do golfo da Guiné. Descobertas pelos Portugueses entre 1471 e 1472, encontravam-se inabitadas. O seu povoamento oficial teve início em 1485. A colonização começou com a cultura da cana-de-açúcar, seguida da produção de géneros para abastecer as frotas portuguesas e estrangeiras da rota da Índia e do Brasil.

**SARGAÇOS, MAR DOS.** Vasta região do Atlântico que representa o centro do braço da corrente do Golfo que, dando a volta pelo norte e pela costa portuguesa, inflecte para oriente até se juntar de novo à mesma corrente.

**SELVAGENS, ILHAS.** Pequeno grupo de ilhas pertencente ao arquipélago da Madeira. Foi propriedade particular desde o séc. XVI. Em 1971, foi adquirido pelo Est. português.

**SENEGAL.** Estado da África Ocidental. O rio que lhe dá o nome foi descoberto por Nuno Tristão em 1444, estabelecendo pouco depois relações comerciais com os autóctones.

**SEQUEIRA, DIOGO LOPES DE.** 4.º governador da Índia (Alandroal, 1466-*ibid.*, 14.10.1530). Reconheceu as costas de Madagáscar e visitou Samatra. No regresso ao Reino, socorreu Arzila e entrou noutras expedições. Em 1518 foi nomeado governador da Índia. Organizou uma embaixada para o imperador da Etiópia e na Índia fundou a fortaleza de Chaul.

**SERRA LEOA.** Estado da África Ocidental, entre a Guiné-Conacri e a Libéria. O navegador português Pedro de Sintra atingiu a Serra Leoa c. 1460 e deu-lhe esse nome «por ser tão áspera e brava». A meados do séc. XVI nela se instalou o célebre negreiro inglês J. Hawkins.

**SEYCHELLES.** Ilhas do Índico, a nordeste de Madagáscar, descobertas pelos Portugueses no século XVI.

**SIÃO.** Ver Tailândia.

**SILVEIRA, GONÇALO DA.** Mártir jesuíta português. Em 1560 deu início à evangelização do Monomotapa, na África Oriental. Foi mandado matar pelo imperador, que pouco antes baptizara.

**SINTRA, PEDRO DE.** Descobriu entre c. 1460 e 1469 a costa africana desde a foz do Geba até à actual Libéria. Deu um contributo muito valioso para o progresso da cartografia da época.

**SOAR.** Lugar de pescadores do golfo de Omã, em que os Portugueses construíram uma fortaleza e uma feitoria.

**SOCOTORÁ.** Ilha do Índico, perto do cabo Guardafui. Portugal ocupou-a em 1506 e abandonou-a em 1511, por não lhe atribuir valor estratégico.

**SOUSA, GABRIEL DE.** Explorador (1540--1592) do Brasil e pesquisador de ouro e pedras preciosas.

**SOUSA, MARTIM AFONSO DE.** Militar (1500-1564) e chefe da expedição contra os Franceses que se encontravam no Brasil. Fundou São Vicente e Piratininga. Na Índia distinguiu-se na guerra de Cambaia e como governador (1542-1545).

**SOUSA, RUI DE.** Militar. Em 1490 seguiu na armada, mandada ao Congo, cujo comando assumiu, erigindo a Catedral de Sta. Cruz de Abasso (São Salvador do Congo). Em 1493 assinou, em Espanha, as capitulações do Tratado de Tordesilhas.

**SOUSA, TOMÉ.** Militar (1502-1579). Fronteiro em Arzila (1532) e combatente na Índia (1535), foi o 1.º governador do Brasil (1549--1553). Levou consigo os seis 1.os jesuítas destinados à Terra de Vera Cruz, de que era superior o P.e Manuel da Nóbrega. Fundou, em 1549, a cidade de Salvador.

**SRI LANKA.** Ver Ceilão.

## T

**TAILÂNDIA.** Estado da Indochina. É o antigo Sião. A conquista de Malaca, em 1511, por Afonso de Albuquerque foi um alívio para o Sião, que nesse mesmo ano permitiu a Duarte Fernandes o estabelecimento de uma feitoria que se manteve até 1612.

**TANEGASHIMA.** Ilha próxima de Kiu-Xu, onde foi erguido um monumento relativo à chegada dos primeiros portugueses.

**TÂNGER.** Porto marroquino do estreito de Gibraltar. Após uma tentativa falhada, em 1437, de que resultou a prisão e morte do infante D. Fernando, Portugal conquistou Tânger em 1471, tendo sido cedida a Inglaterra como dote do casamento da infanta D. Catarina.

**TANZÂNIA.** Estado do Leste Africano, ao norte de Moçambique. Fica aqui Quíloa, que Álvares Cabral visitou em 1500, e Vasco da Gama em 1502 fê-la pagar tributo (a 1.ª do Oriente) a D. Manuel, tendo servido o 1.º ouro de Quíloa para confeccionar a célebre Custódia de Belém; Portugal abandonou-a aos Árabes em 1512.

**TÇUZZU.** Em japonês, «intérprete». Nome por que ficou conhecido o jesuíta João Rodrigues (1561-1634), que teve importante papel na evangelização do Japão. Autor da primeira gramática japonesa.

**TEIVE, DIOGO DE.** Madeirense que realizou pelo menos duas viagens até cerca da Terra Nova. No decorrer de uma delas (1452) descobriu as ilhas das Flores e do Corvo.

**TEIXEIRA, TRISTÃO VAZ.** É considerado o descobridor da ilha de Porto Santo — o facto terá ocorrido provavelmente em 1419, na companhia de João Gonçalves Zarco. Os dois, com Bartolomeu Perestrelo, terão descoberto a Madeira talvez em 1420. Foi-lhe doada a capitania de Machico.

**TELES, FERNÃO.** Militar (1432-1477). Foi donatário das ilhas do Corvo e das Flores. Sustentou o projecto de descobrir as ilhas do Ocidente (Antília), mas não o concretizou.

**TERCEIRA, ILHA.** Pertence ao grupo central dos Açores. A sua capital é Angra do Heroísmo, a mais antiga (1534) cidade açoriana, e sede de diocese. Esta ilha foi a 3.ª na ordem do descobrimento no 2.º quartel do séc. XV — daí a denominação. O seu povoamento verificou-se a meados do mesmo século.

**TERRA DO FOGO.** Arquipélago na extremidade meridional da América do Sul, separado do continente pelo estreito de Magalhães. As ilhas foram descobertas por Fernão de Magalhães em 1520.

**TERRA NOVA.** Ilha do Canadá. Foi descoberta pelos navegadores portugueses Gaspar e Miguel Corte-Real em 1500. Britânica em 1713, recebeu o estatuto de domínio em 1855 e de província canadiana em 1949.

**TETE.** Cidade de Moçambique. O distrito do mesmo nome fica na raia, como uma península, limitada pela Zâmbia, o Malawi e o Zimbabwe. Situavam-se aqui os territórios de Monomotapa.

**TETUÃO.** Cidade interior de Marrocos. Fértil região agrícola, foi conquistada pelos Portugueses após a conquista de Ceuta.

**TIMOR.** Ilha do arquipélago de Sonda, de que parte é oficialmente administrada por Portugal. Os Portugueses chegaram a Timor entre 1512 e 1516, tendo-se dado início à evangelização da ilha em 1562.

**TOMBUCTU.** Cidade da República do Mali, que foi na Idade Média um importante centro de comércio. Por aqui passavam todas as caravanas do Sara, e esteve portanto em contacto com os Portugueses, quer os estabelecidos na Guiné quer os de Marrocos.

**TORDESILHAS.** Povoação espanhola, onde foi assinado, em 1494, um célebre tratado entre a Espanha e Portugal, que punha termo aos conflitos surgidos com os Descobrimentos. Nele se considerava a Terra dividida em duas zonas de influência: uma atribuída a Portugal e outra à Espanha. O empenhamento de D. João II, em que a linha divisória passasse a 370 léguas a O das ilhas de Cabo Verde e não apenas a 100 léguas como queriam os reis espanhóis, parece indicar que Portugal já tinha notícias da posição geográfica do Brasil. A pedido de D. Manuel, Júlio II sancionou este tratado em 1506.

**TORO.** Localidade espanhola onde, em 1476, se travou uma batalha entre D. Afonso V, pretendente ao trono espanhol, e cuja decisão não foi favorável ao rei português.

**TOSCANELLI, PAULO DI POZO.** Cientista italiano (1397-1482) que aconselhou (em carta) ao cónego Fernando Martins) o rei português a tentar alcançar a Índia navegando para oriente.

**TRAVANCORE.** Antigo estado do Sul da Índia. Era conhecido dos antigos navegadores e comerciantes portugueses como «o reino da pimenta».

**TRISTÃO, NUNO.** Foi-lhe confiada, em 1441, a exploração da costa africana, descobrindo então o cabo Branco. Realizou mais duas expedições em 1443 e 1444, tendo atingido a costa senegalesa. Voltou a partir em 1446, mas foi morto pelos indígenas na foz do Salum, a norte do rio Gâmbia.

**TRISTÃO DA CUNHA.** Arquipélago do Atlântico Sul, a oeste do cabo da Boa Esperança. Descoberto, em 1506, pelo português Tristão da Cunha, passou a pertencer aos Ingleses em 1816.

## U

**ULMO, FERNÃO DE.** Marinheiro a quem D. João II fez doação das terras que descobrisse a ocidente dos Açores, «ilhas e terra firme».

**URUGUAI.** Estado situado a sul do Brasil, no qual os Portugueses vieram a fundar a cidade de Sacramento.

## V

**VELHO, GONÇALO.** Povoador dos Açores (séc. XV). Dizia-se ter sido o descobridor dos Açores, mas essa versão não se confirma.

**VERA CRUZ, TERRA DE.** Foi a designação dada, em 1500, por Pedro Álvares Cabral ao Brasil no acto do seu descobrimento.

**VERDE, CABO.** Cabo da costa ocidental de África, em frente do arquipélago do mesmo nome.

**VESPÚCIO, AMÉRICO.** Navegador italiano (1454-1512). Florentino e chefe da agência bancária dos Médicis em Sevilha (1495), fez viagens ao Novo Mundo, ao serviço ora de Espanha ora de Portugal (1501-1504). O êxito dos escritos que correram com o seu nome relatando as viagens fez com que o geógrafo alemão M. Waldseemüller, em 1507, chamasse ao Novo Mundo «Terra de Américo» ou América.

## W

**WELSER.** Família de banqueiros que trocaram o apoio ao comércio das especiarias de Veneza pelo mesmo comércio de Lisboa.

## Z

**ZACUTO, ABRAÃO.** Sábio judeu peninsular (1452-c. 1522). Expulsos os judeus de Espanha em 1492, estabeleceu-se em Lisboa. Nova expulsão em 1496 levou-o por fim ao Próximo Oriente. O seu *Almanach Perpetuum* deu precioso contributo à arte de navegar dos Portugueses: foi a fonte de todas as tábuas portuguesas anteriores a 1537.

**ZAIRE.** Estado da África Central, a nordeste de Angola. Com o navegador português Diogo Cão, em 1482, as terras do Zaire entram em contacto com a Europa. Em 1491 atinge o Congo a 1.ª expedição missionária, e foram os missionários portugueses os principais elos de ligação entre o Zaire e os Europeus.

**ZAMBEZE.** Rio da África Oriental. É um dos mais extensos do Continente.

# CRONOLOGIA DA EXPANSÃO

**1415**
Conquista de Ceuta (20 de Agosto).
**1418**
Descoberta (entre este ano e 1420) de Porto Santo, por João Gonçalves Zarco e Tristão Vaz Teixeira.
Criação da diocese de Ceuta.
**1420**
O infante D. Henrique passa a administrar a Ordem de Cristo.
**1424**
Expedição às Canárias. O Papa reconhece o direito português sobre as ilhas pagãs desse arquipélago.
**1425**
Começa a colonização da Madeira.
Os navios portugueses alcançam o mar dos Sargaços.
O infante D. Pedro inicia as suas viagens pela Europa.
**1427**
Descoberta das ilhas dos Açores (excepto Flores e Corvo) por Diogo de Silves.
**1428**
O infante D. Pedro dá a conhecer O Livro de Marco Polo.
**1433**
O infante D. Henrique recebe por doação de D. Duarte as ilhas do arquipélago da Madeira.
**1434**
Gil Eanes, depois de várias tentativas, dobra o Bojador.
Jaime de Maiorca, cartógrafo, parece ter vindo instalar-se em Portugal.
**1435**
Gil Eanes e Afonso Gonçalves Baldaia chegam à Angra dos Ruivos.
**1436**
Afonso Gonçalves Baldaia chega ao Rio do Ouro e à Pedra da Galé.
O Papa Eugénio IV reconhece os direitos de Castela sobre as Canárias.
O mesmo Pontífice concede, por bula, grandes indulgências aos que combatessem os Mouros em África.
**1437**
Expedição desastrosa a Tânger.
O infante D. Fernando fica prisioneiro.
**1439**
Começa o povoamento dos Açores.
**1440**
Tristão Vaz Teixeira é capitão-donatário do Machico.
**1441**
Gonçalo Afonso e Nuno Tristão atingem o cabo Branco.
Os primeiros negros cativos chegam a Portugal.
**1442**
Antão Gonçalves resgata cativos no Rio do Ouro.
Dinis Dias e Gonçalo de Sintra avistam os baixos de Arguim.

**1443**
É concedido ao infante D. Henrique, pelo regente D. Pedro, o monopólio da navegação, guerra e comércio nas terras para além do Bojador.
Nuno Tristão descobre as ilhas de Gete e das Garças e reconhece a de Arguim.
**1444**
Dinis Dias descobre o cabo Verde e a ilha da Palma.
**1445**
Álvaro Fernandes chega ao cabo dos Mastros, a sul do cabo Verde.
É descoberto o arquipélago das Bijagós.
**1446**
Estêvão Afonso descobre o rio Gâmbia.
O infante D. Henrique concede a capitania de Porto Santo a Bartolomeu Perestrelo.
**1449**
Soeiro Mendes é enviado para construir a fortaleza de Arguim.
**1450**
A capitania do Funchal é doada a João Gonçalves Zarco.
**1452**
Diogo de Teive descobre as duas ilhas mais ocidentais dos Açores.
**1455**
Bula de Nicolau V declarando que as terras e mares já conquistados ou a conquistar pertenceriam, como propriedade exclusiva, aos reis de Portugal.
Fundação em Lagos da Feitoria dos Tratos de Arguim.
**1456**
Cadamosto descobre as ilhas de Boa Vista, Santiago, Maio e Sal (Cabo Verde).
Expedições aos rios Gâmbia e Geba.
Diogo Gomes descobre o rio Grande.
**1458**
É conquistada a praça de Alcácer Ceguer.
**1460**
Morre o infante D. Henrique.
António da Noli descobre algumas das ilhas ocidentais de Cabo Verde.
Gonçalo Velho é o primeiro capitão-donatário de Santa Maria e São Miguel (Açores).
Pêro de Sintra atinge a Serra Leoa.
**1462**
Começa o povoamento da ilha de Santiago.
**1464**
Expedição de D. Afonso V à serra de Bencope, Marrocos.
**1466**
D. Afonso V reserva para a Coroa apenas o «trato de Arguim» e concede o comércio da Guiné aos habitantes das ilhas de Cabo Verde.

**1468**
Os Portugueses atacam Anafé, em Marrocos.
**1469**
D. Afonso V firma com o mercador Fernão Gomes um contrato sobre o comércio da Guiné.
**1471**
Conquista de Arzila.
Os Mouros abandonam Tânger.
Descoberta das ilhas de Fernão Pó, São Tomé, Príncipe e Ano Bom.
É ultrapassada pela primeira vez a linha do equador.
João de Santarém e Pêro Escobar descobrem a costa setentrional do golfo da Guiné (Serra Leoa, Mina e Nigéria).
**1473**
D. Afonso V doa Larache ao duque de Guimarães.
**1474**
D. João II chama a si a direcção da política atlântica.
Paolo di Pozo Toscanelli aconselha D. Afonso V (através de carta ao cónego da Sé de Lisboa) a alcançar a Índia pela rota oriental.
**1475**
Fernão Teles, donatário das ilhas do Corvo e Flores, é autorizado a fazer explorações no Atlântico Ocidental.
**1476**
Cristóvão Colombo chega a Portugal.
**1477**
Tetuão é doada a Álvaro Teixeira.
**1478**
Uma armada portuguesa apresa na Mina uma frota castelhana.
**1480**
Portugal aceita, por tratado, abandonar definitivamente quaisquer pretensões sobre as Canárias.
**1481**
Diogo de Azambuja comanda uma expedição destinada a fundar a fortaleza de São Jorge da Mina.
**1482**
Diogo de Azambuja faz construir o castelo de São Jorge da Mina.
Diogo Cão viaja pela primeira vez, ao longo da costa africana, entre o cabo de Santa Catarina e o cabo do Lobo.
**1483**
Diogo Cão descobre o rio Zaire e explora o seu curso até às primeiras cataratas (a 150 km da foz).
**1484**
Diogo Cão volta a viajar ao longo da costa sul da África.
Martin Behaim, cosmógrafo, estabelece-se em Portugal.
**1484-1486**
Exploração do reino de Benim.
**1485**
Foral da ilha de São Tomé.
Carta de Pedro Reinel com indicações até à foz do Zaire.

**1486**
Diogo Cão, na sua segunda viagem, descobre o cabo Negro.
É fundada a Casa dos Escravos.
Os mercadores de Azamor oferecem vassalagem a D. João II, que ali manda estabelecer uma feitoria.
Colombo transfere-se para Espanha.

**1487**
Afonso de Paiva e Pêro da Covilhã são enviados por D. João II, por terra, em busca do Preste João e para obter informações sobre o Índico.
Gonçalo Eanes e Pêro de Évora exploram o interior de África até Tucurol e Tombuctu.
Bartolomeu Dias dobra o cabo da Boa Esperança.

**1488**
Afonso de Paiva e Pêro da Covilhã, disfarçados de mercadores árabes, chegam a Adém.

**1491**
Expedição de Rui de Sousa ao reino do Congo. O rei Nzinga é baptizado e constrói-se uma igreja na capital, Ambasse.

**1492**
João Fernandes e Pedro de Barcelos descobrem a península do Lavrador, na América do Norte.
Cristóvão Colombo chega às Antilhas.
Martim Behaim constrói o seu famoso globo.

**1493**
Portugal e Espanha iniciam negociações sobre o domínio dos mares. A nova capitania de São Tomé é doada a Álvaro Coimbra.

**1494**
É firmado o Tratado de Tordesilhas.

**1496**
O Almanache Perpetuum, de Abraão Zacuto, é impresso em Leiria.

**1497**
Vasco da Gama inicia em Lisboa a sua viagem à Índia. Parte em Julho e passa em Novembro o cabo da Boa Esperança.

**1498**
Vasco da Gama reconhece sucessivamente, ao longo da costa oriental da África, o rio do Cobre, o rio dos Bons Sinais, o porto de Moçambique, Mombaça e Melinde.
Chegada de Vasco da Gama à Índia (Calecut) em Maio.
Duarte Pacheco Pereira é secretamente encarregado de uma expedição às costas do Brasil.

**1499**
Vasco da Gama regressa a Lisboa depois da 1.ª viagem à Índia.
Gaspar Corte Real chega à Florida.
A feitoria real portuguesa de Bruges é transferida e estabelecida em Antuérpia.
A ilha de São Tomé é doada a Fernão de Melo por D. Manuel I.

**1500**
Pedro Álvares Cabral, que comanda a armada que faz a 2.ª viagem à Índia, descobre oficialmente o Brasil em 22 de Abril.
No decurso da mesma viagem, Cabral chega a Cananor.
Diogo Dias navega no golfo de Adém.
Doação da ilha do Príncipe a António Carneiro.

**1500-1501**
Gaspar Corte Real descobre a Terra Nova.

**1501**
D. Manuel envia uma expedição de reconhecimento ao Brasil.
Parte de Lisboa a terceira armada para a Índia, comandada por João da Nova.
Ocupação de Agadir.
João da Nova descobre a ilha da Ascensão, no Atlântico Sul.

**1502**
Criação de uma feitoria na ilha de Moçambique.
Vasco da Gama estabelece uma feitoria em Cochim.
João da Nova descobre a ilha de Santa Helena.
É enviada para Módena «a mais preciosa jóia da cartografia portuguesa» — e mesmo de toda a cartografia que ficou conhecida por Planisférico de Cantino.

**1503**
Primeiras convenções com os Welser, banqueiros de Antuérpia, sobre as mercadorias da Índia.
Afonso de Albuquerque é enviado à Índia pela primeira vez.
Vicente Sodré chega à ilha de Socotorá.
Afonso de Albuquerque transforma a feitoria de Cochim em fortaleza, onde se estabelece a sede do Estado da Índia.
Os Portugueses constroem um forte em Axém, na Costa do Ouro.
Vitória naval de Vasco da Gama no Malabar.

**1503-1504**
Os Franceses aparecem no Brasil.

**1504**
Publicação de Mundus Novus, de Américo Vespúcio.

**1505**
D. Francisco de Almeida é enviado como vice-rei para a Índia.
D. Francisco de Almeida manda destruir Mombaça.
Quíloa é conquistada.
Construção de uma fortaleza em Sofala.
Duarte Pacheco Pereira inicia a redacção do Esmeraldo de Situ Orbis.
Vitória naval em Cananor.

**1506**
Construção de uma fortaleza em Cananor.
É estabelecido o monopólio do Estado sobre o comércio das especiarias.
Lourenço de Almeida assenta amizade com o rei de Ceilão, que se torna tributário de Portugal.
Constroem-se no Norte de África os castelos de Guer e Mogadir.
Afonso de Albuquerque é de novo enviado à Índia, com Tristão da Cunha.
Diogo de Azambuja toma a cidade moura de Azaafi.
Tritão da Cunha conquista Socotorá.

**1507**
Afonso de Albuquerque conquista Calaiate, Curiate, Mascate, Soar, Omã e Ormuz.

**1508**
Cerco de Arzila pelos Mouros.
O Funchal é elevado a cidade.
Ocupação de Safim.
Vitória naval em Chaul, por D. Lourenço da Cunha, que na batalha perdeu a vida.

**1510**
Afonso de Albuquerque conquista Goa.
D. Francisco de Almeida morre ao regressar a Portugal.

**1511**
Afonso de Albuquerque conquista Malaca, onde ergue uma fortaleza.
Sai de Malaca a primeira expedição portuguesa ao Pacífico.
Francisco Serrão descobre Ternate, ilha das Molucas
Os Portugueses chegam ao Pegu.
Afonso de Albuquerque recupera Goa, que tinha sido tomada por Sifaldar durante a ausência do governador em Malaca.
Criação do primeiro hospital em Goa.
Duarte Barbosa, escrivão da feitoria de Cananor, inicia a redacção do Livro das Cousas da Índia.

**1512**
Afonso de Albuquerque funda em Cochim a primeira escola do tipo ocidental.
Simão da Silva é enviado para o reino do Congo com a recomendação de estudar o rio Zaire.

**1513**
Tristão da Cunha chefia em Roma uma embaixada enviada por D. Manuel a Leão X.
Albuquerque tenta em vão conquistar Adém.
Albuquerque no mar Vermelho.
Jorge Álvares vai à China.
Francisco Rodrigues desenha vários mapas do Oriente e escreve O Livro de Marinharia.
D. Jaime, duque de Bragança, ocupa Azamor.

**1514**
É construída a fortaleza de Mazagão.
Os Portugueses conquistam Tednest (Marrocos).
António Fernandes viaja pela África Oriental.
Jorge Álvares e outros vão de junco à China.
É criada a diocese do Funchal, com jurisdição sobre todas as terras a descobrir.
Construção da Torre de Belém.
João de Lisboa redige O Livro de Marinharia.
António Fernandes viaja pelo Império do Monomotapa.

**1515**
Albuquerque estabelece firmemente a soberania portuguesa na Índia.
Lopo Soares de Albergaria chega a Goa.
A povoação da Praia é fundada na ilha de Santiago.

**1516**
Lopo Soares de Albergaria dá início à construção da fortaleza de Chaul.
Morre Afonso de Albuquerque.
Fernão Peres de Andrade é autorizado a construir uma fortaleza em Samatra.

**1517**
Fernão de Magalhães ao serviço de Espanha.
Os Portugueses chegam a Cantão.

**1518**
Lopo Soares de Albergaria constrói a fortaleza de Colombo, em Ceilão.
Diogo Lopes de Sequeira nomeado governador da Índia.
João da Silveira é enviado como embaixador aos reis das Maldivas e de Bengala. Exploração das costas setentrionais do golfo de Bengala.

**1519**
Fernão de Magalhães parte, ao serviço de Espanha, para a primeira viagem de circum-navegação.
Jorge de Albuquerque submete o reino de Pacém.
Atlas de Lopo Homem.
Planisférico de Jorge Reinel.

**1520**
Ordenações da Índia
D. Manuel manda dois capitães explorarem a costa africana entre Angola e o cabo da Boa Esperança.
Gregório de Quadra tenta alcançar a Abissínia pelo Congo.
Embaixada de D. Rodrigo de Lima à Abissínia. Os Portugueses ficaram aí durante cinco anos.

**1521**
Fernão de Magalhães morre nas Filipinas.
Disputa entre Portugal e a Espanha sobre as Molucas.

**1522**
Início da carreira regular entre Cochim e a China.
Cristóvão de Mendonça sai do Sul da Samatra para procurar zonas produtoras de ouro.
António de Brito constrói uma fortaleza em Ternate.

**1524**
Vasco da Gama volta à Índia como vice-rei, e morre no fim da viagem.
É abandonada a fortaleza de Pacém.

**1526**
Cerco de Calecut pelo samorim.
Os Portugueses procuram instalar-se em Bornéu.

**1527**
António Tenreiro inicia a viagem por terra da Índia a Portugal.

**1529**
O soberano do Monomotapa cede Lourenço Marques aos Portugueses.

**1530**
Plano de colonização do Brasil.
Martim Afonso de Sousa chefia a expedição ao Rio da Prata.

**1531**
Martim Afonso de Sousa chega à Baía de Todos-os-Santos.
Nuno da Cunha conquista a ilha de Beth, perto de Diu.

**1532**
É fundado o primeiro município do Brasil, São Vicente.

**1533**
Os Portugueses ocupam Baçaim.
Criados bispados em Angra do Heroísmo e Cabo Verde.
Criação do arcebispado do Funchal.

**1534**
Cerco de Safim.
Bombaim passa para a posse dos Portugueses.
Criada a capitania do Espírito Santo, no Brasil.
A capitania de Itamaracá é doada a Pêro Lopes de Sousa.

**1535**
É doada uma capitania no Brasil a João de Barros. Diu passa para a posse dos Portugueses.
Construída uma fortaleza em Baçaim.

**1536**
Francisco Pereira Coutinho chega à Baía, como seu primeiro donatário.

**1537**
Pedro Nunes começa a tratar as cartas de marear em bases científicas.
Pedro Nunes publica as Tábuas do Sol.

**1538**
Primeiro cerco de Diu.
D. João de Castro escreve o Roteiro de Lisboa a Goa.

**1539**
D. João de Castro escreve o Roteiro de Goa a Diu.
Corsários franceses assolam a costa da Guiné.

**1540**
Os Jesuítas chegam a Portugal.
Combate com os Mouros em Baçaim.
O Padre Francisco Álvares escreve A Verdadeira Informação das Terras do Preste João das Índias.
D. João de Castro escreve o Roteiro do Mar Roxo.

**1542**
Safim e Azamor, em Marrocos, são abandonadas.
Cristóvão da Gama socorre os Abexins na sua luta contra os Mouros.
Chegada de S. Francisco Xavier a Goa.
João Rodrigues Cabrilho explora as costas da Califórnia.
Ocupação de Mazagão.

**1543**
Os Portugueses chegam ao Japão.

**1545**
D. João de Castro escreve o Tratado da Esfera.

**1546**
Segundo cerco de Diu.
S. Francisco Xavier parte para as Molucas.

**1549**
A feitoria de Flandres é encerrada.
Em Marrocos, é abandonada Alcácer Ceguer.
Tomé de Sousa é governador-geral do Brasil.
S. Francisco Xavier segue para o Japão.
O Padre Manuel da Nóbrega escreve a Informação das Terras do Brasil.

**1550**
Abandono de Arzila.
Primeiros contactos com Macau.

**1552**
Cochim resiste aos assaltos que lhe movem.
João de Barros escreve as primeiras Décadas da Ásia.

**1553**
Fundação de Piratininga, actual cidade de São Paulo.
Os Turcos sitiam Ormuz.

**1554**
Manuel da Nóbrega estabelece em Piratininga o Colégio de São Paulo.

**1555**
Os Franceses tomam o Rio de Janeiro.
Em Aïta, no Japão, Luís Almeida começa o ensino organizado da Medicina e Cirurgia europeias.

**1557**
Os Portugueses fixam-se em Macau.

**1558**
Damão é conquistada por D. Constantino de Bragança.
Malaca é elevada a diocese.
Os Portugueses recuperam uma ilhota da baía de Guanabara que estava na posse dos Franceses.

**1560**
Os Portugueses tomam Jafanapatam.
É construída uma fortaleza na ilha de Manar.
O Papa permite a introdução do tribunal do Santo Ofício em Goa.
Ocupação da costa brasileira até ao rio São Francisco, depois de uma campanha contra os indios Caetés.
Brás Cubas anuncia ter encontrado metais e pedras preciosas no sertão de São Paulo.
Chegada ao rio Cuanza de Paulo Dias de Novais.
Missão do jesuíta Gonçalo da Silveira no Império do Monomotapa; conversão do imperador Ngomo.
Atlas de Fernão Vaz Dourado.

**1561**
Gonçalo da Silveira inicia a catequização do Monomotapa.
Lendas da Índia, de Gaspar Correia.

**1562**
Cristóvão Colombo chega a Portugal.

**1563**
João de Barros escreve 3.ª Década da Ásia.
Publicação em Goa, dos Colóquios dos Simples e Drogas e Cousas Medicinais, de Garcia de Orta.

**1564**
Livro da Fábrica das Naos, do Padre Fernando de Oliveira, o primeiro tratado científico de construção naval.

**1565**
Fundação da cidade do Rio de Janeiro.

**1566**
O Funchal é cercado por corsários franceses.

**1567**
Os Portugueses derrotam os Franceses fixados no Brasil.
Cerco de Malaca.

**1568**
Os Portugueses são autorizados a comerciar em Nagasáqui.

**1570**
O vice-rei D. Luís de Ataíde derrota uma coligação de forças indianas que procuram assaltar Goa.

**1574**
Primeira expedição de D. Sebastião ao Norte de África. D. António, prior do Crato, é nomeado capitão-mor de Tânger. Os Portugueses iniciam a tentativa de ocupação da Paraíba.

**1575**
Paulo Dias de Novais é nomeado capitão e donatário de Angola, onde tinha estado antes a pedido do potentado local.
É fundada São Paulo de Luanda.
O Real Colégio da Baía confere os primeiros graus académicos.
Macau é elevada a diocese (com jurisdição sobre a China, o Japão e a Coreia).

**1576**
D. Sebastião propõe a Filipe II de Espanha uma acção militar conjunta.

**1577**
D. Sebastião volta a ocupar Arzila.

**1578**
D. Sebastião parte de Tânger para Arzila.
O exército português segue de Arzila em direcção a Alcácer Quibir.
Derrota de Alcácer Quibir. Morte de D. Sebastião.
D. Henrique sobe ao trono.
Duarte Lopes parte para o Congo, onde, durante oito anos, faz várias explorações do interior.

**1580**
O exército espanhol do duque de Alva invade Portugal. Batalha de Alcântara.
D. António é aclamado rei em Santarém.
Paulo Dias de Novais estabelece-se em Macunde.
Nagasáqui é doada à Companhia de Jesus por Omura Sumitada.
Morre Camões.
Fernão Mendes Pinto termina a Peregrinação.

**1581**
Nas Cortes de Tomar, Filipe II é aclamado rei de Portugal.

---

*Michael Teague deseja manifestar o seu reconhecimento à Fundação Calouste Gulbenkian pelo apoio que recebeu ao longo dos anos para a constituição do seu arquivo referente à presença portuguesa no mundo. As suas fotografias neste livro fazem parte desse conjunto.*

Todas as fotografias insertas neste volume são da autoria de Michael Teague, com excepção das seguintes: Lennart Larsen, Copenhague: anterrosto, colófon e página 226; Augusto Cabrita: rosto e páginas 8, 13 e 15; Augusto Pereira Brandão: páginas 39 (Cd), 49 (Cd e B), 88, 89 (B), 96 (B), 99 (d), 100, 107 (B), 109 (d), 110, 111 (Bd), 112, 113, 117 (C e B), 119 (A), 121 (Bd), 134, 158 (B), 193 (B), 208, 209, 210 e 211; Arquivo Verbo: páginas 11, 14, (e) 19, 55, 57 e 127; Museu Victoria and Albert: página 232. [A — alto da página; B — fundo da página; C — centro da página; d — à direita; e — à esquerda]

A *Cronologia da Expansão* e o *Breve Dicionário de Figuras e Lugares da Aventura Portuguesa* são da responsabilidade dos Serviços Editoriais da Verbo e foram elaborados com base na *Enciclopédia Luso-Brasileira de Cultura* e na *Enciclopédia Fundamental Verbo*.

Na capa: *Entrada da fortaleza de Diu*. Na contra capa: *a esfera armilar na muralha da fortaleza de Safim*. Nas págs. 10-11: *«Português», moeda de ouro do reinado de D. Manuel I*. Nas págs. 16-17: *muralhas de Mazagão*. Nas págs. 32-33: *arredores de Bissau*. Nas págs. 54-55: *Carracas portuguesas, óleo existente no Museu de Greenwich*. Nas págs. 126-127: *pormenor da iluminura da abertura do Livro VII da Estremadura da Leitura Nova*. Na pág. 226: *marfim afro-português (Museu Nacional de Copenhague)*. Na pág. 232: *marfim indo-português (Museu Victoria and Albert, Londres)*.

# ÍNDICE

| | |
|---|---|
| Introdução | 5 |
| Pela Graça de Deus, Rei de Portugal... | 11 |
| ... e dos Algarves, d'aquém e d'além mar em África... | 17 |
| ... Senhor da Guiné... | 33 |
| ... da Conquista, Navegação e Comércio... | 55 |
| ... da Etiópia, Arábia, Pérsia e Índia | 127 |
|    *A fúria do iniciado perante* | |
|      *a morte do semideus* | 130 |
|    *A tristeza do semideus* | |
|      *ante a realidade histórica* | 136 |
|    *O criador do mito ou o entendedor da história* | |
|      *como mito-história* | 140 |
|    *Da história de derrota* | |
|      *à mito-história de vitória* | 148 |
|    *Do império cristão do rei e de Deus* | |
|      *ao império dos portugueses e de Deus* | 152 |
|    *As «Índias»* | |
|      *como unidade do Império de Cristo* | 168 |
|    *Do signo da bandeira à unidade dos Brasis* | 176 |
|    *O velo de ouro cumpre-se no Brasil* | 200 |
|    *A sul dos Impérios a mitologia do Sacramento* | 208 |
|    *D. Sebastião ou de uma mito-história à história* | 212 |
| Mapas *(Império Comercial e Património Construído)* | 224 |
| Breve Dicionário de Figuras | |
|    e Lugares da Aventura Portuguesa | 226 |
| Cronologia da Expansão | 232 |

© EDITORIAL VERBO
Lisboa/São Paulo

Completou-se
a impressão e acabamento
da primeira edição
deste volume
em Setembro de 1991
Dep. legal 44 586/91